2016年第一季度

Quarter One, 2016

中国货币政策执行报告

CHINA MONETARY POLICY REPORT

中国人民银行货币政策分析小组

Monetary Policy Analysis Group of the People's Bank of China

China Financial Publishing House

责任编辑：吕冠华
责任校对：潘　洁
责任印制：裴　刚

图书在版编目(CIP)数据

2016年第一季度中国货币政策执行报告(2016 nian Diyi Jidu Zhongguo Huobi Zhengce Zhixing Baogao)/中国人民银行货币政策分析小组.—北京：中国金融出版社，2017.1

ISBN 978-7-5049-8824-9

I.①2… II.①中… III.①货币政策—研究报告—中国—2016 IV.①F822.0

中国版本图书馆CIP数据核字(2016)第299933号

出版发行　中国金融出版社

社址　北京市丰台区益泽路2号

市场开发部　(010)63266347，63805472，63439533 (传真)

网上书店　http://www.chinafph.com

(010)63286832，63365686 (传真)

读者服务部　(010)66070833，62568380

邮编　100071

经销　新华书店

印刷　北京侨友印刷有限公司

装订　平阳装订厂

尺寸　210毫米×285毫米

印张　12.25

字数　254千

版次　2017年1月第1版

印次　2017年1月第1次印刷

定价　98.00元

ISBN 978-7-5049-8824-9

如出现印装错误本社负责调换　联系电话 (010)63263947

本书执笔人

总　　纂：张晓慧　李　波

审　　稿：温信祥　霍颖励　纪志宏　宣昌能　盛松成　朱　隽
刘向耘　王允贵

统　　稿：李　斌　张　蓓　管　化

执　　笔：

第一部分：邱潮斌　曾冬青　陈文弢

第二部分：董忆伟　陈　颖　穆争社　王书朦

第三部分：毛奇正　郑颖昊　阮政卿

第四部分：赵　岳　胡新杰　马志扬　郑玉玲　陈得文

第五部分：李文喆　刘　琨

附录整理：付竞卉　段　炼　林振辉等

提供材料的还有：郑志丹　周轶海　苏小竞　史蓉菊　张双长
程艳芬　胡　婧　曹红钢　种　鹏　刘　斌
于洋慧　邱　杰　崔　宁　王　楠　郑境辉
陈　敏　欧阳昌民　李夏炎　樊石磊　梅　园

英文总纂：张正鑫

英文统稿：曹志鸿

英文翻译：马　辉　程　琳　齐　喆　丁　康　葛　杨
曹志鸿

英文审校：Nancy Hearst（美国哈佛大学费正清东亚研究中心）

Contributors to This Report

CHIEF EDITORS:

ZHANG Xiaohui LI Bo

READERS:

WEN Xinxiang Huo Yingli JI Zhihong XUAN Changneng SHENG Songcheng ZHU Jun LIU Xiangyun WANG Yungui

EDITORS:

LI Bin ZHANG Bei GUAN Hua

AUTHORS:

PART ONE: QIU Chaobin ZENG Dongqing CHEN Wentao

PART TWO: DONG Yiwei CHEN Ying MU Zhengshe WANG Shumeng

PART THREE: MAO Qizheng ZHENG Yinghao RUAN Zhengqing

PART FOUR: ZHAO Yue HU Xinjie MA Zhiyang ZHENG Yuling CHEN Dewen

PART FIVE: LI Wenzhe LIU Kun

APPENDIX: FU Jinghui DUAN Lian LIN Zhenhui et al.

OTHER CONTRIBUTORS: ZHENG Zhidan ZHOU Yihai SU Xiaojing SHI Rongju ZHANG Shuangchang CHENG Yanfen HU Jing ZHONG Peng LIU Bin YU Yanghui QIU Jie CUI Ning WANG Nan ZHENG Jinghui CHEN Min OUYANG Changmin LI Xiayan FAN Shilei MEI Yuan

ENGLISH EDITION

CHIEF EDITOR: ZHANG Zhengxin

EDITOR: CAO Zhihong

TRANSLATORS: MA Hui CHENG Lin QI Zhe DING Kang GE Yang CAO Zhihong

PROOFREADER:

Nancy Hearst (Fairbank Center for East Asian Research, Harvard University)

内容摘要

2016年第一季度，中国经济总体稳中有进，经济运行出现积极变化，结构调整进一步推进，第三产业比重提高，出口增速由降转升，工业生产缓中趋稳。第一季度国内生产总值（GDP）同比增长6.7%，居民消费价格（CPI）同比上涨2.1%。

中国人民银行按照党中央、国务院统一部署，继续实施稳健的货币政策，加强预调微调，进一步增强调控的针对性和有效性。一是综合运用公开市场操作、中期借贷便利、普降金融机构存款准备金率等多种工具调节银行体系流动性，保持流动性合理充裕。二是建立公开市场每日操作常态化机制，加强对货币市场利率的引导和调节，注重维护短期利率平稳，适时下调中期借贷便利利率，探索常备借贷便利利率发挥利率走廊上限作用，充分运用价格杠杆稳定市场预期，引导融资成本下行。三是扩大信贷资产质押再贷款和央行内部评级试点，组织实施宏观审慎评估，发挥其逆周期调节和结构导向作用，设立扶贫再贷款，扩展抵押补充贷款发放范围，充分发挥窗口指导和信贷政策的结构引导作用，引导金融机构将更多信贷资源配置到小微企业、“三农”和棚户区改造等国民经济重点领域和薄弱环节。同时，进一步完善宏观审慎政策框架，深入推进金融改革。

总体看，稳健货币政策取得了较好效果，保持了流动性合理适度，促进了实际利率基本稳定。2016年3月末，广义货币供应量M2余额同比增长13.4%，比上年年末高0.1个百分点。人民币贷款余额同比增长14.7%，比上年年末高0.4个百分点；比年初增加4.6万亿元，同比多增9 301亿元。社会融资规模存量同比增长13.4%。3月非金融企业及其他部门贷款加权平均利率为5.30%，与上年12月基本持平，同比回落1.26个百分点。2016年3月末，人民币对美元汇率中间价为6.4612元，CFETS人民币汇率指数为98.14。

当前全球经济增长仍较为疲弱，一些经济体增长势头有所放缓，不确定、不稳定因素依然较多。在一系列政策措施的推动下，中国经济运行出现积极变化，投资增长加快，企业效益改善，但结构性矛盾仍较突出，内生增长动力尚待增强。要在适度扩大总需求的同时，坚定不移地以推进供给侧结构性改革为主线，加快培育新的发展动能，改造提升传统比较优势，抓好去产能、去库存、去杠杆、降成本、补短板五大任务，深化国有企业改革，促进非公有制经济健康发展，提高增长的质量和效益，保持融资的可持续性，拓展金融资源有效配置的领域和空间。

下一阶段，中国人民银行将按照党中央、国务院的战略部署，坚持改革开放，坚持稳中求进工作总基调，主动适应经济发展新常态，保持政策的连续性和稳定性，继续实施稳健的货币政策，保持灵活适度，适时预调微调，增强针对性和有效性，做好与供给侧结构性改革相适应的总需求管理。综合运用数量、价格等多种货币政策工具，优化政策组合，加强和改善宏观审慎管理，从量价两方面为结构调整和转型升级营造适宜的货币金融环境。盘活存量，优化增量，改善融资结构和信贷结构，支持经济发展新动能形成。同时，更加注重改革创新，寓改革于调控之中，把货币政策调控与深化改革紧密结合起来，更充分地发挥市场在资源配置中的决定性作用。适应金融深化和创新发展的要求，进一步完善调控模式，强化价格型调节和传导机制，加强预期引导，疏通货币政策向实体经济的传导渠道，提高金融运行效率和服务实体经济的能力。完善宏观审慎政策框架，采取综合措施防范和化解金融风险，维护金融稳定，守住不发生系统性、区域性金融风险的底线。

Executive Summary

In Q1 of 2016, the Chinese economy made steady progress. There were some positive changes in performance as the structural adjustments continued, the tertiary industry gained more weight in the economy, in March the growth of exports returned to positive territory, and, after a period of moderation, the growth of industrial output stabilized. In Q1, GDP grew 6.7 percent year on year while the CPI was up 2.1 percent year on year.

The PBC, following the overall arrangements of the CPC Central Committee and the State Council, continued to implement its sound monetary policy, strengthened preemptive fine-tuning and made more targeted and effective adjustments. First, a number of instruments, including open market operations, the medium-term lending facility, and a universal reduction in the deposit reserve ratio, were used to adjust liquidity in the banking system and to maintain an adequate overall level of liquidity. Second, a mechanism for daily open market operations was established to step up guidance and adjustments of money-market interest rates, focusing on maintaining stable short-term interest rates, guiding the downward movement of the interest rates of the medium-term lending facility, and tapping the role of the interest rates of the standing lending facility as the upper limit of the interest-rate corridor. Prices were used as a lever to maintain stable market expectations and to guide a decline in financing costs. Third, the pilot program of central bank lending with credit assets as pledges and the central bank's internal rating practices were expanded. The macro-prudential assessment was organized to play a counter-cyclical role and to guide the structural adjustments. Central bank lending for poverty alleviation was established. The range of recipients of pledged supplementary lending was expanded. Window guidance and credit policy were used to guide structural adjustments, encouraging financial institutions to allocate more credit assets to key fields and weak links, including small and micro enterprises, the agricultural sector, rural areas, and farmers, and shantytown renovation projects. The macro-prudential policy framework was further improved and the reform of the financial sector was deepened.

Overall, the sound monetary policy has produced fairly positive results. Liquidity has remained reasonable and sufficient and real interest rates were kept at a stable level. At the end of March 2015, outstanding M2 was up 13.4 percent year on year, an acceleration of 0.1 percentage point from the end of the last year. The outstanding volume of RMB loans was up 14.7 percent year on year, an acceleration of 0.4 percentage point from the end of the last year, registering an increase of RMB4.6 trillion yuan from the beginning of 2015 and RMB930.1 billion yuan more than the growth in March 2015. The stock volume of all-system financing aggregates grew by 13.4 percent year on year. In March, the weighted average loan interest rate offered to non-financial enterprises and other sectors was 5.30 percent, about the same as that in December 2015, a decline of 1.26 percentage points year on Year. At the end of March of 2016, the central parity of the RMB against the US dollar was RMB6.4612 yuan per dollar and the CFETS RMB exchange-rate index was 98.14.

Recovery of the global economy remained rather tepid, with some economies losing growth momentum amidst numerous uncertain and unstable factors. Supported by a series of policy measures, the Chinese economy has undergone positive changes, investment growth has accelerated, and corporate profits have improved. Yet structural imbalances are still prominent and endogenous growth drivers have yet to be strengthened. Although measures are being taken to reasonably expand aggregate demand, it is necessary to focus on promoting supply-side structural reforms, to nurture new growth drivers, to upgrade and transform our traditional comparative advantages, to earnestly carry out the five major tasks of removing excess capacity, reducing inventories, deleveraging, reducing costs, and shoring up weak spots, deepening the SOE reform, promoting development of the non-public sector, improving the quality and efficiency of growth, and maintaining sustainable financing and expanding the space for the effective allocation of financial resources.

Going forward, the PBC will continue to follow the strategic arrangements of the Party Central Committee and the State Council, press ahead with the reform and opening, and adhere to the guideline of seeking progress while maintaining stability. Efforts will be made to adapt to the new normal in the economy, to maintain policy consistency and stability, to continue to implement a sound monetary policy, and to maintain flexibility and suitability, and fine-tunings and preemptive adjustments will be adopted when necessary with proper strength and policy measures will be more targeted and effective in order to manage aggregate demand that is appropriate for the ongoing supply-side structural reforms. A variety of quantitative and price monetary instruments will be used and the policy mix will be optimized. Macro-prudential regulations will be enhanced to provide proper monetary and financial environments, both in terms of price and volume, for the structural adjustments and the transformation. The stock of credit assets will be revitalized and new loans will be put to good use to optimize the financing and credit structures and to nurture the new drivers of economic growth. In the meantime, there will be an increased focus on reform and innovation and more measures will be adopted to integrate reform and macro-economic management, to combine monetary-policy conduct with the deepening reform, and to enable the market to play a decisive role in resource allocations. In view of the financial deepening and innovation, the conduct of monetary policy will be further improved by enhancing the price-based adjustment and transmission mechanism, improving expectation guidance, and promoting the transmission of monetary policy to the real economy in order to improve the efficiency of the financial system and its capacity to render services to the real sector. The macro-prudential policy framework will be improved and comprehensive measures will be adopted to prevent and diffuse financial risks, to preserve stability in the financial system, and to safeguard the bottom line to prevent systemic and regional financial risks.

目 录

图

①数据来源：中国人民银行、国家统计局、商务部、海关总署、国家外汇管理局、世界银行、国际货币基金组织、世界贸易组织、联合国贸易和发展会议等。

②数据来源：相关中央银行、国家统计机构、世界银行、国际货币基金组织等。

Contents

Figures

1. Source: The People's Bank of China, National Bureau of Statistics, Ministry of Commerce, General Administration of Customs, State Administration of Foreign Exchange, World Bank, International Monetary Fund, World Trade Organization, and United Nations Conference on Trade and Development, etc..

1. Source : Central banks, National statistical agencies in relevant countries, The World Bank, IMF, etc..

第一部分　货币信贷概况

2016年第一季度，银行体系流动性总体充裕，货币信贷和社会融资规模保持较快增长，贷款结构继续改善，利率水平低位稳定运行，人民币汇率弹性进一步增强。

一、货币总量增长较快

3月末，广义货币供应量M2余额为144.6万亿元，同比增长13.4%，增速比上年年末高0.1个百分点。狭义货币供应量M1余额为41.2万亿元，同比增长22.1%，增速比上年年末高6.9个百分点。流通中货币M0余额为6.5万亿元，同比增长4.4%。第一季度现金净投放1 435亿元，同比少投放255亿元。

第一季度各月M2增速均在13%以上，超过名义GDP增速较多。值得注意的是，M1增速自2015年3月以来连续回升约19个百分点。M1包括流通中现金和企事业单位的活期存款，M1增速加快，反映出在流动性总体充裕、利率水平较低的背景下，生产、投资、交易等活动增多，这也和第一季度以来主要经济数据的变化吻合。

3月末，基础货币余额为28.3万亿元，比年初增加2 906亿元，同比多增2 566亿元。货币乘数为5.10，比上年年末高0.07。金融机构超额准备金率为2.0%。其中，农村信用社为6.1%。

二、金融机构存款平稳较快增长

3月末，金融机构本外币各项存款余额为145.4万亿元，同比增长12.6%，增速比上年年末高0.2个百分点，比年初增加5.6万亿元，同比多增9 571亿元。人民币各项存款余额为141.1万亿元，同比增长13.0%，增速比上年年末高0.6个百分点，比年初增加5.4万亿元，同比多增1.3万亿元。外币存款余额为6 660亿美元，比年初增加386亿美元，同比少增449亿美元。

从人民币存款部门分布看，住户存款增速有所放缓，非金融企业存款增长逐步加快，非存款类金融机构存款减少。3月末，金融机构住户存款余额为58.1万亿元，同比增长7.9%，增速比上年年末低0.8个百分点，比年初增加3.5万亿元，同比少增1 649亿元。非金融企业存款余额为44.5万亿元，同比增长19.2%，增速比上年年末高5.5个百分点，比年初增加1.6万亿元，同比多增2.0万亿元。财政存款余额为3.6万亿元，比年初增加1 690亿元，同比多增2 700亿元。非存款类金融机构存款余额为12.0万亿元，比年初减少9 536亿元，同比增长14.9%，其中，证券及交易结算类存款和特殊目的载体（主要是表外理财、证券投资基金等）存款较年初分别减少3 209亿元和7 066亿元。

三、金融机构贷款增长较快

3月末，金融机构本外币贷款余额为103.8万亿元，同比增长13.4%，增速与上年年末持平，比年初增加4.4万亿元，同比多增5 343亿元。3月末，人民币贷款余额为98.6万亿元，同比增长14.7%，增速比上年年末高0.4个百分点，比年初增加4.6万亿元，同比多增9 301亿元。贷款投放增长较快，与经济回暖后项目贷款需求大幅增加有关，也与房地产市场升温带动房地产贷款尤其是个人住房贷款持续快速增长有关。

个人住房贷款增长进一步加快。人民币住户贷款增长较快，3月末余额为28.3万亿元，同比增长17.6%，增速比上年年末高0.8个百分点，比年初增加1.2万亿元，同比多增3 555亿元。其中，个人住房贷款比年初增加9 601亿元，同比多增4 248亿元，3月末增速达26.6%，已连续10个月攀升。非金融企业及机关团体贷款增速回升，3月末余额为69.2万亿元，同比增长13.2%，增速比上年年末高0.5个百分点，比年初增加3.4万亿元，同比多增7 053亿元。从期限看，中长期贷款比年初增加3.1万亿元，同比多增9 754亿元，增量占比为68.1%，比上年同期提高9.3个百分点。其中，中长期固定资产贷款比年初增加1.5万亿元，同比多增3 425亿元。包含票据融资在内的短期贷款比年初增加1.3万亿元，同比略少增411亿元。分机构看，中资大型银行和中资中小型银行贷款同比多增较多。

外币贷款有所减少。3月末，金融机构外币贷款余额为8 088亿美元，比年初减少216亿美元，同比少增556亿美元，与对人民币汇率预期变动有关。从投向看，境外贷款比年初增加134亿美元，非金融企业及机关团体短期贷款减少349亿美元。

四、社会融资规模增量创出历史同期最高水平

初步统计，第一季度社会融资规模增量为6.59万亿元，比上年同期多1.93万亿元。3月末，社会融资规模存量为144.75万亿元，同比增长13.4%，增速分别比上年年末和上年同期高0.9个和0.3个百分点。

分项看，社会融资规模结构进一步优化，直接融资得到较快发展，实体经济资金获取方式更趋多元，金融体系对实体经济的支持力度加大。一是对实体经济发放的人民币贷款大幅增加。第一季度对实体经济发放的人民币贷款增加4.67万亿元，创单季历史新高。从存量来看，3月末对实体经济发放的人民币贷款同比增长14.5%，增速分别比上年年末和上年同期高0.6个和0.5个百分点。二是随着汇率走势趋于稳定，对实体经济发放的外币贷款由降转升。3月，外币贷款增加6亿元，结束连续八个月的下降走势。三是直接融资大幅增加，存量增速明显加快，企业债

表1 2016年第一季度分机构新增人民币贷款情况

单位:亿元

	新增额	同比多增
中资大型银行①	18 363	1 439
中资中小型银行②	25 055	6 879
小型农村金融机构③	5 331	-112
外资金融机构	319	83

注：①中资大型银行是指本外币资产总量大于等于2万亿元的银行（以2008年年末各金融机构本外币资产总额为参考标准）。

②中资中小型银行是指本外币资产总量小于2万亿元的银行(以2008年年末各金融机构本外币资产总额为参考标准)。

③小型农村金融机构包括农村商业银行、农村合作银行、农村信用社。

数据来源：中国人民银行。

表2　2016年第一季度社会融资规模增量

单位:亿元

	社会融资规模增量①	其中：						
		人民币贷款	外币贷款（折合人民币）	委托贷款	信托贷款	未贴现银行承兑汇票	企业债券	非金融企业境内股票融资
2016年第一季度②	65 859	46 651	-2 290	5 485	1 593	-2 205	12 355	2 840
同比增减	19 300	10 586	-2 351	2 243	1 580	-2 649	8 427	1 132

注：①社会融资规模增量是指一定时期内实体经济（国内非金融企业和住户）从金融体系获得的资金额。

②当期数据为初步统计数。

数据来源：中国人民银行、国家发展和改革委员会、中国证券监督管理委员会、中国保险监督管理委员会、中央国债登记结算有限责任公司和中国银行间市场交易商协会等。

表3　2016年3月末社会融资规模存量

单位：万亿元、%

	社会融资规模存量①	其中：						
		人民币贷款	外币贷款（折合人民币）	委托贷款	信托贷款	未贴现银行承兑汇票	企业债券	非金融企业境内股票融资
2016年3月末②	144.75	97.42	2.78	11.56	5.61	5.63	15.89	4.81
同比增速③	13.4	14.5	-20.2	19.6	4.9	-19.0	30.6	22.2

注：①社会融资规模存量是指一定时期末实体经济（非金融企业和住户）从金融体系获得的资金余额。

②当期数据为初步统计数。

③存量数据基于账面值或面值计算。同比增速为可比口径数据，为年增速。

数据来源：中国人民银行、国家发展和改革委员会、中国证券监督管理委员会、中国保险监督管理委员会、中央国债登记结算有限责任公司和中国银行间市场交易商协会等。

券融资贡献较大。受融资成本降低的带动，2015年起，企业债券融资呈现逐季度增多的趋势，2016年第一季度企业债券融资达到创纪录的1.24万亿元；非金融企业股票融资也有所加快，第一季度增加2 840亿元，同比多增1 132亿元。从存量来看，3月末直接融资余额同比增速达到28.5%，比上年年末和上年同期高4.6个和5.7个百分点，达到2014年以来的高点。四是受委托贷款和信托贷款保持较高增长拉动，表外融资出现回升。第一季度，委托贷款和信托贷款同比分别多增2 243亿元和1 580亿元；受银行承兑汇票监管加强的影响，未贴现的银行承兑汇票同比少增2 649亿元。从存量来看，表外融资虽然受到未贴现的银行承兑汇票持续减少的影响增速减缓，但2015年以来仍基本保持3%以上的增速。

五、金融机构存贷款利率保持基本稳定

3月，非金融企业及其他部门贷款加权平均利率为5.30%，比上年12月上升0.03个百分点，同比回落1.26个百分点。其中，一般贷款加权平均利率为5.67%，比上年12月上升0.03个百分点；票据融资利率小幅上升，当月加权平均利率为3.62%，比上年12月上升0.29个百分点。个人住房贷款利率持续下行，3月加

表4　2016年1～3月金融机构人民币贷款各利率区间占比

单位：%

月份	下浮	基准	上浮					
			小计	(1.0，1.1]	(1.1，1.3]	(1.3，1.5]	(1.5，2.0]	2.0以上
1月	19.56	17.16	63.28	15.71	18.44	10.39	11.39	7.35
2月	21.92	16.92	61.16	15.06	17.08	9.55	11.71	7.76
3月	20.82	17.60	61.58	14.54	17.06	10.19	11.92	7.87

数据来源：中国人民银行。

表5　2016年1～3月大额美元存款与美元贷款平均利率

单位：%

月份	大额存款						贷款				
	活期	3个月以内	3(含3个月)～6个月	6(含6个月)～12个月	1年	1年以上	3个月以内	3(含3个月)～6个月	6(含6个月)～12个月	1年	1年以上
1月	0.24	0.65	1.20	1.37	1.64	1.55	1.50	2.15	1.94	2.07	3.30
2月	0.22	0.62	1.11	1.25	1.44	1.40	1.47	1.99	1.84	1.99	4.14
3月	0.20	0.68	1.13	1.27	1.50	1.60	1.48	1.85	3.08	2.28	3.32

数据来源：中国人民银行。

权平均利率为4.63%，比上年12月下降0.07个百分点。

从利率浮动情况看，执行下浮、基准、上浮利率的贷款占比总体保持稳定。3月，一般贷款中执行下浮利率的贷款占比为20.82%，比上年12月下降0.63个百分点；执行基准利率的贷款占比为17.60%，比上年12月下降1.00个百分点；执行上浮利率的贷款占比为61.58%，比上年12月上升1.63个百分点。

在国际金融市场利率波动、境内外币资金供求变化等因素的综合作用下，外币存贷款利率小幅波动。3月，活期、3个月以内大额美元存款加权平均利率分别为0.20%和0.68%，比上年12月分别上升0.04个和0.12个百分点；3个月以内、3（含）～6个月美元贷款加权平均利率分别为1.48%和1.85%，比上年12月分别下降0.17个和上升0.05个百分点。

六、人民币汇率双向浮动弹性增强

人民币对一篮子货币小幅贬值，双向浮动特征明显，汇率弹性增强，人民币汇率预期总体平稳。3月末，CFETS人民币汇率指数为98.14，较2015年年末贬值2.78%；参考BIS货币篮子和SDR货币篮子的人民币汇率指数分别为99.08和97.61，分别较2015年年末贬值2.59%和贬值1.24%。根据国际清算银行的计算，2016年第一季度，人民币名义有效汇率贬值2.34%，实际有效汇率贬值1.32%；2005年人民币汇率形成机制改革以来至2016年3月，人民币名义有效汇率升值42.47%，实际有效汇率升值53.89%。3月末，人民币对美元汇率中间价为6.4612元，比2015年年末升值324个基点，升值幅度为0.50%。2005年人民币汇率形成机制改革以来至2016年3月末，人民币对美元汇率累计升值28.10%。

七、跨境人民币收付金额同比下降

第一季度，跨境人民币收付金额合计2.39万亿元，同比下降9%。其中，实收9 353.1亿元，实付1.45万亿元，净流出5 163.0亿元，收付比为1∶1.55。经常项下跨境人民币收付金额合计1.34万亿元，同比下降19%。其中，货物贸易收付金额1.14万亿元，服务贸易及其他经常项下收付金额2 075.1亿元；资本项下人民币收付金额合计1.04万亿元，同比增长8%。

数据来源：中国人民银行。

图1　经常项目人民币收付金额按月情况

第二部分 货币政策操作

2016年以来，内外部经济金融形势仍然错综复杂，国内经济运行出现积极变化，但基础仍不稳固，物价水平有所回升，部分城市房价出现快速上涨。根据党中央、国务院的统一部署，中国人民银行主动适应经济发展新常态，坚持稳中求进的总基调，继续实施稳健的货币政策，灵活运用各类货币政策工具，加强预调微调，在保持流动性合理充裕、降低企业融资成本、为供给侧结构性改革营造适宜的货币金融环境等方面采取了一系列措施。

一、灵活开展公开市场操作

中国人民银行密切关注宏观经济金融形势和流动性供求变化，以逆回购为主灵活开展公开市场操作，保持流动性总量合理充裕，并以相对稳定的公开市场操作利率有效引导市场预期，促进银行体系流动性和货币市场利率平稳运行。

春节前，受现金大量投放、外汇占款下降以及财政税收等因素影响，银行体系流动性存在一定供求缺口。考虑到跨春节因素，适时将公开市场逆回购操作期限由7天延长到14天和28天，并开始尝试将操作频率从一周两次提高到每日开展操作，同时搭配使用短期流动性调节工具，保障流动性充足供应，促进市场资金供求大体平衡。春节后，现金回笼使流动性供求压力有所缓解，3月上旬下调法定存款准备金率后，市场资金供给进一步充裕。在与公开市场到期有序衔接的基础上，适量开展7天期逆回购操作，保持银行体系流动性松紧适度，促进银行体系流动性和货币市场利率平稳运行。同时，结合前期有益尝试，建立了公开市场每日操作常态化机制。第一季度累计开展逆回购操作47 950亿元，开展SLO操作投放流动性2 050亿元。

综合考虑宏观经济形势、物价走势以及国际资本流动等因素，2016年以来，公开市场7天期逆回购操作利率稳定在2.25%的水平。通过连续开展公开市场操作释放央行利率信号，稳定市场预期，货币市场7天期回购利率围绕公开市场操作利率小幅波动，走势平稳，价格型调控得到进一步增强。

适时开展中央国库现金管理商业银行定期存款业务。第一季度，共开展1期中央国库现金管理商业银行定期存款业务，期限9个月，操作规模800亿元。

专栏1 建立公开市场每日操作常态化机制

公开市场操作是各国央行实施货币政策日常操作的主要工具，操作频率较高。目前美联储、日本央行等均每日开展公开市场操作；欧央行每周定期开展公开市场主要再融资操作，同时不定期开展微调操作；澳大利亚央行、瑞典央行等则每日多次开展公开市场操作。国际上，货币当局根据形势变化和调控需要对公开市场操作的频率进行适当调整是常见做法。

以往中国人民银行在每周二、周四定期开展公开市场操作。在过去较长一段时期里，在外汇大量流入导致流动性总体偏多的情况下，公开市场操作主要是回笼流动性，以保持银行体系流动性松紧适度和货币信贷合理增长。随着国际收支逐步趋于均衡，我国银行体系流动性供求格局从总体偏多向供求大体平衡转变，在某些时段还存在一定的流动性缺口，央行需要适时适度投放流动性，以满足银行体系随着货币信贷扩张自然增长的流动性需求。同时，随着利率市场化改革加快推进和货币政策更加注重价格型调控，需要培育合适的市场基准利率指标，而金融市场的快速发展又使得影响银行体系流动性供求和市场利率变化的因素更加复杂，这些都要求央行进一步提高流动性管理的前瞻性和有效性，连续稳定释放政策信号，合理引导市场预期，以更好地实现货币政策目标。

基于上述考虑，近年来人民银行不断完善公开市场操作机制。2013年年初，推出了“短期流动性调节工具”(SLO)，主要在公开市场常规操作间歇期若市场出现波动时相机使用，同时抓紧研究提高公开市场操作频率的制度安排。2016年春节前，受现金大量投放、外汇阶段性流出等因素影响，银行体系流动性供求波动加大，货币市场利率面临一定上行压力，人民银行开始尝试每日开展公开市场操作，及时缓解市场资金供求压力，收到了较好效果。在此基础上，人民银行宣布从2016年2月18日起建立公开市场每日操作常态化机制，根据货币政策调控需要，原则上每个工作日均开展公开市场操作。自每日操作常态化机制建立以来，市场运行更为平稳，货币市场利率的波动性进一步降低，存款类机构隔夜和7天期质押式回购加权平均利率波幅下降了50%左右。

总的来看，建立公开市场每日操作常态化机制是进一步完善货币政策调控机制的现实选择。一方面，该机制有利于提高央行流动性管理的精细化程度，从制度上保障央行能够及时应对多种因素可能对流动性造成的冲击，保持流动性总量合理充裕，促进货币市场平稳运行；另一方面，该机制也有利于强化央行的利率信号，进一步提高政策传导效率。央行利率信号如“投湖之石”，若湖面震荡，投石激起的涟漪很容易被湮没，传导可能是散乱的；若湖面平静，投石激起的涟漪就会非常清晰，传导效果会更加明显。公开市场每日操作机制的建立在促进银行体系流动性总体平稳的同时，对于培育央行政策利率体系，提高利率市场化背景下货币政策传导的有效性具有积极意义。

需要注意的是，公开市场每日操作常态化机制的建立，既为金融机构流动性管理提供了更好的市场环境，也对金融机构加强流动性管理提出了更高要求。在金融市场化改革不断推进、金融创新快速涌现的背景下，公开市场业务一级交易商等市场主要金融机构应进一步加强自身流动性管理，既要做好长期流动性安排，也要充分关注短期因素变化，并主动发挥货币政策传导桥梁和市场“稳定器”的作用，共同维护货币市场平稳运行。

二、适时开展常备借贷便利和中期借贷便利操作

为加强春节前后银行体系流动性管理，保持流动性合理充裕，第一季度，中国人民银行及时开展常备借贷便利操作，按需足额提供短期流动性支持，积极发挥常备借贷便利利率作为利率走廊上限的作用。常备借贷便利期限包括隔夜、7天、1个月，利率分别为2.75%、3.25%、3.60%。3月末，常备借贷便利余额为166.0亿元。

第一季度，中国人民银行通过中期借贷便利向金融机构净投放中期基础货币6 655亿元，3月末中期借贷便利余额为13 313亿元。丰富中期借贷便利期限结构，期限由6个月期增加为3个月期、6个月期、1年期，利率分别逐步下调至2.75%、2.85%、3.0%。中国人民银行在提供中期借贷便利的同时，引导金融机构加大对小微企业和“三农”等国民经济重点领域和薄弱环节的支持力度。中期借贷便利利率发挥中期政策利率的作用，引导金融机构降低贷款利率和社会融资成本，支持实体经济增长。

三、定向降准考核与普调人民币存款准备金率

2016年2月，中国人民银行按照定向降准相关制度安排，对2015年度金融机构实施定向降准的情况进行了考核。从考核结果看，绝大多数银行信贷支农支小情况良好，满足定向降准标准，可以继续享受优惠准备金率；一些此前未享受定向降准的银行通过主动调整优化信贷结构，达到了定向降准标准，可以在新年度享受优惠准备金率；少数银行不再满足定向降准标准，因而不能继续享受优惠准备金率。考核结果有上有下，有利于建立正向激励机制，引导商业银行改善优化信贷结构，增强对“三农”和小微企业的支持。2016年3月，中国人民银行普遍下调了金融机构人民币存款准备金率0.5个百分点，以保持金融体系流动性合理充裕。

四、完善宏观审慎政策框架

进一步完善宏观审慎政策框架，更好地发挥逆周期调节作用。一是2016年起中国人民银行正式将差别准备金动态调整机制“升级”为宏观审慎评估体系。在保持对宏观审慎资本充足率核心关注的基础上，将单一指标拓展为七个方面的十多项指标，兼顾量和价、间接融资和直接融资，由事前引导转为事中监测和事后评估，按季评估、按月监测，着力建立更为全面、更有弹性的宏观审慎政策框架，引导金融机构加强自我约束和自律管理，引导广义信贷平稳增长，防范系统性金融风险。二是将外汇流动性和跨境资金流动纳入宏观审慎管理范畴。对远期售汇征收风险准备金。自2016年1月25日起，对境外金融机构在境内金融机构存放执行正常存款准备金率，以防范宏观金融风险，促进金融机构稳健经营。自2016年5月3日起，将本

外币一体化的全口径跨境融资宏观审慎管理试点扩大至全国范围内的金融机构和企业。

五、支持对经济重点领域和薄弱环节的信贷投放

中国人民银行积极运用信贷政策支持再贷款、再贴现和抵押补充贷款等工具引导金融机构加大对小微企业、“三农”和棚改等国民经济重点领域和薄弱环节的支持力度。3月末，全国支农再贷款（Rural Supporting Loan，RSL）余额为1 674亿元，支小再贷款（Micro Supporting Loan，MSL）余额为622亿元，再贴现（Rediscount，RD）余额为1 230亿元。经国务院批准，中国人民银行对国家开发银行、中国进出口银行和中国农业发展银行发放抵押补充贷款，主要用于支持三家银行发放棚改贷款、重大水利工程贷款、人民币“走出去”项目贷款等。根据三家银行上述贷款的发放进度，第一季度，中国人民银行向三家银行提供抵押补充贷款共3 136亿元，3月末抵押补充贷款余额为13 948亿元。总体看，各项措施精准发力，取得了较好的政策效果，有利于引导金融机构扩大小微企业、“三农”和棚改等领域信贷投放，降低国民经济薄弱环节微观主体的融资成本。

为全面贯彻落实《中共中央 国务院关于打赢脱贫攻坚战的决定》（中发[2015]34号），中国人民银行设立扶贫再贷款(Poverty Relief Loan，PRL)，专项用于支持贫困地区地方法人金融机构扩大涉农信贷投放。扶贫再贷款是支持改善扶贫金融服务的重要政策措施，中国人民银行要求各分支机构加大扶贫再贷款投放支持力度，为打赢脱贫攻坚战提供有力的金融支持。

继续开展信贷资产质押(Loan Pledged Program，LPP)再贷款试点。自2015年9月将试点地区扩展至上海、天津、辽宁、江苏、湖北、四川、陕西、山东、广州、北京、重庆11省（市）以来，试点地区人民银行分支机构对辖内地方法人金融机构符合条件的贷款企业开展央行内部评级（Internal Credit Rating，ICR），将评级符合标准的信贷资产纳入人民银行发放再贷款可接受的合格抵押品范围，并以信贷资产质押方式向地方法人金融机构发放信贷政策支持再贷款。

六、充分发挥窗口指导和信贷政策的结构引导作用

继续发挥窗口指导作用，强化信贷政策定向结构性调整功能，引导金融机构更好地用好增量、盘活存量，合理使用央行提供的资金支持，探索创新组织架构、抵押品、产品和服务模式，将更多信贷资金配置到重点领域和薄弱环节，大力支持稳增长、调结构、惠民生。一是加强改进金融服务，积极支持工业稳增长调结构增效益。以钢铁、煤炭等行业为重点，着力做好化解过剩产能和转型升级金融服务。二是支持扩大有效投资、促进外贸创新发展，加快传统动能改造提升。加大对国家重大项目、地下综合管廊、海绵城市等基础设施建设及铁路、能源等有效投资领域的支持力度。加强对有订单、有效益的进出口企业及外贸综合服务企业的信贷支持。三是加大对新消费、服务业等领域的金融支持，加快培育经济发展新动力。指导金融机构大力发展消费金融，加大对服务消费、信息消费、绿色消费、时尚消费、品质消费、农村消费等新消费领域的金融支持。积极支持各类生产性服务业和生

活性服务业发展，大力推动养老领域金融组织、产品和服务创新，支持养老服务业加快发展。四是以“两权”抵押贷款试点为着力点，扎实做好涉农金融服务。有序推进农村承包土地的经营权和农民住房财产权抵押贷款试点。以新型农业经营主体为抓手，继续扎实推行主办行制度，引导金融机构不断创新金融产品和服务方式。五是全力做好金融精准扶贫工作。围绕“精准扶贫、精准脱贫”方略，推动金融机构发挥主体作用，精准对接融资需求，加强易地扶贫搬迁信贷资金筹集和管理，提高资金使用效率，扎实做好脱贫攻坚金融服务。六是完善大众创业、万众创新金融服务，大力发展普惠金融。积极推动科技金融发展，加强对集成电路等战略型新兴产业和文化、知识产权、“互联网+”等经济发展重点领域的支持。加大小微企业金融支持力度，鼓励中小企业发行非金融企业债务融资工具募集资金，支持符合条件的金融机构发行金融债券专项用于小微企业贷款。全力做好助学、大学生村官、民族地区等薄弱环节和弱势群体金融服务。七是进一步强化房地产市场区域差异化调控，对不实施限购措施的城市下调个人住房贷款最低首付款比例。清理房地产“场外配资”。此外，进一步完善信贷政策导向效果评估工作机制，进一步推进信贷资产证券化，以改革创新盘活存量资金，引导金融机构将盘活的信贷资源重点支持棚改、水利、中西部铁路等领域建设。

专栏2 绿色金融

绿色金融（Green Finance）是指支持环境改善与应对气候变化的金融活动。构建绿色金融体系，是指通过贷款、私募投资、发行债券和股票、保险、碳金融等金融产品和服务将社会资金引导到环保、节能、清洁能源、清洁交通、清洁建筑等绿色产业发展中的一系列政策和制度安排。建立绿色金融体系的主要目的是提高绿色项目的投资回报率和融资的可获得性，同时抑制对污染性项目的投资。绿色金融的工具主要包括：绿色信贷、绿色证券、绿色产业基金和绿色保险等。

在发达国家，与绿色金融相关的制度安排和绿色金融产品发展已有几十年的历史。我国的绿色金融业务在近十年获得初步发展，一些绿色信贷、绿色保险、绿色证券等政策相继出台。比如，2007年7月，环保部、中国人民银行、中国银监会三部门联合发布了《关于落实环境保护政策法规防范信贷风险的意见》（环发[2007]108号），它标志着中国绿色信贷制度的正式建立。2012年2月，中国银监会发布了《绿色信贷指引》，对银行业金融机构开展绿色信贷、大力促进节能减排和环境保护提出了明确要求。

近一年来，中国绿色金融蓬勃发展。2015年9月，在中共中央、国务院印发的《生态文明体制改革总体方案》中，首次明确了建立中国绿色金融体系的顶层设计。2016年3月，全国“两会”通过的

《“十三五”规划纲要》明确提出要“建立绿色金融体系，发展绿色信贷、绿色债券，设立绿色发展基金”。构建绿色金融体系已经上升为国家战略。2015年12月，在中国的倡议和推动下，G20绿色金融研究小组成立，开始研究如何通过绿色金融调动更多资源推动全球经济的绿色转型、如何加强绿色金融的国际合作等问题。

随着相关制度的日趋完善，绿色信贷与证券呈现快速发展态势。2015年12月22日，中国人民银行发布第39号公告，在银行间债券市场推出绿色金融债券，为金融机构通过债券市场筹集资金支持绿色产业项目创新了筹资渠道。同日，中国金融学会绿色金融专业委员会发布了《绿色债券支持项目目录》，旨在为发行人提供绿色项目界定标准。2016年3月，上海证交所发布了《关于开展绿色公司债试点的通知》，设立了绿色公司债券申报受理及审核的绿色通道，并对绿色公司债券进行统一标识。2015年10月8日，上海证券交易所和中证指数有限公司发布了上证180碳效率指数，这是我国首只考虑碳效率的指数，该指数用碳强度来界定企业的绿色程度。截至2015年年末，绿色信贷余额达到7.01万亿元，比2014年年末增长了16.4%。2016年第一季度，发行绿色债券约500亿元，接近同期全球绿色债券发行总量的50%。截至2015年10月，中证指数公司编制的绿色环保类指数有16个，占其编制的A股市场指数总数(约800个)的2%。

与此同时，一些投资机构与地方政府也开始通过建立绿色产业基金来支持绿色金融发展。2015年3月8日，绿色丝绸之路股权投资基金在北京正式启动，基金首期募资300亿元。2016年1月13日，内蒙古自治区政府设立了内蒙古环保基金，预计基金投资规模可达200亿元。浙江省、广东省等地方政府也设立了地方产业投资基金，为节能环保企业提供融资。除此以外，还有一些上市公司宣布设立环保并购基金。截至2015年10月，基金管理机构设立的以环保为主题的基金有32只，其中，指数型基金15只、主动管理型基金17只。

绿色保险理念也在不断普及。我国的绿色保险主要是指环境污染责任保险。2015年修订实施的《中华人民共和国环境保护法》明确提出鼓励投保环境污染责任保险。2007年至2015年第三季度，全国投保环境污染责任保险的企业累计超过4.5万家次，保险公司提供的风险保障金累计超过1 000亿元。

未来几年，绿色金融发展将迎来新的机遇期，重点是要通过贴息、担保等方式推动绿色信贷，建立绿色产业基金，进一步发展绿色债券市场，创新绿色股票指数和相关的投资产品，在环境高风险领域建立强制环境责任保险制度，积极发展碳排放权期货交易和各类碳金融产品，支持有条件的地方开展绿色金融试点，继续推动绿色金融领域的国际合作。

七、完善人民币汇率市场化形成机制

继续按主动性、可控性和渐进性原则，进一步完善人民币汇率市场化形成机制，发挥市场在人民币汇率形成中的作用，增强汇率双向浮动弹性，保持人民币汇率在合理均衡水平上的基本稳定。

第一季度，人民币对美元汇率中间价最高为6.4612元，最低为6.5646元，59个交易日中29个交易日升值、30个交易日贬值，最大单日升值幅度为0.52%（333点），最大单日贬值幅度为0.51%（332点）。

人民币对欧元、日元等其他国际主要货币汇率双向波动。3月末，人民币对欧元、日元汇率中间价分别为1欧元兑7.3312元人民币、100日元兑5.7530元人民币，分别较2015年年末贬值3.22%和贬值6.35%。2005年人民币汇率形成机制改革以来至2016年3月末，人民币对欧元汇率累计升值36.60%和对日元升值26.99%。

第一季度，在中国人民银行与境外货币当局签署的双边本币互换协议下，境外货币当局共动用人民币797.40亿元，人民银行共动用外币折合24.49亿美元。3月末，境外货币当局动用人民币余额447.58亿元，人民银行动用外币余额折合11.15亿美元，对促进双边贸易投资发挥了积极作用。

表6　2016年第一季度银行间外汇即期市场人民币对各币种交易量

单位：亿元人民币

币种	美元	欧元	日元	港元	英镑	澳大利亚元	新西兰元	新加坡元	瑞士法郎	加拿大元	林吉特	卢布	泰铢
交易量	73 931	964	775	349	50.5	176	25.6	527	17.2	47.2	5.5	28.9	1.25

数据来源：中国外汇交易中心。

专栏3　完善人民币兑美元汇率中间价形成机制

近年来，中国人民银行一直着力于完善人民币兑美元汇率中间价形成机制。2015年以来，进一步强化了以市场供求为基础、参考一篮子货币进行调节的人民币兑美元汇率中间价形成机制。2015年8月11日，强调人民币兑美元汇率中间价报价要参考上日收盘汇率，以反映市场供求变化。2015年12月11日，中国外汇交易中心发布人民币汇率指数，强调要加大参考一篮子货币的力度，以更好地保持人民币对一篮子货币汇率基本稳定。基于这一原则，目前已经初步形成了“收盘汇率＋一篮子货币汇率变化”的人民币兑美元汇率中间价形成机制。

“收盘汇率＋一篮子货币汇率变化”是指做市商在进行人民币兑美元汇率中间价报价时，需要考虑“收盘汇率”和“一篮子货币汇率变化”两个组成部分。其中，“收盘汇率”是指上日16:30银行间外汇市场的人民币对美元收盘汇率，主要反映外汇市场供求状况。“一篮子货币汇率变化”是指为保持人民币对一篮子货币汇率基本稳定所要求的人民币对美元双边汇率的调整幅度，主要是为了保持当日人民币汇率指数与上一日人民币汇率指数相对稳定。做市商在报价时既会考虑CFETS货币篮子，也会参考BIS和SDR货币篮子，以剔除篮子货币汇率变化中的噪音，在国际市场波动加大时，有一定的过滤器作用。

具体来看，每日银行间外汇市场开盘前，做市商根据上日一篮子货币汇率的变化情况，计算人民币对美元双边汇率需要变动的幅度，并将之直接与上日收盘汇率加总，得出当日人民币兑美元汇率中间价报价，并报送中国外汇交易中心。由于各家做市商根据自身判断，参考三个货币篮子的比重不同，对各篮子货币汇率变化的参考程度也有所差异，各家做市商的报价存在一定差异。中国外汇交易中心将做市商报价作为计算样本，去掉最高和最低的部分报价后，经平均得到当日人民币兑美元汇率中间价，于9:15对外发布。假设上日人民币兑美元汇率中间价为6.5000元，收盘汇率为6.4950元，当日一篮子货币汇率变化指示人民币对美元双边汇率需升值100个基点，则做市商的中间价报价为6.4850元，较上日中间价升值150个基点，其中50个基点反映市场供求变化、100个基点反映一篮子货币汇率变化。这样，人民币兑美元汇率中间价变化就既反映了一篮子货币汇率变化，又反映了市场供求状况，以市场供求为基础、参考一篮子货币进行调节的特征更加清晰。

从2016年3月的情况看，每个交易日人民币兑美元汇率中间价变动与这一机制都是相符的，在美元对其他货币贬值时，人民币兑美元汇率中间价在收盘汇率基础上有所升值，反之反是。总体来看，上述机制更加公开、透明和具有规则性，比较好地兼顾了市场供求指向、保持对一篮子货币基本稳定和稳定市场预期三者之间的关系。经过一段时间的磨合，政策效果已初步显现，市场预期趋于稳定，人民币对一篮子货币汇率保持基本稳定，人民币对美元双边汇率弹性进一步增强。3月，人民币对美元双边市场汇率的平均波幅为0.17%，比2月有所提高，也高于CFETS人民币汇率指数、参考BIS货币篮子的人民币汇率指数、参考SDR货币篮子的人民币汇率指数0.11%、0.14%和0.11%的平均波幅。

八、深入推进金融机构改革

加快推进政策性金融机构改革。国家开发银行、进出口银行资本金补充工作已经完成。同时，建立健全董事会和完善治理结构、修订章程等改革举措也在有序推进落实中。

存款保险制度实施进展顺利。全国3 600多家吸收存款的银行业金融机构已依法办理投保手续，2015年保费已归集完毕。总体上看，《存款保险条例》施行一年来，各方反应积极正面，大中小银行存款格局保持稳定，银行业金融机构经营秩序正常，存款保险机制作用逐步发挥，制度出台和实施平稳有序。

农村信用社改革取得重要进展，资产质量明显改善，涉农金融服务功能显著增强，产权制度改革稳步推进。按贷款五级分类口径统计，3月末，全国农村信用社不良贷款比例为4.3%，资本充足率为11.1%；全国农村信用社涉农贷款余额和农户贷款余额分别为7.7万亿元和3.7万亿元。全国共组建以县（市）为单位的统一法人农村信用社1 264家，农村商业银行899家，农村合作银行64家，部分农村信用社在完善法人治理结构方面进行了有益探索。

九、进一步深化外汇管理体制改革

大力推进外汇管理简政放权。取消资产管理公司对外处置不良资产备案登记、汇兑核准行政审批，切实节约了市场主体经营成本。创新和改进外汇管理公共服务，继续规范外汇管理行政审批，简化办事流程，提高外汇管理公共服务质量和效率。

积极推动贸易投资便利化。试行外债比例自律管理政策，赋予符合条件的跨国公司更多贸易投资便利化，深化跨国公司外汇资金集中运营管理。进一步扩大跨境电子商务综合试验区范围，通过简化名录登记手续、便利外贸综合服务企业收入货物贸易外汇资金等措施，为跨境电子商务活动提供便利。

不断提高资本项目可兑换程度。在上海、天津、广东、福建自贸区开展外债资金意愿结汇等改革措施，支持自贸区外汇管理建设。

强化外汇形势监测预警和管理。发布新版国际收支统计申报业务指引和贸易信贷调查制度，按照国际货币基金组织（IMF）和国际清算银行（BIS）的标准，新增发布中国对外证券投资资产（分国别）和中国银行业对外金融资产负债数据。

维护外汇市场健康发展。正式实施《国家外汇管理局关于印发〈境内机构外币现钞收付管理办法〉的通知》，明确境内机构外币现钞收付的条件和银行办理外币现钞收付业务的审核要求，规范完善境内机构外币现钞收付管理。加强银行卡外汇管理。

第三部分 金融市场运行

第一季度，金融市场整体平稳运行。货币市场交易活跃，市场利率保持低位；债券发行规模显著扩大，发行利率明显回落；股票市场沪深指数止跌回升，成交量减少，融资额扩大；保险业资产快速增长。

一、金融市场运行概况

（一）货币市场交易活跃，市场利率低位平稳运行

银行间回购交易量成倍增长，拆借交易量大幅上升。第一季度，银行间市场债券回购累计成交136.1万亿元，日均成交2.2万亿元且同比增长101.7%，增速比上年同期高30.8个百分点；同业拆借累计成交18.1万亿元，日均成交2 965亿元且同比增长115.4%，增速比上年同期高99.6个百分点。从期限结构看，市场交易更趋集中于隔夜品种，回购和拆借隔夜品种的成交量分别占各自总量的85.3%和87.9%，占比较上年同期分别上升10.3个和14.2个百分点。交易所债券回购累计成交44.2万亿元，同比增长65.6%。

从融资主体看，主要呈现以下特点：一是中资大型银行依然是货币市场的资金融出方且交易量大幅增加，当季净回购和拆借净融出资金58.7万亿元，同比增长118.5%；二是证券业机构净融入资金快速上升，当季净融入15.8万亿元，同比增长128.5%；三是中资中小型银行融入量较上季度大幅减少，当季净融入11.7万亿元，比上季度减少5.5万亿元，同比增长11.1%。

表7　2016年第一季度金融机构回购、同业拆借资金净融出、净融入情况

单位：亿元

	回购市场		同业拆借	
	2016年第一季度	2015年第一季度	2016年第一季度	2015年第一季度
中资大型银行①	-539 014	-250 410	-47 514	-18 076
中资中小型银行②	118 606	114 535	-1 396	-9 005
证券业机构③	126 502	53 936	31 615	15 268
保险业机构④	7 013	4 805	17	18
外资银行	27 444	14 744	4 915	5 001
其他金融机构及产品⑤	259 449	62 390	12 363	6 794

注：①中资大型银行包括中国工商银行、中国农业银行、中国银行、中国建设银行、国家开发银行、交通银行、中国邮政储蓄银行。

②中资中小型银行包括招商银行等17家中型银行、小型城市商业银行、农村商业银行、农村合作银行、村镇银行。

③证券业机构包括证券公司和基金公司。

④保险业机构包括保险公司和企业年金。

⑤其他金融机构及产品包括城市信用社、农村信用社、财务公司、信托投资公司、金融租赁公司、资产管理公司、社保基金、基金、理财产品、信托计划、其他投资产品等，其中部分金融机构和产品未参与同业拆借市场。

⑥负号表示净融出，正号表示净融入。

数据来源：中国外汇交易中心。

表8　2016年第一季度利率衍生产品交易情况

	利率互换		标准利率衍生产品		标准债券远期	
	交易笔数（笔）	名义本金额（亿元）	交易笔数（笔）	名义本金额（亿元）	交易笔数（笔）	交易量（亿元）
2016年第一季度	17 392	16 597.8	346	1 295.5	—	—
2015年第一季度	18 242	20 066.7	1	1	—	—

数据来源：中国外汇交易中心。

利率互换交易活跃。第一季度，人民币利率互换市场达成交易18 242笔，同比增长4.9%；名义本金总额20 066.7亿元，同比增长20.9%。从期限结构来看，1年期及1年期以下交易最为活跃，名义本金总额达16 325.4亿元，占总量的81.4%。以Shibor为浮动端定价基准的利率互换名义本金为3 544亿元，占全部利率互换交易的17.7%。

同业存单市场发展迅速，大额存单发行显著增加。截至3月末，共有266家金融机构披露了2016年同业存单年度发行计划，其中，212家机构已在银行间市场完成发行。第一季度，银行间市场发行同业存单3 146只，发行总量为2.94万亿元，二级市场交易总量为12.59万亿元。同业存单发行交易全部参照Shibor定价，同业存单发行利率与中长端Shibor的相关性进一步提高。3月，3个月期同业存单发行加权平均利率为2.81%，与3个月Shibor基本持平。第一季度，金融机构累计发行大额存单3 282期，发行总量为1.45万亿元，自2015年6月启动大额存单发行以来，发行量呈逐季增加势头。同时，人民银行正在积极推进大额存单二级市场转让交易。大额存单发行的有序推进，进一步扩大了金融机构负债产品市场化定价范围，对于培育提升金融机构自主定价能力、健全市场化利率形成和传导机制发挥了积极作用。

货币市场利率水平保持平稳。3月，同业拆借和质押式回购加权平均利率分别为2.09%和2.10%，比上年12月分别高12个和15个基点，较上年同期分别下降160个和151个基点。Shibor短端保持平稳，中长端有所下行。3月末，隔夜、1周Shibor分别为2.02%和2.33%，分别较上年年末上升3个和下降3个基点；3个月期和1年期Shibor为2.82%和3.05%，分别下降27个和30个基点。

（二）债券现券交易活跃，债券发行规模显著扩大，发行利率明显回落

第一季度，银行间债券市场现券交易26.7万亿元，日均成交4 376亿元，日均成交同比增长108.2%。从交易主体看，中资中小型银行和证券业机构是主要的卖出方，当季净卖出现券9 927亿元；中资大型银行净买入现券有所增加；其他金融机构及产品是主要的买入方，净买入现券6 267亿元。从交易品种看，第一季度，银行间债券市场政府债券成交2.7万亿元，占银行间市场现券交易的10%；金融债券和公司信用类债券分别成交14.7万亿元和9.3万亿元，占比分别为54.9%和34.8%。交易所债券现券成交9 390亿元，同比增长21.7%。

银行间债券市场指数小幅上行。3月末，中债综合净价指数为104.86点，较上年年末上涨0.03%；中债综合全价指数为119.66点，上涨0.31%。交易所国债指数为156.63点，上

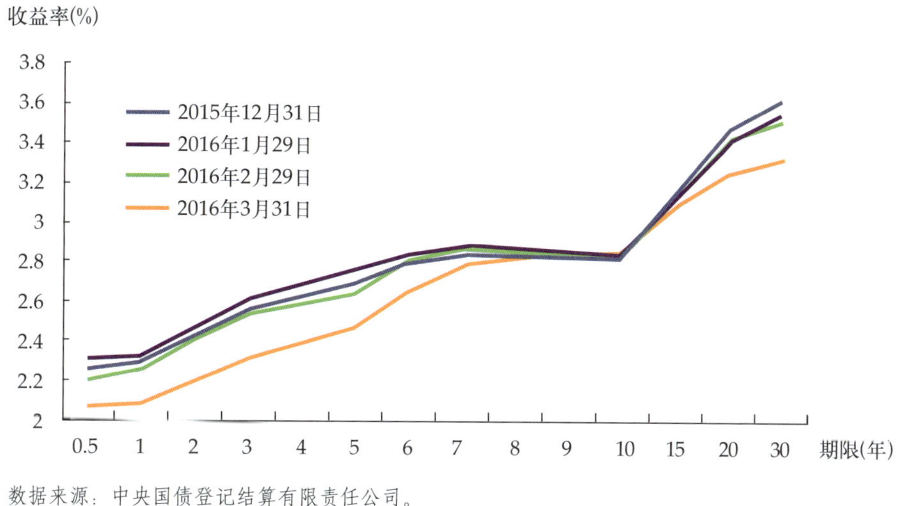

数据来源：中央国债登记结算有限责任公司。

图2 银行间市场国债收益率曲线变化情况

表9 2016年第一季度各类债券发行情况

单位：亿元

债券品种	发行额	较上年增减
国债	4 400	2 301
地方政府债券	9 554	9 554
中央银行票据	0	0
金融债券[①]	42 817	25 687
其中：国家开发银行及政策性金融债	9 607	2 496
同业存单	29 384	22 246
公司信用类债券[②]	23 587	12 050
其中：非金融企业债务融资工具	15 493	5 111
企业债券	1 918	1 051
公司债	5 998	5 789
国际机构债券	30	30
合计	80 388	49 592

注：①金融债券包括国开行金融债、政策性金融债、商业银行普通债、商业银行次级债、商业银行资本混合债、证券公司债券、同业存单等。

②公司信用类债券包括非金融企业债务融资工具、企业债券以及公司债、可转债、可分离债、中小企业私募债等。

数据来源：中国人民银行、国家发展和改革委员会、中国证券监督管理委员会、中央国债登记结算有限责任公司。

涨1.35%。

国债收益率曲线短端下行、长端小幅上行，收益率曲线有所陡峭化。3月末，1年期、3年期、5年期、7年期国债收益率较上年年末分别下降21个、24个、23个、6个基点，10年期国债收益率较上年年末上升2个基点。10年期和1年期国债利差为75个基点，较上年年末扩大23个基点。第一季度，受债券供给增加、物价涨幅有所上升以及美联储推迟加息等因素叠加影响，债券市场收益率总体维持区间震荡走势。

债券发行规模显著扩大。第一季度，累计发行各类债券8万亿元，同比增长161.3%，主要是地方政府债券、公司债和同业存单发行增长很快。3月末，各类债券余额52.3万亿元，同比增长41.4%。

各类债券发行利率均明显回落。3月，发行的10年期国债发行利率为2.85%，比2015年12月发行的同期限国债利率下降14个基点；国开行发行的10年期金融债利率为3.18%，比上年12月发行的同期限金融债利率下降26个基点；主体评级AAA的企业发行的1年期短期融资券（债券评级A-1）平均利率为3.16%，比上年12月低62个基点；5年期中期票据平均发行利率为3.87%，比上年12月下降30个基点。Shibor对债券产品定价继续发挥重要的基准作用。第一季度，发行以Shibor为基准定价的浮动利率债券9只，总量为350亿元；发行固定利率企业债153只，总量为1 917.6亿元，全部参照Shibor定价；发行参照Shibor定价的固定利率短期融资券1 975.4亿元，占固定利率短期融资券发行总量的91.5%。

（三）票据融资小幅增长，利率较为平稳

票据承兑业务增幅趋缓。第一季度，企业累计签发商业汇票4.9万亿元，同比下降8.4%；3月末，商业汇票未到期金额10.5万亿元，同比增长3.6%；承兑余额较年初增长1 262亿元，同比增长速度趋缓。从行业结构看，企业签发的银行承兑汇票余额集中在制造业、批发和零售业。从企业结构看，由中小型企业签发的银行承兑汇票约占三分之一。

票据融资余额小幅增长，票据市场利率较为平稳。第一季度，金融机构累计贴现27.3万亿元，同比增长41.9%；期末贴现余额4.9万亿元，同比增长60.6%。3月末，票据融资余额比年初增加3 661亿元，占各项贷款的比重为5.0%，同比上升1.4个百分点。第一季度银行体系流动性总体充裕，货币市场利率较为平稳，剔除春节季节性因素，在票据市场供求较为均衡的情况下，票据市场利率走势总体平稳。

（四）股票市场指数止跌回升，成交额减少，筹资额扩大

股票市场指数1月大幅下跌，2月、3月缓慢回升。3月末，上证综合指数收于3 004点，较上年年末下跌15.1%；深证成份指数收于10 455点，较上年年末下跌17.4%；创业板指数收于2 238点，较上年年末下跌17.5%。3月末，沪市A股加权平均市盈率从上年年末的17.6倍降至15.1倍，深市A股加权平均市盈率从上年年末的53.3倍降至41.7倍。

股票市场成交量显著减少。第一季度，沪、深股市累计成交32万亿元，日均成交5 431亿元，同比下降24.9%；创业板累计成交5.3万亿元，同比增长39.9%。3月末，沪、深股市流通市值36万亿元，同比下降8.9%；创业板流通市值为2.7万亿元，同比增长21.7%。

股票市场筹资额扩大。第一季度，各类企业和金融机构在境内外股票市场上通过发行、增发、配股、权证行权等方式累计筹资3 375亿元，同比增长71.4%，其中的A股筹资3 200亿元，同比增长68.1%。

（五）保险业资产较快增长

第一季度，保险业累计实现保费收入1.2万亿元，同比增长42.2%，增速比上年同期高21.8个百分点；累计赔款、给付2 891亿元，

表10　2016年3月末主要保险资金运用余额及占比情况

单位：亿元、%

	余额		占资产总额比重	
	2016年3月末	2015年3月末	2016年3月末	2015年3月末
资产总额	138 535	108 703	100.0	100.0
其中：银行存款	26 510	26 386	19.1	24.2
投资	93 432	72 555	67.4	66.7

数据来源：中国保险监督管理委员会。

同比增长25.1%，其中，财产险赔付同比增长17.6%，人身险赔付同比增长29.9%。

保险业资产保持快速增长。3月末，保险业总资产13.9万亿元，同比增长27.4%，增速比上年同期高5.9个百分点。其中，银行存款同比增长0.5%，投资类资产同比增长28.8%。

（六）外汇掉期交易增长较快

第一季度，人民币外汇即期交易成交1.2万亿美元，同比增长1.7%；人民币外汇掉期交易成交金额折合2.1万亿美元，同比增长64.5%，其中隔夜美元掉期成交1.3万亿美元，占掉期总成交额的62.0%；人民币外汇远期市场成交126亿美元，同比增长47.7%。第一季度“外币对”成交金额折合309亿美元，同比增长59.6%，其中成交最多的产品为欧元对美元，占市场份额比重为38.3%。

外汇市场交易主体进一步扩展。截至3月末，共有即期市场会员535家，远期、外汇掉期、货币掉期和期权市场会员各133家、133家、108家和69家，即期市场做市商30家，远掉期市场做市商27家。

（七）黄金价格有所上涨

黄金价格呈现单边上涨后高位震荡格局。第一季度，国际黄金价格最高为1 284.41美元/盎司，最低为1 061.50美元/盎司，3月末收于1 231.80美元/盎司，较上年年末上涨169.55美元/盎司，涨幅为15.96%。受此带动，国内黄金价格也出现明显上涨。上海黄金交易所AU9999最高价为268.00元/克，最低价为181.20元/克，3月末收于255.70元/克，较上年年末上涨了32.84元/克，涨幅为14.74%。

上海黄金交易所总体交易规模保持增长，各品种表现有所分化。第一季度，黄金累计成交1.13万吨，同比增长47.7%；成交金额2.83万亿元，同比增长50.6%。白银累计成交14.36万吨，同比下降29.3%；成交金额0.48万亿元，同比下降34.5%。铂金累计成交15.86吨，同比增长23.2%；成交金额32.19亿元，同比下降1.1%。

二、金融市场制度建设

（一）丰富债券市场品种和投资者主体

扩大债券市场主体范围。2016年2月24日，中国人民银行发布公告〔2016〕第3号，引入更多符合条件的境外机构投资者，取消投资额度限制，简化管理流程。在中华人民共和国境外依法注册成立的各类金融机构及其依法合规面向客户发行的投资产品，以及养老基金、慈善基金、捐赠基金等中国人民银行认可的其他中长期机构投资者，均可投资银行间债券市场，没有额度限制。符合条件的境外机构通过银行间市场结算代理人完成备案、开户等手续后，即可成为银行间债券市场的参与者。上述措施有利于便利境外机构投资者，特别是长期投资者投资银行间债券市场，进一步推动银行间债券市场对外开放。

规范柜台债券业务。2月14日，中国人民银行发布了《全国银行间债券市场柜台业务管理办法》，丰富了柜台债券开办机构类型，进一步扩大债券品种，并对柜台债券交易、托管、结算等进行了严格的规范。

（二）促进证券市场规范发展

进一步规范大股东和董监高依法、透明、有序减持行为。1月7日，证监会发布《上市公司大股东、董监高减持股份的若干规定》，对上市公司大股东和董监高通过“集中竞价交易”途径减持股份作出了细化要求，有助于稳定市场预期。

暂停实施指数熔断机制。鉴于2016年年初开始实施的指数熔断机制并没有达到预期效果，经证监会决定，自1月8日起上交所、深交所和中金所暂停实施指数熔断机制。

（三）强化保险市场监管，规范保险产品

强化保险业偿付能力监管。1月29日，保监会发布《关于正式实施中国风险导向的偿付能力体系有关事项的通知》，结束保险业偿付能力监管体系的“双轨并行”的过渡期状态，自1月1日起正式切换为中国风险导向的偿付能力体系。

规范中短存续期人身保险产品。3月18日，保监会发布《关于中短存续期人身保险产品有关事项的通知》，将高现价产品更名为中短存续期产品，时间范围由存续期小于三年扩大至五年，并对销售该类产品的保险公司综合偿付能力充足率、年度保费收入等作出规定。停止销售存续期不满一年的产品，给予存续期一年以上的产品一定过渡期。

首份中国保险消费者信心指数发布。3月29日，保监会消费者权益保护局与中国保险保障基金首次发布中国保险消费者信心指数。指数由保险环境信心、消费信任偏好、保险业信任度、保险消费意愿和行业运行状况5大因素构成，通过专业市场调查机构向全国保险消费者开展问卷调查，采集数据导入模型后计算得出。2015年中国保险消费者信心指数为69.2，显示保险消费者信心较强。

（四）促进外汇市场、黄金市场健康发展

国家外汇管理局发布《合格境外机构投资者境内证券投资外汇管理规定》，进一步规范合格境外机构投资者在境内从事证券投资业务的外汇管理。上海黄金交易所启动银行间黄金询价市场做市商制度，黄金市场基础设施建设进一步完善，有助于提高市场流动性。

第四部分 宏观经济形势

一、世界经济金融形势

2016年第一季度，全球经济形势依然复杂，经济增速有所放缓。美国经济继续温和复苏，主要指标喜忧参半。欧元区经济相对稳定，复苏基础仍待稳固。日本经济持续低迷，通胀下行压力依然存在。部分新兴市场经济体经济增速大幅下降，经济脆弱性凸显。

（一）主要经济体经济形势

美国经济继续温和复苏，主要指标喜忧参半。第一季度，美国实际GDP环比折年率初值为0.5%，与上年同期增速基本持平。进入2016年，美国经济总体较为平稳，劳动力市场持续改善，消费支出稳步增长，房地产市场稳健复苏，财政对经济的拉动作用开始显现。通胀水平较上季度略有回升，但可持续性仍待观察。与此同时，企业投资依然低迷，制造业增速低位波动，服务业扩张速度有所放缓，出口较为疲软。3月以来，消费信心指数和零售额出现下滑，下一步走势仍存在不确定性。

欧元区经济相对稳定，复苏基础仍待稳固。劳动力市场持续改善，失业率持续下降，消费需求有所上升，部分抵销了外需疲软的负面影响，但物价下行压力依然存在，PPI降幅继续扩大。与此同时，移民危机、英国退欧风险、希腊减债谈判不确定性增加等

表11 主要发达经济体宏观经济金融指标

国别	指标	2015年第一季度			2015年第二季度			2015年第三季度			2015年第四季度			2016年第一季度		
		1月	2月	3月	4月	5月	6月	7月	8月	9月	10月	11月	12月	1月	2月	3月
美国	实际GDP增速(环比折年率，%)	0.6			3.9			2.0			1.4			0.5		
	失业率(%)	5.7	5.5	5.5	5.4	5.5	5.3	5.3	5.1	5.1	5.0	5.0	5.0	4.9	4.9	5.0
	CPI(同比，%)	-0.1	0	-0.1	-0.2	0	0.1	0.2	0.2	0	0.2	0.5	0.7	1.4	1	0.9
	道琼斯工业平均指数(期末)	17 165	18 133	17 776	17 841	18 010	17 620	17 689	16 528	16 285	17 664	17 720	17 425	16 466	16 517	17 685
欧元区	实际GDP增速(环比折年率，%)	1.2			1.5			1.6			1.6			1.6		
	失业率(%)	11.2	11.3	11.2	11.1	11.1	11.1	10.9	11	10.8	10.7	10.5	10.4	10.3	10.3	10.2
	HICP综合物价指数(同比，%)	-0.6	-0.3	-0.1	0	0.3	0.2	0.2	0.1	0.2	0.1	0.2	0.2	0.3	-0.2	0.0
	EURO STOXX 50(期末)	3 198	3 401	3 435	3 439	3 444	3 285	3 432	3 110	2 976	3 216	3 288	3 100	2 902	2 798	2 790
日本	实际GDP增速(环比折年率，%)	4.6			-1.4			1.4			-1.1			—		
	失业率(%)	3.6	3.5	3.4	3.3	3.3	3.4	3.3	3.4	3.4	3.1	3.2	3.1	3.2	3.2	3.3
	CPI(同比，%)	2.4	2.2	2.3	0.6	0.5	0.4	0.2	0.2	0	0.3	0.3	0.2	0	0.3	-0.1
	日经225指数(期末)	17 674	18 847	19 207	19 983	20 563	20 236	20 585	18 890	17 388	19 083	19 747	19 033	17 518	16 027	16 759

数据来源：各经济体相关统计部门及中央银行。

因素也为欧元区经济复苏蒙上了一层阴影。

日本经济持续低迷，通胀下行压力犹存。尽管劳动力市场改善，但工业生产和出口仍较疲软，投资低迷，制造业PMI连续放缓。受油价下跌等因素影响，物价下行压力依然存在，离日本央行2%的通胀目标仍有较大差距。日元升值和主要贸易伙伴需求疲软等因素为日本经济复苏增添更多不确定性。根据路透调查，预计日本第一季度GDP环比折年率增长0.5%。

部分新兴市场经济体面临较大的经济下行压力，经济脆弱性凸显。受自身结构性因素制约、大宗商品价格持续低迷、地缘政治冲击等因素影响，部分新兴市场经济体国际收支受到冲击，财政收入锐减，汇率大幅贬值，外汇储备流失，部分国家出现负增长，如巴西2015年全年GDP同比下跌3.8%，俄罗斯2015年全年GDP同比萎缩3.7%。

（二）国际金融市场概况

美元指数微贬，欧元、日元对美元升值，新兴市场经济体汇率升贬不一。截至3月31日，欧元、日元对美元汇率分别为1.1378美元/欧元和112.56日元/美元，较上年年末分别升值4.77%和6.88%。英镑对美元汇率为1.4358美元/英镑，较上年年末贬值2.58%。同期，绝大多数新兴市场货币对美元升值，其中，巴西雷亚尔、马来西亚林吉特、俄罗斯卢布、智利比索、新加坡元对美元汇率升幅较大，分别达到10.2%、10.0%、8.9%、5.7%、5.2%。阿根廷比索对美元汇率大幅贬值11.9%。

全球货币市场利率继续分化。伦敦同业拆借市场美元Libor略有上升。截至3月31日，1年期Libor为1.2104%，比上年年末上升0.03个百分点。受欧央行宽松货币政策升级等因素影响，欧元区同业拆借利率Euribor继续走低。截至3月31日，1年期Euribor为-0.005%，比上年年末下降0.065个百分点。

全球主要经济体国债收益率普遍下跌。受日本央行意外宣布实施负利率、欧央行加码宽松货币政策等影响，大量流动性进入国债市场，主要发达经济体国债收益率均出现下跌。截至3月31日，美国、德国10年期国债收益率分别收于1.784%和0.155%，较上年年末分别下跌了49个和48个基点。日本10年期国债收益率降至零以下水平，3月31日收于-0.042%，较上年年末下跌了31个基点。新兴市场国家中，印度尼西亚、南非10年国债收益率分别较上年年末下跌了116个和65个基点；欧洲稳定机制（ESM）首次贷款审议因希腊选举和改革拖延多次推迟，受此影响，希腊10年期国债收益率较上年年末上升38个基点。

欧日股市跌幅较大，新兴市场经济体股市涨跌互现。截至3月31日，美国道琼斯指数较上年年末小幅上涨1.49%；受银行股下跌拖累，欧元区STOXX50指数下跌10%；受负利率政策影响，日经225指数大跌11.95%。新兴市场国家中，土耳其、俄罗斯、巴西、阿根廷和墨西哥股市分别大涨16.09%、15.74%、15.47%、11.28%和6.76%；希腊和印度股市分别下跌8.59%和2.97%。

（三）主要经济体货币政策

主要发达经济体货币政策分化有所减缓。美联储1月、3月、4月三次公开市场委员会（FOMC）会议均维持联邦基金利率不变，不少市场机构下调预期年内加息的次数。为刺激经济和提振通胀，3月10日，欧央行再次加大量化宽松货币政策力度，将主要再融资操作利率、边际贷款便利利率和存款便利利率分别下调5个、5个和10个基点至0%、0.25%和-0.40%，扩大月度资产购买规模至800亿欧元，将资产购买范围扩大至欧元计价的由非银行公司在欧元区发行的投资级债券，并推出了新一轮定向长期再融资操作（TLTRO）。日本央行1月29日超预期实施负利率政策，引入三级利率体系，将金融机构存放在日本央行的部分超额准备金利率从之前的0.1%降至-0.1%，以鼓励金融机构借出更多资金。英格兰银行维持0.5%的基准利率和3 750亿英镑的资产购买规模不变。2月11日，瑞典央行将商业银行与央行的回购利率从-0.35%下调至-0.5%，负利率力度进一步加大。3月10日，新西兰储备银行下调政策利率25个基点至2.25%。3月18日，挪威央行下调政策利率25个基点至0.5%。

新兴市场经济体货币政策分化加剧。一方面，多个经济体为提振经济、缓解外部冲击继续放宽货币政策。3月18日，印度尼西亚银行下调政策利率25个基点至6.75%。4月5日，印度储备银行再次下调回购利率25个基点至6.5%。另一方面，部分经济体收紧货币政策以应对国内通胀压力，减少美联储加息带来的冲击。1月28日、3月17日，南非储备银行两次上调政策利率各25个基点至7%。2月1日、2月22日、3月22日，哥伦比亚三次上调政策利率各25个基点至6.5%。

与此同时，部分新兴市场经济体采取灵活汇率制度等措施应对金融动荡。一方面，一些新兴市场经济体相继采取更灵活的汇率制度。2016年3月14日，埃及中央银行宣布采取“更加灵活的汇率管理体制”，成为继阿根廷、哈萨克斯坦、阿塞拜疆、俄罗斯之后又一个放弃外汇干预，采取更灵活汇率制度的新兴市场国家。另一方面，部分新兴市场经济体对资本管制持不同态度。为应对金融市场波动和资本外流压力，阿塞拜疆于2016年1月采取了一些资本管制措施，但这些管制措施并未实现预期效果。巴西、印度、俄罗斯等国吸取历史经验教训，认识到资本管制和外汇干预的成效并不显著，不但难以守住汇率，反而带来高昂代价，因此在本轮金融市场大幅波动中没有强化资本管制措施。

专栏4 欧日等部分央行的负利率政策

综观中央银行的历史，负利率政策是近年来出现的新事物。长期以来，货币政策在理论上始终受到“零下界”约束。“零下界”是指短期名义利率不能为负，否则资金所有者将会以现金方式持有资金，而不愿将资金借出，从而使得利率政策“失效”。“零下界”的前提假设是资金提供方持有现金的成本为零，但现实中商业银行和非金融企业持有大量现金的成本较大，这就使负利率的实施具备了一定可能。值得说明的是，央行的负利率政策针对的是基础货币，即商业银行在中央银行的存款。此次国际金融危机以来，一些经济体中央银行采取量化宽松政策投放了大量流动性，央行希望通过对商业银行部分流动性实施负利率政策促使商业银行加大对实体经济的信贷投放，并降低商业银行对客户提供信贷等金融产品的利率，最终促进消费和投资。当然也有央行基于汇率的考虑，希望通过负利率抑制资本流入和本币升值。

为了实现通胀目标，2014年6月欧央行将金融机构存款便利利率降至-0.1%，随后连续数次下调，2016年3月10日调至-0.4%。2016年1月29日，日本将金融机构在日本央行的部分超额准备金存款利率降至-0.1%。为缓解本币对欧元的升值压力，丹麦央行于2012年7月将央行存款利率降至-0.2%，瑞士央行也于2014年12月宣布对商业银行在央行的活期存款实施-0.25%的利率。

总的来看，负利率政策在货币和债券市场的传导较为顺畅，但对零售端利率的影响还比较有限。在欧洲，负利率已经从政策利率传导至银行间市场拆借利率，各期限国债收益率均有所下降。目前，大多数欧元区银行已开始对部分机构客户征收负利率，但仍很难对零售客户实施负利率。

负利率给商业银行、保险机构、养老基金等金融机构的盈利能力带来压力。由于很难对零售客户实施负利率，部分商业银行净息差有所下降，零售存款业务比重较大的银行受冲击更大。一些定价能力较强的商业银行选择将负利率成本转嫁至资产业务，对部分个人住房抵押贷款客户征收利息费用，导致实际抵押贷款利率不降反升。对一些就负债承诺了较高收益的保险机构而言，由于长期固定收益证券占其资产比重较大，负利率带来的投资收益率下行对这些机构盈利的影响更大。

负利率对汇率的作用存在不确定性。当利率变动时，资产组合再平衡效应可能引发资本跨境流动的变化，从而导致汇率变动。但由于汇率还受到其他因素影响，从相关货币汇率的实际变动看，存在不确定性。例如，日本2016年1月意外宣布实施负利率后，日元最初微贬，但随后大幅升值。瑞士央行2014年年底实施负利率之后，瑞士法郎作为避险货币仍然受到投资者追捧，直至2015年下半年才有所降温。

负利率政策对消费、投资和通胀的提振作用有待观察。负利率对总需求会产生替代效应和财富效应两种相反影响，如果降息的财富效应占据主导，企业和消费者为弥补利息收入降低带来的财富损失，有可能增加储蓄，减少投资和消费。从实际情况看，部分欧洲国家老年人为获得与降息前相同的储蓄收入，在央行实施负利率政策后反而增加储蓄，减少消费。同时，负利率对提振通胀的效果短期内较为有限，欧元区和日本实施负利率后，通胀水平仍在零附近徘徊，远低于央行2%的通胀目标。

随着全球经济金融一体化加深，一个经济体的货币政策也会对其他经济体产生溢出效应，并可能对经济增长和金融稳定形成潜在的负面影响。一是若货币政策过度宽松，有可能降低结构性改革的紧迫性，并对政府财经纪律产生不良影响。二是长期低利率环境可能扭曲资产价格，降低风险溢价，造成风险累积，不利于金融稳定。三是长期负利率环境可能加剧“银行脱媒”，影响金融体系的稳定运行。

负利率一定程度上打破了"零利率下界"，但负利率的边界会受到现金存储技术等诸多因素影响。为降低对银行利润的影响，实施负利率的一些央行采取了"分级利率体系"，将商业银行在央行的存款分成数级，仅对其中一部分存款实行负利率。

国际清算银行（BIS）近期在报告中指出，负利率在货币市场中的传导较为顺畅，但如果负利率持续时间较长或者利率水平进一步下降，个人和金融机构的行为将存在很大的不确定性。国际货币基金组织（IMF）总裁拉加德近日表示，在全球经济下行风险加大的背景下，负利率对经济的影响总体而言利大于弊，但需密切关注负利率可能带来的"副作用"。

（四）国际经济展望及面临的主要风险

国际货币基金组织（IMF）在2016年4月发布的《世界经济展望》中，预测2016年和2017年全球经济增速分别为3.2%和3.5%，较2016年1月的预测值分别下调0.2个和0.1个百分点。展望未来，全球经济可能面临以下风险：

全球经济增长动力不足，货币政策空间有限。随着美国货币政策正常化进程的启动，近期部分新兴市场经济体受到冲击，经济面临较大下行压力，金融市场出现波动，这可能会通过提高风险溢价、推高投资者避险情绪和资产价格调整等渠道对发达经济体产生回溢效应。而受内需乏力、债务水平整体较高等因素影响，主要发达经济体中期内通胀下行压力依然存在。与此同时，主要发达经济体利率水平已经较低，通过降息进一步刺激经济的空间受限，而现有一些央行实施的"负利率"政策在提振消费、投资和通胀方面的作用仍有待观察。

全球金融市场仍然不稳，大宗商品价格波动存在不确定性。年初，国际金融市场出现震荡，部分国家股市波动较大，风险溢价上升，市场信心整体较为脆弱。同时，受实体经济增速放缓、不良资产比重过高、部分经济体实施负利率等因素影响，主要发达经济体银行业盈利能力下降，这可能会影响其融资成本。大宗商品价格波动较大。近期，受主要产油国冻产协议传闻、美元走软、投资者对美国石油减产预期等因素影响，油价震荡回升，但在地缘政治、供需平衡等多重因素相互影响下，未来大宗商品价格走势的不确定性依然较大。

地缘政治冲突多点爆发，风险因素加速累积。欧洲移民潮危机、恐怖主义抬头、叙利亚危机升级、朝鲜半岛局势紧张、英国脱欧风险增加等因素为世界经济复苏蒙上阴影，有可能拖累全球经济增长。

二、中国宏观经济形势

中国经济运行趋稳，结构调整呈现积极变化。消费稳定增长，投资增长加快，物价有所回升，就业形势基本稳定。初步核算，第一季度实现国内生产总值（GDP）15.9万亿元，同比增长6.7%，环比增长1.1%；居民消费价格（CPI）同比上涨2.1%；贸易顺差8 102亿元。

（一）消费稳定增长，投资增长加快，出口增速由降转升

城乡居民收入继续增加，消费需求稳定增长。第一季度，城镇居民人均可支配收入9 255元，同比增长8.0%，扣除价格因素实际增长5.8%；农村居民人均可支配收入3 578元，同比增长9.1%，扣除价格因素实际增长7.0%。第一季度人民银行城镇储户问卷调查显示，当期收入感受指数为46.2%，较上季度回升0.9个百分点；居民消费意愿平稳，倾向于"更多消费"的居民占20.3%，较上季度回落0.5个百分点，较上年同期提高1.8个百分点。

网上商品和服务销售继续较快增长。第一季度，社会消费品零售总额7.8万亿元，同比增长10.3%，扣除价格因素实际增长9.7%。分城乡看，城镇消费品零售额6.7万亿元，同比增长10.2%；乡村消费品零售额1.1万亿元，增长11.0%。全国网上商品和服务零售额1.0万亿元，同比增长27.8%。

固定资产投资增速回升。第一季度，固定资产投资（不含农户）8.6万亿元，同比增长10.7%，增速比上年全年加快0.7个百分点；扣除价格因素实际增长13.8%。其中，民间固定资产投资5.3万亿元，同比增长5.7%，占全国投资的比重为62%。三次产业投资分别为1 949亿元、3.4万亿元和5.0万亿元，同比分别增长25.5%、7.3%和12.6%。第一季度施工项目计划总投资59.55万亿元，同比增长6.7%；新开工项目计划总投资8.1万亿元，增长39.5%。

出口增速由降转升，一般贸易比重提高。第一季度，进出口总额为5.21万亿元，同比下降5.9%；其中，出口额3.01万亿元，同比下降4.2%；进口额2.20万亿元，同比下降8.2%；贸易顺差8 102亿元。3月，出口额为10 501亿元，同比增长18.7%，增速较1～2月回升31.8个百分点。从贸易方式看，一般贸易比重提升，占出口总额的55.9%，同比提高0.6个百分点。民营企业活力较强，第一季度进出口额为2.0万亿元，同比增长3.9%。

外商直接投资结构调整，对外直接投资增长较快。第一季度，实际使用外商直接投资额2 242.1亿元人民币（折合354.2亿美元），同比增长4.5%；其中，服务业实际使用外资1 543.8亿元人民币（折合244.3亿美元），同比增长7.6%，在全国总量中的比重为68.9%，占比较上年同期高7个百分点。境内投资者非金融类对外直接投资2 617.4亿元人民币（折合400.9亿美元），同比增长55.4%，增速比上年同期高25.8个百分点。

（二）农业生产形势稳定，工业生产增速趋稳

第三产业增加值增长快于第二产业，占比提高。第一季度，第一产业增加值8 803亿元，同比增长2.9%；第二产业增加值6.0万亿元，增长5.8%；第三产业增加值9.0万亿元，增长7.6%。三次产业增加值占GDP比重分别为5.6%、37.5%和56.9%，第三产业占比较上年同期提高2个百分点。

农业生产形势稳定。根据全国11万多名农户种植意向调查，2016年全国稻谷意向种植面积增长0.3%，小麦增长0.4%，玉米下降0.9%，棉花下降18.8%。第一季度，猪牛羊禽肉产量2 244万吨，同比下降3.1%，其中，猪肉产量1 466万吨，下降5.9%。

工业生产缓中趋稳。第一季度，全国规模以上工业增加值按可比价格计算同比增长5.8%，增速比上年全年回落0.3个百分点，

较1～2月加快0.4个百分点。分三大门类看，采矿业增加值同比增长2.1%，制造业增长6.5%，电力、热力、燃气及水生产和供应业增长2.6%。第一季度，规模以上工业企业产销率达到97.3%，比上年同期提高0.1个百分点。全国规模以上工业企业实现利润总额13 421.5亿元，同比增长7.4%，较上年全年大幅回升9.7个百分点；主营业务收入利润率为5.44%。在41个工业大类行业中，31个行业利润总额同比增长，其中，计算机、通信和其他电子设备制造业增长35.9%，化学原料和化学制品制造业增长20.8%，电气机械和器材制造业增长18%。

（三）物价总体有所回升

居民消费价格涨幅扩大。第一季度，居民消费价格（CPI）同比上涨2.1%，比上季度扩大0.6个百分点，各月涨幅分别为1.8%、2.3%和2.3%。从食品和非食品分类看，食品价格上涨明显加快，非食品价格走势基本稳定。第一季度，食品价格同比上涨6.4%，涨幅比上季度高4.1个百分点；非食品价格同比上涨1.1%，涨幅比上季度高0.1个百分点。从消费品和服务分类看，消费品价格同比上涨2.2%，涨幅比上季度高1.0个百分点；服务价格同比上涨2.0%，涨幅与上季度持平。

生产价格降幅收窄。第一季度，工业生产者出厂价格（PPI）同比下降4.8%，降幅比上季度缩小1.1个百分点，各月分别下降5.3%、4.9%和4.3%。其中，生活资料价格下降0.4%，降幅与上季度持平，影响PPI下降约0.1个百分点；生产资料价格下降6.4%，降幅比上季度缩小1.2个百分点，影响PPI下降约4.7个百分点。工业生产者购进价格同比下降5.8%，降幅比上季度缩小1.1个百分点，各月分别下降6.3%、5.8%和5.2%。农产品生产价格同比上涨6.7%，涨幅比上季度高5.5个百分点；农业生产资料价格同比上涨0.4%，涨幅比上季度回落0.3个百分点。人民银行监测的企业商品价格（CGPI）同比下降5.9%，降幅比上季度收窄1.6个百分点。初级产品价格跌幅较大，同比下降9.3%，投资品价格同比下降6.7%，消费品价格同比上涨1.1%。

受国际大宗商品价格反弹影响，进口价格降幅有所缩小。第一季度，洲际交易所布伦特原油期货当季平均价格同比下跌36.1%，跌幅比上季度收窄5.9个百分点。伦敦金属交易所铜现货当季平均价格同比下跌19.7%，跌幅比上季度收窄6.4个百分点；伦敦金属交易所铝现货当季平均价格同比下跌15.8%，跌幅比上季度收窄8.2个百分点。第一季度各月，进口价格分别同比下降13.1%、9.5%和11.6%，平均下降11.4%，降幅比上季度缩小0.1个百分点；出口价格分别同比下降6.1%、1%和3.7%，平均下降3.6%，降幅比上季度扩大3.4个百分点。

GDP平减指数同比上涨。第一季度，GDP平减指数（按当年价格计算的GDP与按固定价格计算的GDP的比率）同比上涨0.5%，上季度为同比下降0.7%。

价格改革继续推进。3月7日，国家发展改革委发出通知，决定进一步扩大输配电价改革试点范围，将北京、天津、冀南、冀北、山西、陕西、江西、湖南、四川、重庆、广东、广西12个省级电网，以及国家电力体制改革综合试点省份的电网和华北区域电网纳入改革试点范围。3月14日，国家发展改革委和人民银行就完善银行卡刷卡手续费定价机制发出通知，降低发卡行服务费和网络服务费费率水平，调整发卡行服务费、网络服务费封顶控制措施，对部分商户实行发卡行服务费、网络服务费费率优惠措施，收单环节服务费实行市场调节价。

（四）财政收支增长加快

第一季度，全国财政收入3.9万亿元，同比增长6.5%，增速比上年同期高4.1个百分点。全国财政支出3.8万亿元，同比增长15.4%，增速比上年同期高8.5个百分点。全国财政收支盈余为938亿元，比上年同期减少2 654亿元。

从收入结构看，非税收入5 942亿元，同比下降0.3%，税收收入32 954亿元，同比增长7.8%，增速比上年同期高6.6个百分点。其中，国内增值税、国内消费税、营业税分别同比增长6.6%、6.7%和14%，进口货物增值税和消费税同比下降9%，企业所得税和个人所得税同比分别增长5.5%和18.2%。从支出结构看，增长较快的有城乡社区支出、医疗卫生与计划生育支出、住房保障支出，同比分别增长33.5%、29%和24.5%。

（五）就业形势基本稳定

第一季度，城镇新增就业318万人，城镇失业人员再就业126万人，就业困难人员就业38万人。中国人力资源市场信息监测中心对全国101个城市的公共就业服务机构市场供求信息进行的统计分析显示，劳动力市场需求略大于供给，求人倍率为1.07，比上年同期和上季度分别略降0.05和0.03。从行业需求看，与上年同期相比，信息传输计算机服务和软件业、交通运输仓储和邮政业、金融业、教育等行业用人需求增长幅度较大，其他行业的用人需求均有所减少。市场对具有技术等级和专业技术职称劳动者的需求均大于供给。与上年同期相比，对技师和高级技师的用人需求有所增长，对其他各类技术等级和专业技术职称的用人需求均有所减少。

（六）国际收支基本平衡

国际收支呈现“一顺一逆”、总体平衡的新格局。2015年，经常项目顺差3 306亿美元，与GDP之比为3.0%，继续处于国际公认的合理范围之内。资本和金融项目逆差4 853亿美元。截至2015年年末，外汇储备余额3.33万亿美元。

外债总规模下降。截至2015年年末，外债余额为14 162亿美元，较2015年3月末下降15%。其中，短期外债余额为9 206亿美元，较3月末下降5%，占外债余额的65%。

（七）行业分析

1. 房地产行业

全国商品房销售加速回暖，70个大中城市中房价上涨城市数量增加，房地产开发投资增速回升，房地产贷款增速略有上升。

房价上涨的城市个数增加，涨幅扩大。第一季度，不同城市房价继续分化，一线城市和部分热点二线城市房价上涨较快。为了控制部分地区房价过快上涨，3月，上海、深圳等城市出台了楼市调控政策。3月，全国70个大中城市中，新建商品住宅价格环比上涨的城市有62个，比上年12月增加23个，其中，56个城市涨幅较12月扩大；价格同比上涨的城市有40个，比上年12月增加19个，涨幅均较12月扩大。二手住宅价格环比上涨的城市有54个，比上年12月增加17个，其中，46个城市涨幅较12月扩大；价格同比上涨的城市有46个，比上年12月增加11个，其中，44个城市涨幅较12月扩大。

商品房销售回暖加速。第一季度，全国商品房销售面积2.4亿平方米，同比增长33.1%，增速较上年全年增加26.6个百分点。商品房销售额1.9万亿元，同比增长54.1%，增速较上年全年增加39.7个百分点。其中，商品住宅销售面积和销售额分别占商品房销售面积和销售额的89.7%和87.1%。

房地产开发投资增速回升。第一季度，全国房地产开发投资完成额1.8万亿元，同比增长6.2%，同比增速止跌回升，较上年全年提高5.2个百分点。其中，住宅开发投资额1.2万亿元，同比增长4.6%，增速较上年全年提高4.2个百分点，占房地产开发投资的比重为66.0%。全国房屋新开工面积2.8亿平方米，同比上升19.2%，增速较上年全年扩大33.2个百分点。全国房屋施工面积61.8亿平方米，同比上升5.8%，增速较上年全年扩大4.5个百分点。全国房屋竣工面积2.0亿平方米，同比上升17.7%，增速较上年全年扩大24.6个百分点。

房地产贷款增速上升。截至3月末，全国主要金融机构（含外资）房地产贷款余额22.5万亿元，同比增长22.2%，增速较上年年末高1.3个百分点。房地产贷款余额占各项贷款余额的22.8%，比上年年末高0.5个百分点。其中，个人住房贷款余额为14.1万亿元，同比增长26.5%，增速较上年年末高2.6个百分点；住房开发贷款余额为4.0万亿元，同比增长13.2%，增速比上年年末低5.4个百分点；地产开发贷款余额为1.8万亿元，同比增长22.8%，增速比上年年末高10.0个百分点。第一季度，新增房地产贷款1.5万亿元，同比多增5 045亿元，占各项贷款新增额的32.5%，较上年全年扩大1.9个百分点。

保障房信贷支持力度继续加大。截至3月末，全国保障性住房开发贷款余额为1.9万亿元，同比增长45.4%，增速较上年年末低14.1个百分点；第一季度新增396.3亿元，占同期房产开发贷款增量的22.0%。此外，利用住房公积金贷款支持保障性住房建设试点工作稳步推进，截至3月末，已有84个城市的372个保障房建设项目通过贷款审批，并按进度发放849.0亿元，收回贷款本金575.8亿元。

2. 物流行业

物流业是融合运输、仓储、货代、信息等产业的复合型服务业，是支撑国民经济发展的基础性、战略性产业。加快发展现代物流业，对于促进产业结构调整、转变发展方式、提高国民经济竞争力具有重要意义。

“十二五”期间，物流业保持较快增长，服务能力显著提升，基础设施条件和政策环境明显改善，现代产业体系初步形成。物流业的快速发展是放松管制、积极发挥市场作用的结果。2015年1月至11月，全国社会物流总额达到202.4万亿元，是2010年同期的1.77倍。特别是随着电子商务的发展，市场的开放竞争促使快递业务快速增长，呈现出较强活力，助推了消费结构升级。2015年规模以上快递业务收入为2 769.6亿元，是2010年的4.8倍。

物流业发展时间较短，发展方式尚显粗放，未来在国民经济中的地位和作用仍有较大提升空间。一是物流业占国民经济的比重依然偏低，发展潜力巨大。2014年，物流业增加值占GDP比重为5.5%，与《物流业发展中长期规划（2014～2020年）》提出的到2020年达到7.5%左右的目标还有较大差距。二是物流成本依然偏高，推动实体经济节本增效仍大有可为。作为与企业生产经营密切相关的生产性服务业，“十二五”期间我国物流总费用与GDP的比率逐年下降，但绝对水平仍然较高，2016年3月末为15.1%，是美国、日本等发达国家两倍左右。此外，中国主要行业的物流费用率也明显高于发达国家。三是一些制约物流业发展的因素依然存在。一方面，虽已基本建成四通八达的交通网络，但现代化仓储、多式联运转运等设施仍显不足，综合化的物流园区体系尚未建立，综合交通运输网络尚不健全；另一方面，物流市场面临的多头管理体制依然存在，物流企业面对的土地、人力成本、社会环境的外部约束仍然较强，导致物流企业管理费用长期居高不下，挤压物流企业转型升级空间。

下一阶段，应积极推动物流业转型升级和创新发展，加快建立布局合理、技术先进、便捷高效、绿色环保、安全有序的现代物流体系。《十三五规划纲要》已对物流业未来发展提出了新目标，需进一步完善相关配套政策措施。建立统一开放、竞争有序的全国物流服务市场；鼓励运输、仓储等传统物流企业向上下游延伸服务；推进物流企业通过参股控股、兼并重组、协作联盟等方式做大做强，通过规模化经营提高物流服务的一体化、网络化水平；推进综合交通运输体系建设，完善综合运输通道和交通枢纽节点布局，构建高效的物流基础设施网络，提升物流体系综合能力。

第五部分 货币政策趋势

一、中国宏观经济展望

未来较长一段时期，全球经济仍将处在再平衡调整期。中国经济也正处在结构调整和推进供给侧结构性改革的进程中。虽然面临不少问题和挑战，但应当看到，中国经济持续增长的基本面没有改变，韧性好、潜力足、回旋空间大的特质没有改变，新型城镇化仍有很大潜力，随着改革红利不断释放，中国经济有望继续保持中高速增长。在简政放权等一系列改革措施的助推下，新的增长动力正在孕育，民间创业、创新浪潮兴起，不少新业态、新模式、新领域蓬勃发展，部分领域内生活力增强，一些省区和部分企业利润保持了两位数以上的较快增长。公共服务领域发展的空间和潜力仍然很大，消费和服务业正成为稳定经济增长的重要引擎。2016年第一季度，第三产业增加值占国内生产总值的比重为56.9%，比上年同期提高2.0个百分点，高于第二产业19.4个百分点，尤其是科技、信息服务业等增长较快。前期出台的一系列宏观调控措施的累积效应逐步显现，流动性整体充裕，市场利率保持低位平稳运行，货币信贷和社会融资总量较快增长，都有利于稳定经济增长。第一季度经济运行出现了积极变化，工业生产缓中趋稳，固定资产投资增速有所回升。近期国际货币基金组织（IMF）等国际机构普遍上调了对中国经济增长速度的预期。

当然也要看到，内外部形势仍很复杂，经济发展和结构调整还面临不少挑战。从国际环境看，全球经济增长较为疲弱，发达经济体增长势头有所减弱，部分新兴经济体经济形势较为严峻，国际金融市场信心比较脆弱，美联储后续加息节奏、力度等仍有较大不确定性，部分经济体出台负利率等非常规货币政策，这些政策的溢出效应及其他经济体的“回溢”效应将对全球跨境资本流动、大类资产配置、金融市场以及宏观政策等产生影响，地缘政治也更趋复杂，不确定、不稳定因素依然较多。从国内经济运行看，结构性矛盾仍较突出，经济回升对房地产和基建投资依赖较大，民间投资增速及其占比下降，经济内生增长动力仍待增强。供给过剩和供给不足并存，一些新领域增长潜力释放不足，影响了经济活力，债务杠杆上升较快，经济金融领域风险暴露增多。应当看到，这些矛盾主要是结构性的，解决好这些问题，关键是要在适度扩大总需求的同时，坚定不移以推进供给侧结构性改革为主线，加快培育新的发展动能，改造提升传统比较优势，抓好去产能、去库存、去杠杆、降成本、补短板五大任务，更充分地发挥市场在资源配置中的决定性作用，进一步提振市场信心。把顶层设计和基层创新结合起来，在新形势下运用新机制发挥好地方的积极性和主动性，深化国有企业改革，促进非公有制经济健康发展，提高增长的质量和效益，完善金融机构的激励约束机制，保持融资的可持续性，拓展金融资源有效配置的领域和空间。

从价格形势看，物价涨幅有所上升，未

来变化还须关注。第一季度物价涨幅出现一定回升，各方面较为关注。从目前面临的内外部环境看，全球经济总体较为疲弱，再平衡调整将经历较长时期，国内经济结构调整的过程尚未结束，经济回升基础还不稳固，下行压力仍然存在，加之近期货币增速等在高位有所回稳，猪粮比处在历史高位，未来也有回落的可能，若这些趋势能够延续，总体看有利于物价保持基本平稳。中国人民银行2016年第一季度城镇储户问卷调查显示，居民未来物价预期指数出现一定回落。当然也应看到，近期国际大宗商品价格回升，前期积累的宏观政策因素可能对物价形成一定压力，房价的较快上涨会强化通胀预期，加之物价绝对水平较高也会使居民对通胀感受更为强烈。2016年第一季度城镇储户问卷调查显示，52.7%的居民认为物价“高，难以接受”，较上季度提高了1.7个百分点。未来的物价走势很大程度上取决于经济运行状况和宏观政策把握，须继续密切观察。

二、下一阶段货币政策思路

中国人民银行将认真贯彻落实党的十八大、十八届三中、四中、五中全会、中央经济工作会议和政府工作报告精神，按照党中央、国务院的战略部署，坚持改革开放，坚持稳中求进工作总基调和宏观政策要稳、微观政策要活的总体思路，主动适应经济发展新常态，保持政策的连续性和稳定性，继续实施稳健的货币政策，保持灵活适度，适时预调微调，增强针对性和有效性，做好供给侧结构性改革中的总需求管理，为结构性改革营造中性适度的货币金融环境，促进经济科学发展、可持续发展。更加注重改革创新，寓改革于调控之中，把货币政策调控与深化改革紧密结合起来，更充分地发挥市场在资源配置中的决定性作用。针对金融深化和创新发展，进一步完善调控模式，强化价格型调节和传导机制，疏通货币政策向实体经济的传导渠道，完善宏观审慎政策框架，着力解决经济金融运行中的突出问题，提高金融运行效率和服务实体经济的能力。

一是综合运用货币政策工具，优化政策组合，保持适度流动性，实现货币信贷和社会融资规模合理增长。根据内外部经济金融形势变化，灵活运用各种货币政策工具，完善中央银行抵押品管理框架，调节好流动性和市场利率水平，促进货币市场稳定，加强和改善宏观审慎管理，组织实施好宏观审慎评估，从量价两个方面保持货币金融环境的稳健和中性适度。继续引导商业银行加强流动性和资产负债管理，合理安排资产负债总量和期限结构，提高流动性风险管理水平。

二是盘活存量、优化增量，支持经济结构调整和转型升级。继续优化流动性的投向和结构，发挥好信贷政策支持再贷款、再贴现和抵押补充贷款政策的作用，强化信贷政策定向结构性调整功能，引导金融机构优化信贷结构。围绕去产能、去库存、去杠杆、降成本、补短板五大任务，转变信贷政策实施方式，提升信贷政策执行力和导向力。鼓励和引导金融机构加大对制造强国建设的支持力度，继续做好产业结构战略性调整、基础设施建设和船舶、铁路、流通、能源等重点领域改革发展的金融服务，加大对养老、健康等服务业发展的金融支持。督促金融机构将金融支持工业稳增长调结构增效益的各项政策落到实处，积极支持钢铁、煤炭等行业化解过剩产能和脱困升级，加快建立完善绿色金融政策体系。做好京津冀协同发展、长江经济带建设等重大战略金融服务工作。进一步推动信贷资产证券化市场健康持续发展。改进和完善对新型农业经营主体的金融服务，依法稳妥规范推进农村“两权”抵押贷款试点，引导银行业金融机构进一步加大对水利、农业基础设施、三次产业融合、农业对外合作、现代种业、新型城镇化等重点领域的支持力度。大力发展普惠金融，加强金融扶贫信息对接共享，推动精准扶贫和产业扶贫有机结合，保证金融扶贫政策真正见到实效。完善“三农”和小微企业信贷政策导向效果评估以及扶贫信贷金融服务专项评估机制，引导金融机构加大对薄弱环节的信贷支持。加大对创业创新、科技、文化、信息消费、战略性新兴产业等国民经济重点领域的支持力度。以妇女、残疾人、农民工、大学生村官等群体就业创业为工作重点，努力开创就业、助学等民生金融工作新局面。

三是进一步推进利率市场化和人民币汇率形成机制改革，提高金融资源配置效率，完善金融调控机制。进一步督促金融机构健全内控制度，增强自主合理定价能力和风险管理水平，继续培育市场基准利率和收益率曲线，不断健全市场化的利率形成机制。探索利率走廊机制，增强利率调控能力，理顺央行政策利率向金融市场乃至实体经济传导的机制。加强对金融机构非理性定价行为的监督管理，发挥好市场利率定价自律机制的重要作用，采取有效方式激励约束利率定价行为，强化行业自律和风险防范，维护公平定价秩序。进一步完善人民币汇率市场化形成机制，加大市场决定汇率的力度，增强人民币汇率双向浮动弹性，保持人民币汇率在合理、均衡水平上的基本稳定。加快发展外汇市场，坚持金融服务实体经济的原则，为基于实需原则的进出口企业提供汇率风险管理服务。支持人民币在跨境贸易和投资中的使用，稳步拓宽人民币流出和回流渠道。推进人民币对其他货币直接交易市场发展，更好地为人民币的跨境使用服务。密切关注国际形势变化对资本流动的影响，完善对跨境资本流动的宏观审慎管理。

四是完善金融市场体系，切实发挥好金融市场在稳定经济增长、推动经济结构调整和转型升级、深化改革开放和防范金融风险方面的作用。推动市场创新，丰富市场产品和层次，更好地满足投资者需求。完善市场基础性制度建设和金融市场基础设施建设，强化市场监管，防范金融风险。建立健全信息披露和信用评级等市场化约束机制，完善发行信息披露和重大信息披露要求，规范信用评级机构评级行为，形成中介机构尽职履责的激励惩戒机制。丰富债券柜台业务品种，优化债券及衍生品交易机制，推动集中清算机制创新。研究推动更多符合条件的境内外机构投资者进入市场，丰富投资者群体，不断提高银行间债券市场投资管理效率。提升市场对外开放水平，推动更多符合条件的境外发行人在银行间市场发行人民币债券，进一步扩大境外机构投资者范围，完善对外开放中债券市场基础设施的整体布局，做好境内外市场体系和制度的衔接。

五是深化金融机构改革，通过增加供给和竞争改善金融服务。继续深化大型商业银行和其他大型金融企业改革，完善公司治理，形成有效的决策、执行、制衡机制，把公司治理的要求真正落实于日常经营管理和风险控制之中。继续推动农业银行深化管理体制和运行机制改革，密切监测评估农业银行“三农金融事业部”改革成效，不断提高其服务县域经济的能力和水平。继续推动落实交通银行深化改革方案，提高市场竞争力。加快落实政策性开发性金融机构改革方案，会同有关单位根据改革方案要求和职责分工，抓紧做好业务划分、健全治理结构、完善风险补偿机制、章程修订等后续工作，稳步提升三家银行金融服务和可持续发展能力，更好地发挥开发性金融和政策性金融在重点领域、薄弱环节、关键时期的重要作用。继续推动邮储银行股份制改革和资产管理公司商业化转型。

六是完善宏观审慎政策框架，有效防范和化解系统性金融风险，切实维护金融体系稳定。进一步加强金融风险监测和重点领域风险排查，关注实体经济特别是产能过剩行业、房地产、地方政府性债务等领域风险。加强对企业债务风险、银行信贷资产质量、互联网金融、民间融资及非法集资、跨境资金流动等领域的风险监测分析，继续做好金融机构和市场的风险压力测试，及时提示风险，完善应对预案，探索运用多种措施和手段防范化解风险。加强宏观审慎管理，有效防范和化解顺周期、跨行业、跨市场的金融风险。深化资本市场体制机制改革，促进资本市场稳定健康发展。开展互联网金融风险专项整治，规范民间融资，加大非法集资打击力度。进一步加大存款保险制度宣传和投资者教育工作力度，更加充分发挥存款保险制度在有效化解局部异常集中提款、维护储户信心方面的作用。进一步推动落实地方金融监管责任，切实发挥好地方政府在防范化解金融风险、打击金融犯罪、维护地方金融和社会稳定中的作用。妥善处理风险案件，坚决遏制非法集资蔓延势头，守住不发生系统性和区域性风险的底线。

PART 1 Money and Credit Analysis

In the first quarter of 2016, liquidity in the banking sector was generally sufficient, with money, credit, and aggregate social financing growing relatively rapidly. The structure of loans continued to improve, interest rates were stabilized at a low level, and the RMB exchange rate became more flexible.

I. Monetary aggregates grew rapidly

At the end of March, outstanding M2 stood at RMB144.6 trillion yuan, up 13.4 percent year on year, representing an acceleration of 0.1 percentage point from end-2015. Outstanding M1 stood at RMB41.2 trillion yuan, up 22.1 percent year on year, representing an acceleration of 6.9 percentage points from end-2015. M0 grew by 4.4 percent year on year to RMB6.5 trillion yuan. On a net basis, during the first quarter the central bank pumped RMB143.5 billion yuan into the economy, posting a yoy decrease of RMB25.5 billion yuan.

M2 growth was above 13 percent in every month of the first quarter, exceeding GDP growth by a large margin. It is worth noting that M1 growth accelerated from March 2015 by a cumulative 19 percentage points. M1 includes cash in circulation and demand deposits of enterprises and social entities. The increase in M1 growth revealed that, in the context of generally adequate liquidity and low interest rates, activities such as production, investments, and trading increased, which was in line with the major economic indicators during the first quarter.

At end-March, outstanding base money registered RMB28.3 trillion yuan, an increase of RMB290.6 billion yuan from the beginning of the year and representing an acceleration of RMB256.6 billion yuan year on year. The money multiplier stood at 5.10, an increase of 0.07 from end-2015. The excess reserve ratio of financial institutions was 2.0 percent and that of rural credit cooperatives was 6.1 percent.

II. Deposits in financial institutions grew at a steady and relatively rapid pace

At the end of March, outstanding deposits of domestic and foreign currencies in all financial institutions posted RMB145.4 trillion yuan, up 12.6 percent year on year and representing an acceleration of 0.2 percentage point from end-2015. This was an increase of RMB5.6 trillion yuan from the beginning of the year. Outstanding RMB deposits registered RMB141.1 trillion yuan, up 13.0 percent year on year and representing an acceleration of 0.6 percentage point from end-2015. This was an increase of RMB5.4 trillion yuan from the beginning of the year and an acceleration of RMB1.3 trillion yuan year on year. Outstanding deposits in foreign currencies registered USD666 billion. This was an increase of USD38.6 billion from the beginning of the year and a deceleration of USD44.9 billion year on year.

Broken down by sectors, growth of household deposits slowed down, whereas deposits in non-financial corporate sectors gradually accelerated. At end-March, outstanding household deposits posted RMB58.1 trillion yuan, up 7.9 percent year on year, representing a deceleration of 0.8 percentage point from the end of 2015. This was an increase of RMB3.5 trillion yuan from the beginning of the year and a deceleration of RMB164.9 billion yuan year on year. Outstanding deposits in the non-financial corporate sectors registered RMB44.5 trillion yuan, up 19.2 percent year on year and representing an acceleration of 5.5 percentage points from end-2015. This was an increase of RMB1.6 trillion yuan from the beginning of the year, representing an acceleration of RMB2 trillion yuan year on year. Outstanding fiscal deposits registered RMB3.6 trillion yuan, an increase of RMB169 billion yuan from the beginning of the year and representing an acceleration of RMB270 billion yuan year on year. Outstanding deposits of non-deposit-taking financial institutions registered RMB12.0 trillion yuan, representing a decrease of RMB953.6 billion yuan from the beginning of the year and an increase of 14.9 percent year on year. In particular, deposits of securities and transaction settlements and deposits of special purpose vehicles (including off-balance-sheet wealth management and securities investment funds, and so forth) fell by RMB320.9 billion yuan and RMB706.6 billion yuan respectively from the beginning of the year.

III. Loans of financial institutions registered relatively rapid growth

At end-March, outstanding loans in domestic and foreign currencies of all financial institutions posted RMB103.8 trillion yuan, up 13.4 percent year on year and the growth rate on par with end-2015. This was an increase of RMB4.4 trillion yuan from the beginning of the year and an acceleration of RMB534.3 billion yuan year on year. Outstanding RMB loans stood at RMB98.6 trillion yuan at end-March, representing growth of 14.7 percent year on year and an acceleration of 0.4 percentage point from end-2015. This was an increase of RMB4.6 trillion yuan from the beginning of the year and an acceleration of RMB930.1 billion yuan year on year. This rapid increase was fueled by a demand for loans after the economic recovery and the continued fast growth of real estate loans, in particular mortgage loans, after the housing market turned around.

RMB loans to the household sector accelerated further. Broken down by sectors, growth of RMB loans to the household sector grew rapidly by 17.6 percent year on year to RMB28.3 trillion yuan at end-March, representing an acceleration of 0.8 percentage point from end-2015. This was an increase of RMB1.2 trillion yuan from the beginning of the year and an acceleration of RMB355.5 billion yuan year on year. Among this total, home mortgage loans grew by RMB960.1 billion yuan from the beginning of the year, an acceleration of RMB424.8

Table 1 RMB Loans of Financial Institutions in Q1 of 2016

Unit: RMB100 million yuan

	New loans	Acceleration
Chinese-funded large-sized banks [1]	18,363	1,439
Chinese-funded small- and medium-sized banks[2]	25,055	6,879
Small-sized rural financial institutions[3]	5,331	-112
Foreign-funded financial institutions	319	83

Notes: 1. Chinese-funded large-sized banks refer to banks with assets (both in domestic and foreign currencies) of RMB2 trillion yuan or more (according to the amount of total assets in both domestic and foreign currencies at end-2008).
2. Chinese-funded small- and medium-sized banks refer to banks with total assets (both in domestic and foreign currencies) of less than RMB2 trillion yuan (according to the amount of total assets in both domestic and foreign currencies at end-2008).
3. Small-sized rural financial institutions include rural commercial banks, rural cooperative banks, and rural credit cooperatives.
Source: The People's Bank of China.

billion yuan year on year. In March, they grew by 26.6 percent, accelerating for the tenth successive month. Outstanding loans to non-financial businesses and other sectors posted RMB69.2 trillion yuan, up 13.2 percent year on year and representing an acceleration of 0.5 percentage point from end-2015. This was an increase of RMB3.4 trillion yuan from the beginning of the year and an acceleration of RMB705.3 billion yuan year on year. In terms of the maturity brackets of RMB loans, new medium- and long-term RMB loans increased by RMB3.1 trillion yuan from the beginning of the year, an acceleration of RMB975.4 billion yuan year on year. The share of new medium- and long-term RMB loans in total new loans was 68.1 percent, an increase of 9.3 percent over the same period of the last year. Among this total, medium- and long-term fixed-asset investment loans grew by RMB1.5 trillion yuan from the beginning of the year, an acceleration of RMB342.5 billion yuan. Outstanding short-term loans (including bill financing) increased by RMB1.3 trillion yuan from the beginning of the year, a slight deceleration of RMB41.1 billion yuan year on year. Broken down by institutions, the loan growth of Chinese-funded large-sized banks and small- and medium-sized banks registered a larger year-on-year acceleration.

Foreign-currency–denominated loans declined. At end-March, driven by changes in RMB exchange-rate expectations, outstanding foreign-currency loans of financial institutions fell by USD21.6 billion from the beginning of the year to a total of USD808.8 billion. This decrease represented a year-on-year acceleration of USD55.6 billion. In terms of the loan structure, outward loans increased by USD13.4 billion from the beginning of the year and short-term loans to non-financial businesses and other sectors decreased by USD34.9 billion.

IV. During the same period, all-system financing aggregates recorded a historical high

According to the preliminary statistics, increments of all-system financing aggregates in the first quarter were RMB6.59 trillion yuan, an acceleration of RMB1.93 trillion yuan year on year. At end-March, stocks of all-system financing aggregates reached RMB144.75 trillion yuan, up 13.4 percent year on year and representing an acceleration of 0.9 percentage point and 0.3 percentage point from end-2015 and from the same period of the last year respectively.

With regard to the composition of the flow, the structure of the all-system financing aggregates further improved. Direct financing developed relatively rapidly, more financing channels became available, and the financial system pumped up more support to the real economy. First, RMB-denominated loans grew by a large margin. In the first quarter, RMB-denominated loans grew by RMB4.67 trillion yuan, hitting a historical high on a quarterly basis. In terms of stock, by end-March outstanding RMB-denominated loans increased by 14.5 percent year on year, representing an acceleration of 0.6 and 0.5 percentage point respectively from the end of 2015 and the same period of the last year respectively. Second, as exchange-rate movements stabilized, the declining trend in foreign-currency–denominated loans was reversed. In March, foreign-currency–denominated loans increased by RMB600 million yuan, putting an end to the eight-month-long declining trend. Third, direct financing grew substantially. Growth in the stock of direct financing gathered notable pace, to which the corporate bond financing made a large contribution. Due to reduced financing costs, starting from 2015, corporate bond financing increased quarter by quarter and posted a record high of RMB1.24 trillion yuan in the first quarter of 2016. Equity financing by non-financial enterprises also accelerated, growing by RMB284 billion yuan in the first quarter and posting a yoy

Table 2 Increments in All-system Financing Aggregates during Q1 of 2016

Unit: RMB100 million yuan

	All-system financing aggregates[1]	Of which:						
		RMB loans	Foreign-currency denominated (RMB equivalent)	Entrusted loans	Trust loans	Undiscounted bankers' acceptances	Enterprise bonds	Financing by domestic institutions via the domestic stock markets
Q1 2016[2]	65,859	46,651	-2,290	5485	1,593	-2,205	12,355	2,840
YOY change	19,300	10,586	-2,351	2,243	1,580	-2,649	8,427	1,132

Notes: 1. An increment in all-system financing aggregates refers to the total volume of financing provided by the financial system to the real economy (the non-financial corporate sector and the household sectors in the domestic market) during a certain period of time.

2. Data for the current period are preliminary.

Sources: People's Bank of China, National Development and Reform Commission, China Securities Regulatory Commission, China Insurance Regulatory Commission, China Government Securities Depository Trust & Clearing Co., Ltd., National Association of Financial Market Institutional Investors, and so forth.

Table 3 Stocks of All-System Financing Aggregates at End-March 2016

Unit: RMB100 million yuan

	All-system financing aggregates[1]	Of which:						
		RMB loans	Foreign-currency denominated (RMB equivalent)	Entrusted loans	Trust loans	Undiscounted bankers' acceptances	Enterprise bonds	Financing by domestic institutions via the domestic stock markets
End-March, 2016[2]	144.75	97.42	2.78	11.56	5.61	5.63	15.89	4.81
YOY change[3]	13.4	14.5	-20.2	19.6	4.9	-19.0	30.6	22.2

Notes: 1. Stocks of All-system financing aggregates refer to the total balance of volume of financing provided by the financial system to the real economy (the non-financial corporate sectors and the household sectors in the domestic market) at the end of a certain period.

2. Data for the current period are preliminary.

3. Stocks are based on the value as shown in the accounts or their face value. The year-on-year change is annualized and based on comparable data.

Sources: People's Bank of China, National Development and Reform Commission, China Securities Regulatory Commission, China Insurance Regulatory Commission, China Government Securities Depository Trust & Clearing Co., Ltd., National Association of Financial Market Institutional Investors, and so forth.

acceleration of RMB113.2 billion yuan. In terms of stock, outstanding direct financing grew by 28.5 percent year on year at end-March, representing an acceleration of 4.6 percentage points and 5.7 percentage points from the end of the last year and the same period of 2015 respectively, hitting a new high since 2014. Fourth, the growth of off-balance-sheet financing rebounded, driven by the relatively high growth of entrusted loans and trust loans. During the first quarter, entrusted loans and trust loans grew by RMB224.3 billion yuan and RMB158 billion yuan year on year respectively. Affected by the strengthened regulation over bankers' acceptance bills, the growth of undiscounted bankers' acceptance bills decelerated by RMB264.9 billion yuan year on year. In terms of stock, off-balance-sheet financing, although decelerating due to the continued decline in undiscounted bankers' acceptance bills, was growing by over 3 percent from the beginning of 2015.

V. Interest rates on deposits and loans of financial institutions remained basically stable

In March, the weighted average interest-rate loan offered to non-financial companies and other sectors was 5.30 percent, up 0.03 percentage point from December 2015 and down by 1.26 percentage points year on year. In particular, the weighted average interest rate on ordinary loans posted 5.67 percent, up 0.03 percentage point from December 2015; the weighted average bill financing rate was 3.62 percent, up 0.29 percentage point from December 2015. The interest rate on home mortgage loans continually stepped down, with the weighted average rate posting 4.63 percent in March, down 0.07 percentage point from December 2015.

The share of loans with interest rates below, at, or above the benchmark rates remained generally stable. In March, the share of loans with interest rates

Table 4 Shares of Loans with Rates At, Above, or Below the Benchmark Rate, January through March 2016

Unit:%

Month	Lower than the benchmark	At the benchmark	Higher than the benchmark					
			Sub-total	(1.0,1.1]	(1.1,1.3]	(1.3,1.5]	(1.5,2.0]	Above 2.0
January	19.56	17.16	63.28	15.71	18.44	10.39	11.39	7.35
February	21.92	16.92	61.16	15.06	17.08	9.55	11.71	7.76
March	20.82	17.60	61.58	14.54	17.06	10.19	11.92	7.87

Source: The People's Bank of China.

Table 5 Average Interest Rates of Large-value Deposits and Loans Denominated in US Dollars, January through March 2016

Unit:%

Month	Large-value deposits						Loans				
	Demand deposits	Within 3 months	3-6 months (including 3 months)	6-12 months (including 6 months)	1 year	More than 1 year	Within 3 months	3-6 months (including 3 months)	6-12 months (including 6 months)	1 year	More than 1 year
January	0.24	0.65	1.20	1.37	1.64	1.55	1.50	2.15	1.94	2.07	3.30
February	0.22	0.62	1.11	1.25	1.44	1.40	1.47	1.99	1.84	1.99	4.14
March	0.20	0.68	1.13	1.27	1.50	1.60	1.48	1.85	3.08	2.28	3.32

Source: The People's Bank of China.

lower than the benchmark rate was 20.82 percent, down 0.63 percentage point from December 2015, whereas the share of loans with interest rates offered at the benchmark rate was 17.60 percent, down 1.00 percentage point from December 2015, and loans offered with interest rates above the benchmark rate accounted for 61.58 percent of the total, up 1.63 percentage points from December 2015.

The deposit and lending rates of foreign currencies fluctuated slightly due to the interest-rate volatility in international markets and changes in supply and demand for foreign currencies on the domestic market. In March, the weighted average interest rate of large-value US dollar demand deposits and large-value US dollar deposits with maturities within 3 months registered 0.20 percent and 0.68 percent respectively, up 0.04 percentage point and 0.12 percentage point respectively from December 2015. The weighted average interest rates of US dollar loans with maturities within 3 months and of US dollar loans with maturities between 3 and 6 months (including 3 months) posted 1.48 percent and 1.85 percent respectively, down 0.17 percentage point and up 0.05 percentage point respectively from December 2015.

VI. RMB exchange-rate flexibility strengthened in both directions

The RMB exchange rate depreciated slightly against the US dollar, reflecting a marked pattern of two-way fluctuations and exhibiting improved flexibility, and exchange-rate expectations remained generally stable. As of end-March, the CFETS RMB exchange-rate index closed at 98.14, depreciating by 2.78 percent from the end of 2015; the RMB exchange-rate index based on the Bank for International Settlements (BIS) basket and the RMB exchange-rate index based on the SDR basket closed at 99.08 and 97.61 respectively, losing 2.59 percent and 1.24 percent respectively from the end of 2015. According to calculations by the BIS, in the first quarter of 2016 the NEER and the REER of the RMB depreciated by 2.34 and 1.32 percent respectively; from the RMB exchange-rate regime reform in 2005 to March 2016, the NEER and the REER of the RMB exchange rate appreciated by 42.47 percent and 53.89 percent respectively. At end-March 2016, the central parity of the RMB against the USD was 6.4612, an appreciation of 324 basis points, or 0.50 percent, from end-2015. From the RMB exchange-rate regime reform in 2005 to end-March 2016, the RMB gained 28.10 percent against the USD.

VII. Cross-border RMB businesses fell in year-on-year terms

During the first quarter of 2016, cross-border receipts and payments in RMB totaled RMB2.39 trillion yuan, a decrease of 9 percent year on year. In particular, RMB receipts and payments registered RMB935.31 billion yuan and RMB1.45 trillion yuan respectively, resulting in a net outflow of RMB516.3 billion yuan and a receipt-to-payment ratio of 1:1.55. RMB cross-border receipts and payments under the current account posted RMB1.34 trillion yuan, down 19 percent year on year. In particular, settlements of trade in goods registered RMB1.14 trillion yuan, whereas settlements of trade in services

Figure 1 Monthly RMB Settlements of Cross-border Trade

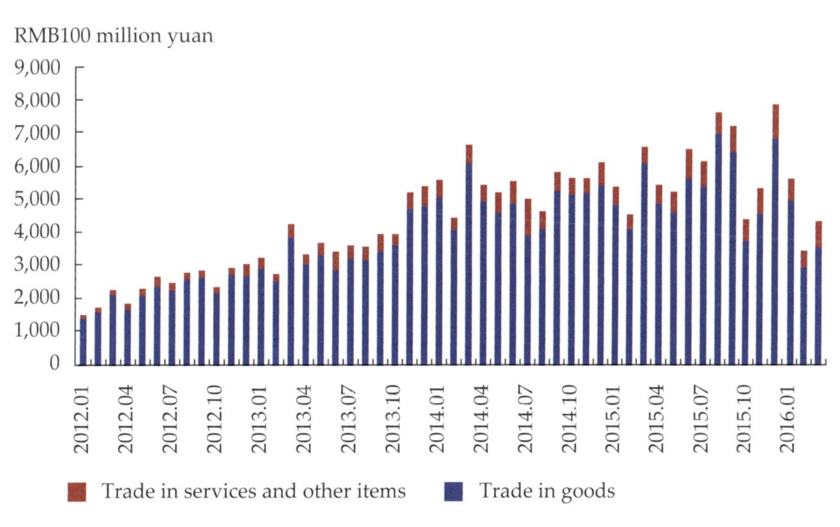

Source: The People's Bank of China.

and other items under the current account registered RMB207.51 billion yuan. Cross-border RMB receipts and payments under the capital account totaled RMB1.04 trillion yuan, an increase of 8 percent year on year.

PART 2 Monetary Policy Operations

In 2016 the domestic and overseas economic and financial situations remained complicated. Although there have been positive changes in the domestic economy, the foundation is not solid, with a rising CPI and soaring housing prices in some cities. In accordance with the overall arrangements of the CPC Central Committee and the State Council, the PBC continued its sound monetary policy with initiatives to adapt to the new normal and to encourage growth on the basis of maintaining stability. Through various monetary-policy instruments, the PBC has strengthened preemptive adjustments and fine-tuning measures to maintain reasonably sufficient liquidity, to reduce financing costs, and to create a favorable monetary and financial environment so as to promote supply-side structural reforms.

I. Flexible open market operations

The PBC closely monitors macro-economic and financial operations and liquidity changes, and conducts flexible OMOs, mainly with repos guiding market expectations with relatively stable OMO rates, to facilitate smooth operations in banking liquidity and money-market rates.

Before the Spring Festival, there was a liquidity gap in the banking system due to huge cash injections, a decline in FX-related RMB issuances, as well as fluctuations in fiscal revenue. Thus the PBC extended open market repo maturities from 7 days to 14 and 28 days respectively and began to increase the frequency of operations from twice per week to daily, together with short-term liquidity operations (SLO), to ensure a sufficient liquidity supply and to promote a balanced money-market demand and supply. After the Spring Festival, pressures on liquidity demand and supply were eased due to huge cash withdrawals from circulation, and the supply of money in the market was even more sufficient after the reserve requirement was cut in early March. Based on the relevant OMO maturity dates, the PBC has conducted appropriate 7-day repos to maintain sufficient banking liquidity and to promote smooth money-market operations. Meanwhile, based on previous successful experiences, daily OMOs have been adopted. During the first quarter, repo operations reached RMB4,795 billion yuan, and SLOs injected RMB205 billion yuan into the market. Taking into account various factors, including the macro-economy, price fluctuations, and cross-border capital flows, 7-day repo rates have been stable at about 2.25 percent since the beginning of 2016. Through continued OMOs, the PBC signaled central bank rates and stabilized market expectations. As a result, 7-day repo rates remained stable around the OMO rates and the price-based adjustments were further enhanced.

Central treasury cash management operations in the form of CDs were conducted in a timely manner. In the first quarter, treasury deposits of RMB80 billion yuan were deposited in commercial banks in 9-month CDs.

Box 1 A Mechanism for Daily Open Market Operations Was Adopted

OMOs have been a key instrument for central banks to implement their monetary policies. At present, the US Fed and the Bank of Japan conduct open market operations on a daily basis; the ECB conducts weekly refinancing operations and ad-hoc fine-tuning operations in the open market; the central banks in Australia and Sweden conduct multiple open market operations every day. Throughout the world, it is a common practice for the monetary authorities to adjust the frequency of open market operations based on the economic situation and policy demand.

Previously, the PBC had regular OMOs on Tuesdays and Thursdays. For a long time, OMOs were mainly used to recycle liquidity so as to maintain adequate banking liquidity and reasonable credit growth, with overall abundant liquidity due to the foreign-exchange inflows over the years. As the BOP of China has recently become more balanced, banking liquidity is changing from an over-supply to an overall balance, and even sometimes a liquidity gap. Therefore, the PBC in certain cases has had to provide liquidity to meet the growing liquidity demand due to the expansion of banking credits. Meanwhile, it has been necessary to add appropriate market benchmark rates as the market-oriented interest-rate reform has accelerated and monetary policies have been more focused on price-based instruments. Rapid financial-market development has complicated the liquidity demand in the banking system and market-rate movements. All of these have added to even higher requirements that require that the PBC further improve its forward-looking and effective liquidity management so as to timely release policy signals to guide market expectations so as to achieve its monetary-policy targets.

Based on these considerations, in recent years the PBC has been working to improve its OMO mechanism. In early 2013, "Short-term Liquidity Operations" were introduced and were mainly conducted during interim periods of regular operations when the market witnessed fluctuations, and at the same time research was stepped up to increase the frequency of OMOs. Before the 2016 Spring Festival, due to massive cash injections and occasional FX outflows, money-market rates faced certain upward pressures. The PBC started to launch daily OMOs and succeeded in easing market pressures. On that basis, the PBC adopted daily OMOs beginning from February 18, 2016 so that OMOs would be conducted daily. Since then, OMOs have stabilized the market and rate fluctuations have been further reduced, including a 50 percent cut in the fluctuations of weighted average overnight rates and 7-day pledged repos for deposit-taking financial institutions.

In general, adoption of daily OMOs has been a realistic choice to further improve the monetary-policy mechanism. On the one hand, it helps to improve the precision of the PBC's liquidity management and it provides an institutional guarantee so that the PBC can, in a timely manner, address liquidity shocks caused by numerous factors, maintain overall liquidity at adequate levels, and facilitate smooth operations of the money market. On the other hand, it also helps to enhance the PBC rate signals and to further improve policy-transmission efficiency. Central bank interest-rate signals are similar to throwing stones into a lake. Waves caused by the stones on a volatile surface may be easily neglected, thus the signals might be scattered; however, ripples can be seen clearly on a still surface, therefore making the signals easier to be observed. In addition, daily OMOs had a positive effect on completing and improving the effectiveness of the PBC's policy-rate system.

It is worth noting that the launch of daily OMOs has not only provided a better market environment for financial institutions' liquidity management, but also set higher standards for financial institutions to enhance their liquidity management. As required by the on-going market-oriented financial reform and the rapidly emerging financial innovations, major financial institutions, such as primary OMO dealers, should further enhance their liquidity management. Both long-term arrangements and short-term factors need to be considered to transmit monetary-policy signals and to stabilize the money market.

II. Standing Lending Facilities (SLFs) and Medium-term Lending Facilities (MLFs) were conducted in a timely manner to facilitate operations

In order to enhance liquidity management in the banking system before and after the Spring Festival and to maintain sufficient liquidity, the PBC conducted SLFs in a timely manner during the first quarter and provided sufficient short-term liquidity support. As a result, the SLFs played an effective role as a rate corridor. The maturities of the SLF range from overnight, 7-day, and to 1-month, with interest rates at 2.75 percent, 3.25 percent, and 3.60 percent respectively. By the end of March, the outstanding balance of the SLFs was RMB 16.6 billion yuan.

In the first quarter, the PBC injected RMB665.5 billion yuan as mid-term base money to financial institutions through MLF operations. By the end of March, the outstanding balance of MLFs was RMB1,331.3 billion yuan. The PBC has taken measures to complete the MLF maturity structures by adding 3-month and 1-year to the existing 6-month maturity, and it has gradually reduced their rates to 2.75 percent, 2.85 percent, and 3.0 percent respectively. In addition to providing MLFs, the PBC has also been making efforts to guide financial institutions to enhance their support to key areas, such as small/micro firms, agriculture sector, and rural areas and farmers. The MLF rates work as mid-term policy rates to reduce financing costs and to support the real economy.

III. Assessment and adjustment of the targeted reserve requirement cut

In February 2016, in accordance with the relevant mechanism and the arrangements for targeted RRR cuts, the PBC assessed financial-institution performance of the targeted RRR cuts in 2015. The assessment shows: 1) Most banks have a good record in terms of credit support to the rural economy and small firms, meet the criteria of the targeted RRR cuts, and therefore can continue to maintain their reduced ratios; 2) Some banks without favorable RRR ratios have attained the criteria by optimizing their credit portfolios, thus they may be rewarded with a favorable ratio in the following year. Very few banks no longer meet the criteria so they can no longer retain the favorable ratios. Different assessment results will help establish a positive incentive mechanism to guide commercial banks to improve their credit structures and to enhance their support to agriculture, rural areas, and farmers and small and micro firms. In March 2016, the PBC cut the RRR by 0.5 percentage point for all financial institutions to keep banking liquidity at a reasonably sufficient level.

IV. Improving the macro-prudential policy framework

The PBC has been making efforts to further improve the macro-prudential policy framework so that it can play a greater role in counter-cyclical adjustments. First, the PBC has officially upgraded the dynamic reserve adjustment mechanism to a macro-prudential assessment (MPA) system. While focusing on macro-prudential capital-adequacy concerns, the PBC has expanded from one indicator to more than ten indicators in seven fields, covering both quantity and price, direct and indirect financing, and changing from prior guidance to monthly real-time monitoring and seasonal ex-post assessments. This is aimed at producing a more comprehensive and flexible MPA system so as to guide financial institutions to enhance their self-discipline and control to produce stable growth of broad credit and to prevent systemic financial risks. Second, the PBC has added FX liquidity and cross-border capital flows into the MPA criteria and has levied risk reserves for FX forward sales. Since January 25, 2016, the PBC has imposed normal RRRs on foreign financial institutions' deposits in domestic financial institutions so as to prevent macro financial risks and to promote stable and sound operations of financial institutions. Starting on May 3, 2016, the PBC expanded the MPA pilot program on universal macro-prudential requirements for cross-border funding in both local and foreign currencies to all financial institutions and firms in China.

V. Credit support to key areas and weak sectors in the economy

The PBC actively employed credit policy-supporting central-bank loans, discounts, and Pledged Supplementary Lending (PSL) to guide financial institutions to increase support to key areas and weak sectors in the economy, including small and micro firms, agriculture, rural areas and farmers, and renovation programs for shantytowns. By the end of March, the outstanding balance of Rural Supporting Loans (RSLs), Micro Supporting Loans (MSLs), and rediscounts were RMB167.4 billion yuan, RMB62.2 billion yuan, and RMB123 billion yuan respectively. As approved by the State Council, the PBC provided loans through PSL to the China Development Bank, the Agricultural Development Bank of China, and the China Export-Import Bank to support bank lending to shantytown renovation programs and major water conservancy projects, and provided RMB-denominated lending to overseas investment projects. Based on their progress, in the first quarter the PBC provided a total of RMB 313.6 billion yuan to the three above banks in PSL, with an outstanding balance of RMB 1,394.8 billion yuan by the end of March. In general, all measures have played precise roles and have achieved their intended policy goals, which include guiding financial institutions to expand lending to small and micro firms, agriculture, rural areas and farmers, and renovation programs for shantytowns, and reducing the financing costs of micro entities in the weaker sectors of the economy.

In order to fully implement the *Decisions of the CPC Central Committee and the State Council to Win the Fight against Poverty* (CPC Central Committee Document [2015] No. 34), the PBC established the Poverty Relief Loan (PRL), which is specifically used to support local legal financial institutions in poverty areas to increase credit lending to agriculture. The PRL is an important policy measure to support and improve financial services for poverty reduction, and the PBC requires that all branches enhance strong financial support through the PRL to win the fight against poverty.

The PBC continued the pilot projects for the Loan Pledged Program (LPP). Since September 2015 when the pilot area was expanded to 11 provinces (municipalities), including Shanghai, Tianjin, Liaoning, Jiangsu, Hubei, Sichuan, Shaanxi, Shandong, Guangzhou, Beijing, and Chongqing, PBC branches in those areas have conducted Internal Credit Ratings (ICRs) of local borrowing firms, have included qualified credit assets in the scope of eligible collateral, and have provided refinancing to local financial institutions through the LPP.

VI. Window guidance and credit policies for structural guidance

The PBC has continued to use window guidance to support steady growth, structural adjustments, and improved livelihood.

First, window guidance will be used to enhance and improve financial services and to actively support stable growth, structural adjustments, and improvements in performance in the industrial sector. With a focus on the steel and coal industries, financial services will be used to resolve overcapacity and to assist in industrial upgrading.

Second, window guidance will support effective investments, promote innovative development of foreign trade, and accelerate the transformation and upgrading of traditional economic drivers. Support to infrastructure will be intensified, including major national projects, underground utility tunnels, sponge cities, and so as the support to the investment effective areas like the railway and energy industries. Credit support will also be expanded to export and import enterprises and to comprehensive service companies in external trade.

Third, financial support was enhanced for new consumption and other service sectors to accelerate the fostering of new economic drivers. Financial institutions were encouraged to expand financing for consumption, such as for services, information, a green environment, fashions, high quality, agriculture, and other new consumption areas. Credit support also went to various service industries so as to promote retirement services.

Fourth, agricultural financial services were enhanced based on the pilot program of loans collateralized with contracted land and property operational rights for rural housing. The pilot program made orderly progress. The "key bank" system was promoted with a focus on innovative financial products and services.

Fifth, financial support was provided for targeted poverty alleviation. Based on the strategy of "targeted poverty alleviation and reduction", financial institutions were encouraged to play a major role in providing financial services in the fight against poverty, including efficient and effective credit funds for poverty alleviation through relocations.

Sixth, financial services were improved for innovative entrepreneurship and financial inclusion. Financial efforts were made to actively develop web-financing and to enhance support to strategic emerging industries, including integrated circuits, culture, intellectual property rights, and "internet +." Financial support was enhanced for small and micro enterprises, while medium and small enterprises were encouraged to issue debt instruments. Meanwhile, qualified financial institutions were encouraged to issue financial bonds dedicated to small and micro firm lending. Full attention was paid to enhancing financial services to weak sectors and to those who are vulnerable, including students, graduates-turned-to-rural officials, ethnic regions, and so forth.

Seventh, differentiated adjustments in the real estate market were further enhanced, with reduced minimum mortgage down-payment ratios for some cities that did not impose restrictions on housing purchases.

Measures were also taken to ban illegal down-payment financing for mortgage borrowers. In addition, a mechanism to assess the effectiveness of credit policy and a credit-asset securitization program are being promoted so as to channel outstanding resources into reform priorities, such as shantytown renovation programs, water conservancy projects, and railway construction in central and western China.

Box 2 Green Finance

Green Finance refers to financial activities that support environmental improvements and mitigate climate change. The building of a green finance system involves a series of policy and institutional arrangements that mobilize private funds for the development of green industries, which include environmental protection, energy savings, clean energy, clean transportation, and sustainable buildings, through financial products and services such as lending, private equity investments, bond and stock issuances, insurance, and carbon finance. A green financial system is established mainly to improve the returns on green projects and the accessibility of funds and to reduce investments in polluting projects. Green finance instruments generally include green lending, green securities, green industrial funds, green insurance, and so forth.

In the developed world, systematic arrangements and product innovations in green finance have existed for decades. In China, green finance initially began to develop during the last decade as policies on green lending, green insurance, and green securities were released. For example, in July 2007 the Ministry of Environmental Protection, the PBC, and the China Banking Regulatory Commission (CBRC) jointly released the Opinions on Implementing Environmental Protection Policies and Laws to Avoid Credit Risks (Ministry of Environmental Protection Document [2007] No.108), which marked the formal establishment of China's green credit system. In February 2012, the CBRC released the Guidelines on Green Credit, and specified requirements for financial banking institutions to provide green credits and to promote energy savings, emission reductions, and environmental protection.

In recent years, China's green financing has developed rapidly. In September 2015, the CPC Central Committee and the State Council released the Integrated Reform Plan for Promoting Ecological Progress, which for the first time specified a top-level design to construct China's green financial system. In March 2016, the Outline for the Thirteenth "Five-Year Plan" passed by the national "Two Sessions" (the NPC and the CPPCC) explicitly mandated to "establish a green financial system, develop green credit, green bonds, and to launch green development funds". The green financial system has been designated as a national strategy. In December 2015, as initiated by China, the G20 Green Finance Study Group was launched to explore options on how to mobilize more resources through green financing to promote the green transformation of the global economy and to enhance international collaboration on green financing.

As relevant policy arrangements have increasingly improved, there has been rapid growth of green credit and green securities. On December 22, 2015, the PBC released Public Statement No. 39, launching green bonds in the inter-bank bond market to create a new channel through the bond market for financial institutions to support green projects. On the same day, the Green Finance Committee of the China Finance Society released the Green Bond Endorsed Project Catalog, providing green bond issuers with definitions and standards for green projects. In March 2016, the Shanghai Stock Exchange (SSE) released the Notice on the Pilot Program of Green Corporate Bonds, establishing a green channel for the issuance of green corporate bonds. On October 8, 2015, the SSE and the China Securities Index (CSI) Company jointly released the SSE 180 Index which is the first Chinese index involving carbon efficiency. The index classifies firms in terms of their carbon intensity. By the end of 2015, the outstanding volume of green credit in China reached RMB 7.01 trillion yuan, an increase of 16.4 percent over the end of 2014. In the first quarter of 2016, the issuance of green bonds was about RMB 50 billion yuan, which was close to 50 percent of global issuances during the same period. By October 2015, there were 16 indices for green and environmental protection designed by the CSI, accounting for 2 percent of the total CSI indices (around 800 indices) for the A-share market.

Meanwhile, some investment firms and local governments are also taking measures to support the development of green financing by establishing green industrial funds. On March 8, 2015, the Green Silk Road Equity Investment Fund was launched in Beijing, with initial capital of RMB 30 billion yuan. On January 13, 2016, the government of the Inner Mongolian Autonomous Region set up the Inner Mongolian Environmental Protection Fund, which is expected to invest RMB 20 billion yuan. In addition, local governments in Zhejiang and Guangdong provinces have also launched green funds for mergers and acquisitions. By October 2015, there were 32 green funds established by fund-management institutions, including 15 index funds and 17 actively managed funds.

The green concept has become increasingly popular. Green insurance in China is mainly insurance for environmental pollution liabilities. The Environmental Protection Law of the People's Republic of China, amended in 2015, explicitly encourages insurance for environmental-pollution liabilities. From 2007 to the third quarter of 2015, there were more than 45,000 firms/transactions for environmental- pollution liability insurance in China, and insurance risk funds provided by insurance companies totaled over RMB100 billion yuan.

In the coming years, green finance will embrace a period of new opportunities. Key measures, such as interest discounts and guarantees, will be taken to scale-up green credit, establish green industrial funds, further develop the green bond market, and create a green stock index and relevant investment products, to promote a compulsory environmental liability insurance system in sectors where there are high environmental risks and to encourage future products for carbon-emissions rights and various carbon financial products. Eligible regions are encouraged to set up pilot programs for green finance. International collaboration in green finance is also welcomed.

VII. The market-based RMB exchange-rate regime was improved

The market-based RMB exchange-rate regime has been further improved in a self-initiated, controllable, and gradual manner. The market has played a role in the formation of the RMB exchange rate and the elasticity of FX movements in two directions has been enhanced. As a result, the RMB exchange rate has remained basically stable at an adaptive and equilibrium level.

In the first quarter, the highest and lowest central parity of the RMB against the US dollar were RMB6.4612 yuan and RMB6.5646 yuan respectively. During those 59 trading days, the RMB appreciated on 29 days and depreciated on 30 days. The biggest daily appreciation and daily depreciation were 0.52 percent (333 bps) and 0.51 percent (332 bps) respectively.

The RMB fluctuated in both directions against the other major international currencies, including the euro and the Japanese yen. At end-March, the central parities of the RMB against the euro and the Japanese yen were RMB7.3312 yuan per euro and RMB5.7530 yuan per 100 yen respectively, a depreciation of 3.22 percent and 6.35 percent respectively from end-2015. From the beginning of the RMB exchange-rate regime reform in 2005 to end-March 2016, the RMB appreciated by 36.60 percent against the euro and by 26.99 percent against the Japanese yen.

Table 6 The Trading Volume of the RMB against Foreign Currencies in the Inter-bank Foreign-Exchange Spot Market in Q1 of 2016

Unit: RMB100 million yuan

Currency	USD	Euro	JPY	HKD	GBP	AUD	NZD	SGD	CHF	CAD	MYR	SUR	THB
Trading volume	73,931	964	755	349	50.5	176	25.6	527	17.2	47.2	5.5	28.9	1.25

Source: China Foreign Exchange Trade System.

During the first quarter, under the bilateral currency swap agreements with the relevant foreign monetary authorities, foreign monetary authorities utilized a total of RMB79.74 billion yuan and the PBC utilized a total of USD2.449 billion. By the end of March, the outstanding balance of swap funds utilized by foreign monetary authorities stood at RMB44.758 billion yuan and the amount utilized by the PBC was USD1.115 billion. Swap agreements have played a positive role in promoting bilateral trade.

Box 3 Improving the RMB/USD Central Parity Formation Mechanism

In recent years, the PBC has been working to improve the formation mechanism for the RMB/USD central parity. Since 2015, the formation mechanism has been further enhanced based on market demand and supply, with adjustments to a basket of currencies. On August 11, 2015, it was stressed that quotes of the central parity of the RMB to the USD should refer to the closing rates of the previous business day to reflect changes in market demand and supply conditions. On December 11, 2016, the CFETS released the RMB exchange-rate index, with an emphasis on enhancing the reference to the currency basket, in a bid to better maintain the overall stability of the RMB exchange rate vis-à-vis the currencies in the basket. Based on this principle, a formation mechanism for the RMB to the USD central parity rate of "the previous closing rate plus changes in the currency basket" has been preliminarily in place.

The "previous closing rate plus changes in the currency basket" formation mechanism means that market makers must consider both factors when quoting the central parity of the RMB to the USD, namely the "previous closing rate" and the "changes in the currency basket." The "previous closing rate" refers to the closing rate at 16:30 of the previous business day on the inter-bank foreign-exchange market, which mainly reflects the market demand and supply situation. The "changes in the currency basket" refer to the amount of the adjustment in the exchange rate of the RMB to the USD, as a means to maintain the overall stability of the RMB to the currency basket, which aims to maintain the stability of the RMB exchange-rate index over the previous business day. Market makers will both consider the CFETS currency basket and refer to the BIS and SDR baskets in a bid to remove the noise among the changes in the currency basket, which may play the role of a filter during fluctuations in the international market.

Specifically, before the opening of the inter-bank foreign-exchange market, based on changes in the currency basket, market makers will calculate the required amount of change to the central parity of the RMB to the USD, add it directly to the previous closing rate, and report the results to the

CFETS. Since the three currency baskets weigh differently for each market maker, their references to the changes in each basket will also be different, thus resulting in different quotes. The CFETS then averages the quotes from the market makers, excluding the highest and lowest quotes, and releases the result at 9:15 as the central parity rate of the RMB to the USD for the day. For example, if the previous central parity rate was RMB6.5000 yuan, closed at RMB6.4950 yuan, and the changes in the currency basket indicated the RMB had to appreciate by 100 basis points, the central parity quote from the market makers would be RMB6.4850 yuan, an appreciation of 150 basis points, where 50 basis points reflect the changes in market demand and supply and the other 100 basis points reflect the changes in the currency basket. Likewise, changes in the central parity of the RMB to the USD not only represent changes in the currency basket, but also indicate the market demand and supply situation. The central parity formation mechanism is more clearly characterized with the basis of market demand and supply and adjustments with reference to the currency basket.

Based on the situation in March 2016, the changes in the central parity of the RMB to the USD on each trading day have been in line with this mechanism, where the central parity rates appreciated from the previous closing rates when the USD depreciated against other currencies, and vice versa. In general, this mechanism is more open, transparent, and regularized, while taking into account the relationship among market directives for demand and supply, maintaining the stability of the RMB to the currency basket, and stabilizing market expectations. After a period of adjustment, the policy has produced preliminary results, with increasingly stable market expectations, overall stability of the RMB vis-à-vis the currency basket, and enhanced RMB to USD exchange-rate flexibility in both directions. In March, the average fluctuation in the exchange rates of the RMB to the USD was 0.17 percent, higher than that in February and higher than the average fluctuations in March of the CFETS RMB exchange-rate index and higher than the indices with reference to the BIS currency basket and to the SDR currency basket, which were 0.11 percent, 0.14 percent, and 0.11 percent respectively.

VIII. Deepening financial reforms

Reform of policy-based financial institutions has accelerated and the recapitalizations of the China Development Bank and the Export-Import Bank of China have been completed. Meanwhile, work to establish a board of directors for the two banks, to improve their governance structure, and to revise their articles of incorporation has also made steady progress.

Implementation of the deposit insurance system was smooth. More than 3,600 deposit-taking banking institutions completed the procedures for joining the deposit insurance scheme, and the collection of premiums for 2015 was completed. One year after implementation of the Deposit Insurance Regulations, there have been positive responses from all parties, the deposit landscape of large-, medium-, and small-sized banks has remained stable, and operations of banking institutions have remained sound. The deposit insurance system has gradually played its intended role and the launch and implementation of the system were carried out in a stable and orderly way.

Important progress has been made in the reform of the rural credit cooperatives (RCCs), with their asset quality significantly improved, their capacity for agricultural financial services largely enhanced, and the reform of property rights steadily promoted. As reported under the five-tier classifications at end-March, the nationwide NPL ratio of the RCCs stood at 4.3 percent; their capital adequacy ratio was 11.1 percent; and their outstanding amounts of agricultural-related loans and loans to farmers were RMB 7.7 trillion yuan and RMB 3.7 trillion yuan respectively. There were 1,264 RCCs with legal-person status at the county (city) level, 899 rural commercial banks, and 64 rural cooperative banks.

IX. Deepening the reform of foreign-exchange administration

Progress has been made in streamlining procedures for FX administration. The registration requirements and foreign-exchange administrative approvals have been canceled for asset management companies to resolve overseas non-performing assets, thus saving operating costs for market entities. Efforts were also made to provide innovative public services of foreign exchange administration and to improve its quality and efficiency, and to regulate administrative approvals and streamline the procedures.

The PBC has made efforts to promote more convenient trade and investment. Through the pilot program of foreign debt ratio management based on self-discipline, qualified multinational companies were provided with more accommodations in terms of trade and investment, and management of centralized operations of foreign-exchange funds by multinational companies was enhanced. The cross-border e-commerce comprehensive pilot zone has been further expanded, with measures to streamline registration procedures and to allow comprehensive service enterprises to receive funds from trade in goods so as to make cross-border e-commerce activities more convenient.

Capital account convertibility was further improved. Reform measures, including a willingness for foreign-exchange settlements, were implemented in Shanghai, Tianjin, Guangdong, and Fujian to support foreign-exchange management in the free trade zones.

Both monitoring and management of foreign exchange were strengthened. The PBC has released a new version of the *Guide for the Balance of Payment Statements* as well as a trade credit survey mechanism, and additionally it has released the China International Investment Position statistics (by country) and statistics regarding foreign financial assets and liabilities in China's banking system.

Sound development of the foreign-exchange market was maintained. The State Administration of Foreign Exchange has implemented the *Notice on Cash Management on the Receipt and Payment of Foreign Exchange by domestic institutions*, which specifies conditions for domestic institutions and reviews the requirements for banks to receive and pay in foreign-exchange cash. Measures have also been taken to strengthen foreign-exchange management of bank cards.

PART 3 Financial Market Analysis

In Q1 of 2016,the overall performance of financial markets was stable. The money market traded briskly and market interest rates remained low. The issuance of bonds expanded significantly whereas coupon rates declined notably. The Shanghai and Shenzhen stock indices rebounded, the volume of trading declined, and equity financing grew. Assets in the insurance industry grew rapidly.

I. Financial market analysis

1. The money market traded briskly and market interest rates remained low and stable

Growth of repo transactions on the inter-bank market doubled, and the turnover of inter-bank borrowing increased rapidly. In Q1, the cumulative turnover of bond repos reached RMB136.1 trillion yuan on the inter-bank market, representing an average daily turnover of RMB2.2 trillion yuan, an increase of 101.7 percent year on year, and an acceleration of 30.8 percentage points from Q1 2015. The cumulative turnover of inter-bank borrowing reached RMB18.1 trillion yuan, with an average daily turnover of RMB296.5 billion yuan, an increase of 115.4 percent year on year, and an acceleration of 99.6 percentage points from Q1 2015. In terms of the maturity structure, transactions were more concentrated in overnight products, which accounted for 85.3 percent and 87.9 percent of the respective turnovers in bond repos and inter-bank borrowing transactions, representing an acceleration of 10.3 percentage points and 14.2 percentage points from Q1 2015 respectively. The turnover of bond repos on the stock exchanges rose by 65.6 percent year on year to reach RMB44.2 trillion yuan.

In terms of financing among financial institutions, the flow of funds displayed the following characteristics. First, Chinese-funded large banks remained net fund providers and the amount of their net lending surged. In Q1, net lending by Chinese-funded large banks through repos and inter-bank borrowing increased by 118.5 percent year on year to RMB58.7 trillion yuan. Second, net borrowing by securities institutions increased rapidly. In Q1, net borrowing by securities institutions increased by 128.5 percent year on year to RMB15.8 trillion yuan. Third, net lending by Chinese-funded small- and medium-sized banks declined significantly compared with the previous quarter. In Q1, net borrowing by Chinese-funded small- and medium-sized banks increased by 11.1 percent year on year to RMB11.7 trillion yuan, posting, however, a decline of RMB5.5 trillion yuan from the previous quarter.

Interest-rate swaps traded briskly. In Q1, 18,242 deals were reached on the RMB interest-rate swap market, an increase of 4.9 percent year on year. The notional

Table 7 Fund Flows among Financial Institutions in Q1 of 2016

Unit: RMB100 million yuan

	Repos		Inter-bank borrowing	
	Q1 2016	Q1 2015	Q1 2016	Q1 2015
Chinese-funded large banks[1]	-539,014	-250,410	-47,514	-18,076
Chinese-funded small- and medium-sized banks[2]	118,606	114,535	-1,396	-9,005
Securities institutions[3]	126,502	53,936	31,615	15,268
Insurance institutions[4]	7,013	4,805	17	18
Foreign-funded banks	27,444	14,744	4, 915	5,001
Other financial institutions and vehicles[5]	259,449	62,390	12,363	6,794

Notes: 1. Chinese-funded large banks include the Industrial and Commercial Bank of China, the Agricultural Bank of China, the Bank of China, the China Construction Bank, the China Development Bank, the Bank of Communications, and the Postal Savings Bank of China.

2. Chinese-funded small- and medium-sized banks include the China Merchants Bank and sixteen other medium-sized banks, small-sized city commercial banks, rural commercial banks, rural cooperative banks, and village and township banks.

3. Securities institutions include securities firms and fund management companies.

4. Insurance institutions include insurance firms and company annuities.

5. Other financial institutions and vehicles include urban credit cooperatives, rural credit cooperatives, finance companies, trust and investment companies, financial leasing companies, asset-management companies, social-security funds, funds, wealth management products, trust plans, and other investment vehicles. Some of these financial institutions and vehicles do not participate in the inter-bank borrowing market.

6. A negative sign indicates net lending and a positive sign indicates net borrowing.

Source: China Foreign Exchange Trade System.

principal volume totaled RMB2,006.67 billion yuan, an increase of 20.9 percent year on year. In terms of the maturity structure, contracts with maturities of up to one year traded most briskly and the volume of their aggregate notional principal posted RMB1,632.54 billion yuan, accounting for 81.4 percent of the total. The notional principal volume, with the Shibor as the base rate of the floating leg of the RMB interest-rate swaps, totaled RMB354.4 billion yuan, accounting for 17.7 percent of the total.

The inter-bank certificates of deposits (CDs) market developed rapidly and the issuance of CDs grew notably. By end-March, 266 financial institutions disclosed their annual plans for inter-bank CD insurance in 2016, among which 212 financial institutions had completed their issuances on the inter-bank market. In Q1, a total of 3,146 inter-bank CDs were issued on the inter-bank market, raising RMB2.94 trillion yuan. Trading volume on the secondary market was RMB12.59 trillion yuan. Issuances and trading were both priced based on the Shibor, and the correlation between the interest rate for the insurance of inter-bank CDs and the medium-and long-end Shibor was improved. In March, the average weighted interest rate for the issuance of 3-month inter-bank CDs was 2.81 percent, on par with the 3-month Shibor. In Q1, 3,282 CDs were issued by financial institutions, with a total volume of RMB1.45 trillion yuan. The volume increased quarter by quarter after issuance of CDs was officially launched in June 2015. Meanwhile, the PBC is actively promoting transfer transactions of CDs on the secondary market. Development of the CD market further

Table 8 Transactions of Interest-Rate Derivatives in Q1 of 2016

	Interest-rate swaps		Standard interest-rate derivatives		Standard bond forwards	
	Transactions (lots)	Amount of notional principal (RMB100 million yuan)	Transactions (lots)	Amount of notional principal (RMB100 million yuan)	Transactions (lots)	Amount (RMB100 million yuan)
Q1 2016	17,392	16,597.8	346	1, 295.5	—	—
Q2 2015	18,242	20,066.7	1	1	—	—

Source: China Foreign Exchange Trade System.

expanded the scope of market-priced liability products, helped to build the independent pricing capability of financial institutions, and improved the market interest-rate formation and transmission mechanism.

Money-market interest rates remained stable. In March, the weighted average interest rate of inter-bank borrowing and pledged repos posted 2.09 percent and 2.10 percent respectively, representing an increase of 12 basis points and 15 basis points respectively from December 2015 as well as a decline of 160 basis points and 151 basis points respectively year on year. The short-end Shibor remained stable and the medium-and long-end Shibor declined. At end-March, the overnight and 7-day Shibor posted 2.02 percent and 2.33 percent respectively, an increase of 3 basis points and a decline of 3 basis points respectively from end-2015. The 3-month and 1-year Shibor posted 2.82 percent and 3.05 percent, a decline of 27 basis points and 30 basis points respectively.

2. Spot bond trading was brisk and bond issuances expanded significantly, whereas coupon rates declined notably

In Q1, the volume of spot bond trading on the inter-bank market posted RMB26.7 trillion yuan, representing an average daily turnover of RMB437.6 billion yuan and an increase of 108.2 percent year on year. In terms of the trading entities, Chinese-funded small- and medium-sized banks and securities institutions were primarily net bond sellers, with total net spot bond sales of RMB992.7 billion yuan in Q1; net spot bond purchases of Chinese-funded large banks increased in Q1; other financial institutions and vehicles were mainly net bond purchasers, with total net spot bond purchases of RMB626.7 billion yuan. In terms of trading products, in Q1, a total of RMB2.7 trillion yuan of spot government securities was traded, accounting for 10 percent of the total spot bond transactions on the inter-bank market; the turnover of spot financial bonds and corporate debenture bonds was RMB14.7 trillion yuan and RMB9.3 trillion yuan respectively, accounting for 54.9 percent and 34.8 percent respectively of total spot bond transactions on the inter-bank market. The volume of spot bond trading on the stock exchanges totaled RMB939 billion yuan, an increase of 21.7 percent year on year.

Bond indices on the inter-bank markets climbed slightly. The China Bond Composite

Figure 2 Yield Curves of Government Securities on the Inter-bank Market

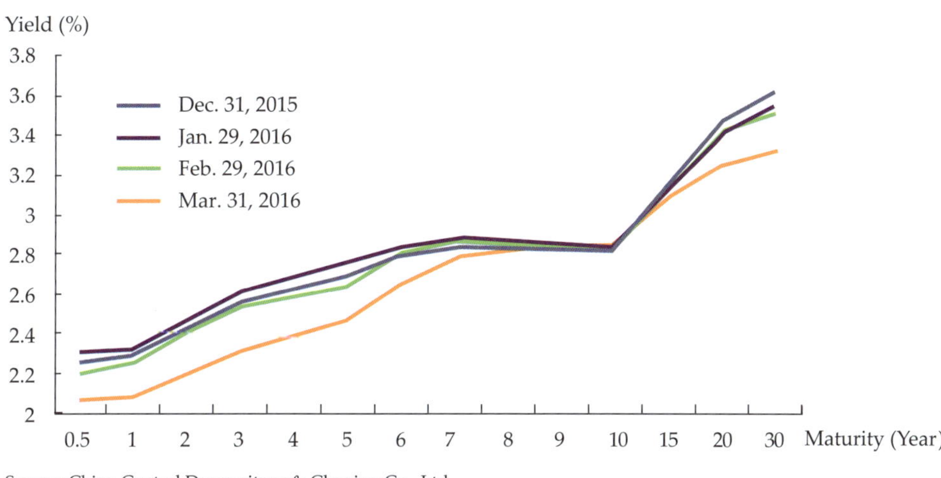

Source: China Central Denpository & Clearing Co., Ltd..

Index (net price) rose to 104.86 points by end-March, up 0.03 percent from end-2015; the China Bond Composite Index (full price) increased by 0.31 percent to reach 119.66 points. The Government Securities Index on the stock exchanges increased by 1.35 percent to reach 156.63 points.

The short end of the yield curve of government securities moved downward and the long end moved upward by a small margin, while the yield curve became steeper. At end-March, the yields of 1-year, 3-year, 5-year, and 7-year government securities declined by 21, 24, 23,and 6 basis points from end-2015, and the yield of 10-year government securities increased by 2 basis points from end-2015. The spread between 10-year and 1-year government securities widened by 23 basis points to reach 75 basis points from end-2015. In Q1, influenced by the increase in the supply of bonds, the rise in price inflation, and the delay in rate hikes by the Federal Reserve, bond yields fluctuated within a limited range.

The volume of bond issuances expanded significantly. In Q1, a total of RMB8 trillion yuan of bonds was issued, an increase of 161.3 percent year on year, among which issuances of local government bonds, corporate bonds, and inter-bank CDs grew rapidly. At end-March, outstanding bonds of all kinds posted RMB52.3 trillion yuan, an increase of 41.4 percent year on year.

The coupon rates of bonds declined notably. The coupon rate of 10-year government securities issued in March was 2.85 percent, a decline of 14 basis points from the rate of those of the same maturity issued in December 2015. The coupon rate of 10-year financial bonds issued by the China Development Bank was 3.18 percent, a decline of 26 basis points from those of the same maturity issued in December 2015. The average coupon rate of 1-year short-

Table 9 Bond Issuances in Q1 of 2016

Unit: RMB100 million yuan

Type of bonds	Issuance	Year-on-year growth
Government securities	4,400	2,301
Local government bonds	9,554	9,554
Central-bank bills	0	0
Financial bonds[1]	42,817	25,687
Of which: Financial bonds issued by the China Development Bank and policy financial bonds	9,607	2,496
Inter-bank certificates of deposit	29,384	22,246
Corporate debenture bonds[2]	23,587	12,050
Of which: Debt-financing instruments of non-financial enterprises	15,493	5,111
Enterprise bonds	1,918	1,051
Corporate bonds	5,998	5,789
Bonds issued by international institutions	30	30
Total	80,388	49,592

Notes: 1. Including financial bonds issued by the China Development Bank, policy financial bonds, ordinary bonds issued by commercial banks, subordinated bonds issued by commercial banks, hybrid bonds issued by commercial banks, bonds issued by securities firms, inter-bank certificates of deposits, and so forth.

2. Including debt-financing instruments issued by non-financial enterprises, enterprise bonds, corporate bonds, convertible bonds, bonds with detachable warrants, privately placed SME bonds, and so forth.

Sources: The People's Bank of China, National Development and Reform Commission, China Securities Regulatory Commission, and China Central Depository & Clearing Co., Ltd..

term financing bills (rated A-1) issued by AAA-rated enterprises was 3.16 percent, a decline of 62 basis points from December 2015. The average coupon rate of 5-year medium-term notes was 3.87 percent, a decline of 30 basis points from December 2015. The Shibor continued to play an important role in bond pricing. In Q1, a total of 9 floating-rate bonds was issued based on the Shibor, with a gross issuance volume of RMB35 billion yuan; 153 fixed-rate enterprise bonds were issued, with a gross issuance volume of RMB191.76 billion yuan, all based on the Shibor; and a total of RMB197.54 billion yuan of fixed-rate short-term financing bills was issued based on the Shibor, accounting for 91.5 percent of all fixed-rate short-term financing bills.

3. The outstanding volume of bill financing increased slightly and interest rates remained stable

Growth of the bill acceptance business slowed down. In Q1, commercial bills issued by enterprises totaled RMB4.9 trillion yuan, a decline of 8.4 percent year on year; outstanding commercial bills posted RMB10.5 trillion yuan at end-March, an increase of 3.6 percent year on year. The balance of bill acceptances increased by RMB126.2 billion yuan from the beginning of 2016, with a decelerating year-on-year growth. In terms of the industries of the issuing enterprises, outstanding bankers' acceptances were mainly issued by enterprises in the manufacturing, wholesale, and retail industries, with small-

and medium-sized enterprises issuing about two-thirds of the total.

The outstanding bill-financing balance increased slightly and interest rates on the bill market were stable. In Q1, commercial bills discounted by financial institutions totaled RMB27.3 trillion yuan, an increase of 41.9 percent year on year; the outstanding balance of bill discounts stood at RMB4.9 trillion yuan, an increase of 60.6 percent year on year. At end-March, the outstanding amount of bill financing had increased by RMB366.1 billion yuan from the beginning of 2016; the share of outstanding bill financing among the total outstanding loans was 5.0 percent, an increase of 1.4 percentage points year on year. In Q1, as overall liquidity in the banking sector was sufficient, money-market interest rates were stable and interest rates on the bill market were also stable, with fairly balanced supply and demand if the seasonal issues caused by the Spring Festival are not included.

4. The stock indices rebounded, the volume of trading declined, and equity financing grew

The stock indices fell sharply in January and then rebounded slowly in February and March. At end-March, the Shanghai Stock Exchange Composite Index closed at 3,004 points, a decline of 15.1 percent from end-2015; the Shenzhen Stock Exchange Component Index closed at 10,455 points, a decline of 17.4 percent from end-2015; the Growth Enterprise Board (GEM Board) Index (Chinext Price Index) closed at 2,238 points, a decline of 17.5 percent from end-2015. The weighted average P/E ratio of the A-share market on the Shanghai Stock Exchange dropped from 17.6 times at end-2015 to 15.1 times at end-March, while during the same period that of the Shenzhen Stock Exchange dropped from 53.3 times to 41.7 times.

Turnover on the stock markets declined notably. In Q1, the combined turnover of the Shanghai and Shenzhen Stock Exchanges totaled RMB32 trillion yuan, with the daily turnover averaging RMB543.1 billion yuan, a decline of 24.9 percent year on year; turnover on the GEM Board totaled RMB5.3 trillion yuan, an increase of 39.9 percent year on year. At end-March, the combined market capitalization of the Shanghai and Shenzhen Exchanges posted RMB36 trillion yuan, a decline of 8.9 percent year on year; the market capitalization of the GEM Board posted RMB2.7 trillion yuan, an increase of 21.7 percent year on year.

The amount of equity financing grew. In Q1, a total of RMB337.5 billion yuan was raised by enterprises and financial institutions by way of IPOs, additional offerings, rights issuances, and warrant exercises on domestic and overseas stock markets, an increase of 71.4 percent year on year. Among this total, RMB320 billion yuan was raised on the A-share market, an increase of 68.1 percent year on year.

5. Insurance-industry assets grew rapidly

In Q1, total premium income in the insurance industry amounted to RMB1.2 trillion yuan, representing year-on-year growth of 42.2 percent and an acceleration of 21.8 percent from the same period of the previous year; total claim and benefit payments amounted to RMB289.1 billion yuan, representing year-on-year growth of 25.1 percent. Specifically, total claim and benefit payments in the property-insurance sector increased by 17.6 percent year on year, while those in the life-insurance sector increased 29.9 percent.

Insurance assets grew rapidly. At end-March, total assets in the insurance industry posted RMB13.9 trillion yuan, representing a year-on-year growth of 27.4 percent and an increase of 5.9 percent from the same period of the previous year. Among this total, bank deposits increased by 0.5 percent year on year, whereas investment-linked assets increased by 28.8 percent.

6. Swap transactions on the foreign-exchange market increased rapidly

In Q1, the turnover of spot RMB/foreign-exchange transactions totaled USD1.2 trillion, an increase of 1.7 percent year on year. The turnover of RMB/foreign-exchange swap transactions totaled an equivalent of USD2.1 trillion, an increase of 64.5 percent year on year, among which overnight RMB/USD swap transactions posted USD1.3 trillion, accounting for 62.0 percent of the total turnover of RMB/USD swap transactions. Turnover on the RMB/foreign-exchange forward market totaled USD12.6 billion, an increase of 47.7 percent year on year. In Q1, the turnover of foreign-currency pair transactions amounted to an equivalent of USD30.9 billion, an increase of 59.6 percent year on year. In particular, EUR/USD pairs were the most traded, accounting for 38.3 percent of the total.

The number of participants on the foreign-exchange market increased further. At end-March, there were 535 members on the foreign-exchange spot market, 133 members on the foreign-exchange forward market, 133 members on the foreign-exchange swap market, 108 members on the currency swap market, and 69 members on the foreign-exchange options market. In addition, there were 30 market-makers on the spot market and 27 market-makers on the forward and swap markets.

Table 10 Use of Insurance Funds, End-March 2016

Unit: RMB100 million yuan, %

	Outstanding balance		As a share of total assets	
	End-March 2016	End-March 2015	End-March 2016	End-March 2015
Total assets	138,535	108,703	100.0	100.0
Of which: Bank deposits	26,510	26,386	19.1	24.2
Investments	93,432	72,555	67.4	66.7

Source: China Insurance Regulatory Commission.

7. The price of gold went up

The price of gold went up amidst fluctuations. In Q1, the price of gold on the international market peaked at USD1,284.41 per ounce and reached a trough of USD1,061.50 per ounce, closing at USD1,231.80 per ounce at end-March, representing an increase of USD169.55 per ounce, or 15.96 percent, from end-2015. Influenced by the rise in gold prices on the international market, domestic gold prices also went up significantly. The peak price of gold (AU9999) on the Shanghai Gold Exchange was RMB268.00 yuan per gram and the lowest price was RMB181.20 yuan per gram. At end-March, the price of gold closed at RMB255.70 yuan per gram, an increase of RMB32.84 yuan per gram, or 14.74 percent, from end-2015.

In general, the volume of trading on the Shanghai Gold Exchange continued to rise, but each item exhibited different behavior. In Q1, the trading volume of gold was 11,300 tons, an increase of 47.7 percent year on year, and the turnover posted RMB2.83 trillion yuan, an increase of 50.6 percent year on year. The trading volume of silver was 14.36 trillion tons, a decline of 29.3 percent year on year, and the turnover posted RMB0.48 trillion yuan, a decline of 34.5 percent year on year. The trading volume of platinum was 15.86 tons, an increase of 23.2 percent year on year, and the turnover posted RMB3.219 billion yuan, a decline of 1.1 percent year on year.

II. The development of institutional arrangements in the financial markets

1. A greater diversity of products and investors in the bond market

The investor base was expanded. On February 24, 2016, the PBC issued *Public Notice [2016] No. 3* to allow access for more qualified foreign institutional investors, to abolish the investment quota limit, and to streamline administrative procedures. All categories of financial institutions incorporated in China and investment productsissued by them to their clients in compliance with the regulatory requirements, pension funds, charity funds, endowment funds, and other medium- and long-term institutional investors approved by the PBC are eligible investors and the investments are not subject to any quota limits. Qualified overseas institutions may participate in the inter-bank bond market after completing registration, account opening, and other procedures through an inter-bank market settlement agent. The above measures will facilitate investments by overseas institutional investors, in particular long-term investors, and will further promote an opening up of the inter-bank bond market.

Regulation of the over-the-counter bond business was improved. On February 14, the PBC released the *Administrative Rules on the Over-the-Counter Business of the Inter-bank Bond Market*, to allow a larger variety of financial institutions to conduct over-the-counter bond business, to further diversify bond products, and to regulate the trading, custody, and settlement of over-the-counter bond transactions.

2. Regulation and development of the securities market

The reduction of shareholdings by big shareholders, members of the executive board, the supervisory board, and senior management in a law-abiding, transparent, and orderly manner was regulated. On January 7, the CSRC issued the *Provisions on Shareholding Reductions by Big Shareholders, Members of the Executive Board, the Supervisory Board, and Senior Management of Public Companies*, to provide detailed requirements on the reduction of shareholdings by major shareholders and members of the executive board, supervisory board, and senior management through centralized trading, in a bid to maintain stable market expectations.

The circuit breaker mechanism was put on hold. Because the circuit breaker mechanism introduced at the beginning of 2016 did not produce the anticipated outcomes, the CSRC decided to put the mechanism on hold, effective beginning on January 8, 2016 and applicable to the Shanghai Stock Exchange, the Shenzhen Stock Exchange, and the China Financial Futures Exchange.

3. Enhanced Regulation of the Insurance Market and Insurance Products

Regulation of solvency was enhanced. On January 29, the China Insurance Regulatory Commission issued the *Notice on Formal Implementation of the China Risk-Oriented Solvency System*, which marked the end of the transitional period of dual systems for solvency regulation. The formal change to the China Risk-Oriented Solvency System entered into effect on January 1.

Medium- toshort-duration life-insurance products were regulated. On March 18, the CIRC released the Notice on Medium- to Short-Duration Life Insurance Products, to rename high-cash value products as medium- to short-duration life-insurance products, to extend the duration of such products from less than three years to up to five years, and to lay out detailed requirements in terms of aggregate solvency adequacy, annual premium income, and so forth for insurance companies that sell such products. The sale of products with durations below one year is banned and a transitional period is provided for products with aduration of over one year.

A China Insurance Consumer Confidence Index was released. On March 29, the CIRC's Consumer Rights and Interests Protection Bureau released the index for the first time. The index has five components, i.e., insurance environment confidence, consumer trust preferences, insurance industry trust, insurance consumption propensity, and industrial performance. The index is derived from models computation, the data of which is collected by professional market survey agencies through questionnaires sent to nationwide insurance consumers. In 2015, the China

Insurance Consumer Confidence Index was 69.2, indicating fairly strong consumer confidence.

4. Sound Development of the Foreign Exchange and Gold Markets

The SAFE released the *Provisions on Foreign Exchange Administration for Securities Investments in China's Domestic Market by Qualified Foreign Institutional Investors* to further regulate foreign exchange administration for securities investments by qualified foreign institutional investors in China's domestic market. The Shanghai Gold Exchange launched a market-maker system for the inter-bank gold quotation market as a step to further improve the infrastructure of the gold market and the liquidity in the market.

PART 4 Macroeconomic Analysis

I. Global economic and financial developments

In the first quarter of 2016, the global economic situation remained complex and growth slowed down. The US economy continued a modest recovery, with key economic indicators posting mixed readings. Performance in the euro area was stable, but the recovery was not solidly based. Japan's economy remained sluggish amid persistent deflationary pressures. Growth in some emerging market economies slowed down sharply and vulnerabilities emerged.

1. Developments in the Major Economies

The US continued to recover moderately, with key economic postings producing mixed readings. According to preliminary data, quarter-on-quarter GDP growth (annualized) was 0.5 percent in Q1, roughly on par with the same period of the last year. In 2016 overall performance was stable, as the labor market continued to improve, consumption expanded steadily, and the property market rallied. Fiscal policies began to show pull effects on the economy. The rate of inflation rose from the previous quarter, but its sustainability continued to be monitored. Meanwhile, corporate investment was weak and growth in the manufacturing sector fluctuated but remained low. Expansion of the services industry slowed down and exports were relatively sluggish. In March, the consumer confidence index and retail sales declined, but the trend remained uncertain.

Performance in the euro area was stable, but the recovery was not solidly based. The labor market continuously improved and the unemployment rate declined. The expansion of demand partly offset the negative effects of the weak external demand. However, deflationary pressures remained with the decline of the PPI widening. Meanwhile, factors such as the migrant crisis, Brexit, and the Greek debt negotiations cast a shadow on the recovery in the euro area.

Performance of the Japanese economy continued to be sluggish and deflationary pressures continued to exist. Despite improvements in the labor market, industrial production, exports, and investments were still weak. The manufacturing PMI slowed down further. Due to the decline in oil prices and other factors, prices still faced downward pressures and were a far cry from the 2 percent target set by the Bank of Japan (BOJ). Factors such as the appreciation of the yen and weak demand by Japan's major trading partners added more uncertainties to the recovery. According to a survey by Reuters, in Q1, Japan's GDP grew by 0.5 percent quarter on quarter (annualized).

Table 11 Macroeconomic and Financial Indices in the Major Economies

Country	Index	2015Q1			2015Q2			2015Q3			2015Q4			2016Q1		
		Jan.	Feb.	Mar.	Apr.	May	Jun.	Jul.	Aug.	Sept.	Oct.	Nov.	Dec.	Jan.	Feb.	Mar.
United States	Real GDP Growth Rate (annualized quarterly rate, YOY, %)	0.6			3.9			2.0			1.4			0.5		
	Unemployment Rate (%)	5.7	5.5	5.5	5.4	5.5	5.3	5.3	5.1	5.1	5.0	5.0	5.0	4.9	4.9	5.0
	CPI (YOY, %)	-0.1	0	-0.1	-0.2	0	0.1	0.2	0.2	0	0.2	0.5	0.7	1.4	1	0.9
	DJ Industrial Average(closing number)	17,165	18,133	17,776	17,841	18,010	17,620	17,689	16,528	16,285	17,664	17,720	17,425	16,466	16,517	17,685
Euro Area	Real GDP Growth Rate (annualized quarterly rate, YOY, %)	1.2			1.5			1.6			1.6			1.6		
	Unemployment Rate (%)	11.2	11.3	11.2	11.1	11.1	11.1	10.9	11	10.8	10.7	10.5	10.4	10.3	10.3	10.2
	HICP (YOY, %)	-0.6	-0.3	-0.1	0	0.3	0.2	0.2	0.1	0.2	0.1	0.2	0.2	0.3	-0.2	0.0
	EURO STOXX 50 (closing number)	3,198	3,401	3,435	3,439	3,444	3,285	3,432	3,110	2,976	3,216	3,288	3,100	2,902	2,798	2,790
Japan	Real GDP Growth Rate (annualized quarterly rate, YOY, %)	4.6			-1.4			1.4			-1.1			—		
	Unemployment Rate (%)	3.6	3.5	3.4	3.3	3.3	3.4	3.3	3.4	3.4	3.1	3.2	3.1	3.2	3.2	3.3
	Core CPI (YOY, %)	2.4	2.2	2.3	0.6	0.5	0.4	0.2	0.2	0	0.3	0.3	0.2	0	0.3	-0.1
	NIKKEI 225(closing number)	17,674	18,847	19,207	19,983	20,563	20,236	20,585	18,890	17,388	19,083	19,747	19,033	17,518	16,027	16,759

Source: Statistical Bureaus and Central Banks of the Relevant Economies.

Some emerging market economies faced huge downward pressures and their vulnerabilities became more apparent. Various factors, including domestic structural rigidities, a continued weakening of commodity prices, and geopolitical shocks, affected the balance of payments in some emerging market economies, with their fiscal revenue shrinking sharply and their currencies depreciating substantially, leading to a drain on foreign exchange. Some countries suffered from negative growth, such as –3.8 percent growth in Brazil and –3.7 percent in Russia.

2. Developments in global financial markets

The US dollar index devaluated slightly, with the euro and the Japanese yen appreciating against it, whereas the pound sterling and the currencies in the major emerging market economies moved in different directions. The exchange rates of the euro and the Japanese yen against the US dollar were 1.1378 dollar per euro, 1.4358 dollar per pound, and 112.56 yen per dollar respectively, an appreciation of 4.77 percent, a depreciation of 2.58 percent, and an appreciation of 6.88 percent respectively from the end of the last year. Meanwhile, most of the emerging market currencies appreciated against the US dollar. Among them, the Brazilian real, the Malaysia ringgit, the Russian ruble, the Chilean peso, and the Singapore dollar gained 10.2 percent, 10.0 percent, 8.9 percent, 5.7 percent, and 5.2 percent against the US dollar. The Argentina peso lost 11.9 percent against the US dollar.

Money-market interest rates continued to diverge. The dollar Libor in the London Inter-bank Market rose slightly. On March

31, the 1-year dollar Libor was 1.2104 percent, an increase of 0.03 percentage point from the end of the last year. Due to the expansion of the monetary easing by the European Central Bank (ECB), the Euribor continued to decline. On March 31, the 1-year Euribor registered –0.005 percent, a decrease of 0.065 percentage point from the end of the last year.

The yields of government securities in the major economies declined. Affected by factors such as the BOJ's sudden announcement of a negative interest rate and the ECB's escalation of its easing policies, massive liquidity flowed into the government securities markets, causing a decline in the yield of government securities in the major advanced economies. On March 31, the yield of 10-year government bonds in the United States, Germany, and Japan closed at 1.784 percent, 0.155 percent, and –0.042 percent respectively, down 49, 48, and 31 basis points from the end of the last year. Meanwhile, among the emerging market economies, the yield of 10-year government bonds in Indonesia and South Africa surged by 116 and 65 basis points respectively. The European Stability Mechanism (ESM) delayed its first loan review due to the election and the delay of reform in Greece. Therefore, the yield of 10-year government bonds in Greece surged by 38 basis points from the end of the last year.

The stock markets declined considerably in Europe and Japan, while the performance of the stock markets in the emerging market economies was mixed. On March 31, the Dow Jones Industrial Average Index gained modestly by 1.49 percent, while the STOXX 50 Index and the Nikkei 225 Index lost 10 percent and 11.95 percent respectively from the end of the last year. Among the emerging market economies, the stock markets in Turkey, Russia, Brazil, Argentina, and Mexico surged by 16.09 percent, 15.74 percent, 15.47 percent, 11.28 percent, and 6.76 percent respectively, whereas those in Greece and India lost 8.59 percent and 2.97 percent respectively.

3. Monetary policies in the major economies

Differences in the monetary policies of the major advanced economies became less prominent. At its regular meetings in January, March, and April, the Federal Reserve's Federal Open Market Committee (FOMC) kept the federal funds rate unchanged, and many market institutions revised downward their projections of rate hikes by the Fed within this year. In a bid to provide a stimulus and to boost inflation, on March 10 the ECB upgraded its monetary easing policies, cutting the interest rates of the main refinancing operations (MROs), the marginal lending facility, and the deposit facility to 0, 0.25, and -0.40 percent, by 5, 5, and 10 basis points respectively. Monthly purchases under the asset purchase program were expanded to €80 billion. Investment-grade euro-denominated bonds issued by non-bank corporations established in the euro area will be included on the list of assets that are eligible for regular purchases. Furthermore, a new series of targeted longer-term refinancing operations (TLTR) was launched.

On January 29, the BOJ moved to a negative interest rate, a measure beyond expectations, and adopted a three-tiered system in which part of the outstanding balance in the current account of financial institutions at the Bank of Japan would charge an interest rate of -0.1 percent instead of the previous 0.1 percent as an incentive to encourage such institutions to provide more lending. The Bank of England (BOE) kept the Bank Rate at 0.5 percent and the scale of asset purchases at GPB375 billion. Meanwhile, the central banks in Sweden, New Zealand, and Norway successively lowered their benchmark rates to -0.5, 2.25, and 0.5 percent respectively.

The monetary policies in the emerging market economies diverged further. On the one hand, several economies continued to ease their monetary policies so as to boost the economy and mitigate external shocks. On March 18, Bank Indonesia lowered its policy rate to 6.75 percent by 25 basis points. On April 5, the Reserve Bank of India lowered its repos rate by 25 basis points to 6.5 percent. On the other hand, some economies tightened their monetary policies to address domestic inflationary pressures and the effects of the rate hike by the Federal Reserve. On both January 28 and March 17, the Reserve Bank of South Africa raised the policy rate by 25 basis points to 7 percent. Colombia raised the policy rate by a cumulative 75 basis points on three occasions to 6.5 percent.

Meanwhile, some emerging market entities adopted flexible foreign-exchange regimes and other measures in response to the financial-market turmoil. On the one hand, some emerging market economies in succession adopted flexible foreign-exchange regimes. On March 14, the Central Bank of Egypt announced it would introduce a more flexible exchange-rate management regime and abolish exchange market interventions, after Argentina, Kazakhstan, Azerbaijan and Russia had abolished such interventions. On the other hand, the emerging market economies held different views about capital controls. Facing financial-market fluctuations and capital outflow pressures, in January Azerbaijan adopted some capital-control measures, which however did not achieve the desired effect. Countries such as Brazil, India, and Russia drew lessons from their past experience of capital control and exchange market interventions, to find their inability of maintaining exchange-rate stability and their high costs, and therefore they did not strengthen capital-control measures during this round of financial-market fluctuations.

Box 4 Negative Interest Rates Adopted by the Central Banks in Europe and Japan

From a historical perspective, the move to negative interest rates by central banks is something new. For a quite a long time, monetary policy was theoretically subject to a zero lower bound. A zero lower bound means that the nominal short-term rate must be above zero, otherwise, the fund owners will switch to cash instead of lending, thus rendering the interest rate policy meaningless. The precondition for a zero lower bound is that on the supply side the cost of holding cash is zero. Yet, in reality, commercial banks and non-financial enterprises hold cash at a high cost, therefore making it possible to implement a negative interest rate. It is worth mentioning that the negative interest rates of the central banks apply to the monetary base, i.e., the deposits of commercial banks at the central bank. With this round of the financial crisis, some central banks have injected a massive volume of liquidity as a result of their quantitative easing policy. The central banks, in a move to negative interest rates, hope to encourage commercial banks to beef up credit to the real economy by applying negative interest rates to some of the liquidity and to reduce the interest rates that commercial banks charge on financial products, which will ultimately boost investment and consumption. Of course, there are also exchange-rate considerations to constrain capital inflows and a currency appreciation.

In order to achieve the inflation target, in June 2014 the ECB lowered the interest rate of the deposit facility to –0.1 percent, and it was reduced several more times thereafter. On March 10, the rate was –0.4 percent. On January 29, the Bank of Japan announced it would apply a negative interest rate of –0.1 percent to current accounts that financial institutions hold at the BOJ. In order to ease pressures from the domestic currency strengthening against the euro, in July 2012 the Central Bank of Denmark decided to cut the interest rate on deposits that commercial banks placed at the central bank to –0.2 percent. The Swiss Central Bank announced in December 2014 that it would apply an interest rate of –0.25 percent on site deposit accounts that commercial banks opened with the central bank.

In general, transmission of the negative interest rate was smooth in the money and bond markets, but its effect on the retail interest rate was limited. In Europe, the negative interest rate was transmitted to the inter-bank lending market and the yields of government securities of all maturities declined. The majority of commercial banks in the euro area have imposed negative interest rates on some institutional clients, but it is difficult for them to impose negative interest rates on retail customers.

Negative interest rates have placed pressures on the profitability of commercial banks, insurance companies, pension funds, and other financial institutions. Since it is difficult to impose negative interest rates on retail customers, the net interest rate spread of some commercial banks declined, and those banks where retail deposits hold a large share of the total business were affected more heavily. Commercial banks with a stronger pricing capability have chosen to shift the cost of negative interest rates to asset businesses, and some have levied an interest rate on mortgage loans to some customers. As a result, mortgage interest rates have increased instead of declining. Among those insurance companies that have promised a relatively high yield on liabilities, declining investment returns have had a larger impact on their profits due to the large share of fixed income securities in their assets.

The impact of negative interest rates on exchange rates is uncertain. During periods of interest-rate movements, the effects of portfolio rebalancing might cause changes in cross-border capital flows and subsequently in exchange-rate movements. As exchange rates are also affected by other factors, observations of the exchange-rate movements of the relevant currencies have shown mixed results. For example, after the Bank of Japan announced in January 2016 that it would adopt negative interest rates, after some weakening the yen recorded large gains. The Swiss franc, as a safe haven currency, was sought by investors after the Swiss Central Bank moved to negative interest rates in December 2014. Pressures on the Swiss franc then eased during the second half of 2015.

The effects of negative interest rates on consumption, investments, and inflation remain to be monitored. The substitution effect on aggregate demand and the wealth effect are in the opposite directions. If the wealth effect of negative interest rates plays a dominant role, companies and consumers might increase deposits and reduce investment and consumption in order to make up for the wealth losses caused by the interest income losses. In reality, after the central bank moved to a negative interest rate, elderly people in some European countries increased deposits and cut consumption in order to obtain the same volume of returns on their savings. At the same time, the short-term effects of negative interest rates in boosting inflation have been limited, as is evident in the inflation rate of around zero in the euro area and Japan after adoption of a zero interest rate, which is far below the inflation target of 2 percent.

A monetary policy adopted by one economy has spillover effects on other economies as a result of integration, and it might have potential negative effects on growth and financial stability. First, an overly accommodative monetary policy might cover up the urgency of structural reforms and have a negative impact on government fiscal discipline. Second, an extended period of a low interest-rate environment might distort asset prices, reduce the risk premium, and lead to the accumulation of risks, thus undermining financial stability. Third, an extended period of negative interest rates might exacerbate bank disintermediation and affect the stable functioning of the financial system.

To a certain extent, due to the negative interest the zero lower bound is no longer valid. But the border of the negative interest rate will be subject to the technology of cash storage and other factors. In order to reduce the impact on banking profits, those central banks that have moved to a negative interest rate have adopted a tiered interest-rate system, in which the deposits of commercial banks at the central bank are divided into several categories and the negative interest rates are applicable to part of the deposits.

In a recently released report, the BIS has observed that negative interest rates are smoothly transmitted to the money market. But if a negative interest rate is maintained for a long time or if the interest rate moves down further, it will cause uncertainty in the behavior of individuals and financial institutions. Not long ago, Christine Lagarde, managing director of the IMF, commented that overall, the benefits of negative interest rates outweigh their negative impact and she also pointed to the need to closely watch the possible side-effects.

4. The global economic outlook and major challenges

In its *World Economic Outlook (WEO)*, released in April 2016, the International Monetary Fund (IMF) revised its projections for global growth in 2016 and 2017 to 3.2 percent and 3.5 percent, down 0.2 percent and 0.1 percent from its January projection. Overall, the global economy may face the following risks.

Growth of the world economy lacks momentum, and there is limited space for the adoption of monetary-policy measures. The start of normalizing monetary policy induced shocks and downward pressures in the emerging market economies and triggered financial-market fluctuations that might generate spillback effects on the advanced economies through channels such as higher risk premiums, investors' risk-averse sentiments and asset price adjustments. Due to weak internal demand and high leverage, over the medium term the major advanced economies will face deflationary pressures. Meanwhile, given the current low level of interest rates, the major advanced economies have limited space for rate reductions as a further stimulus, and the effects of the negative interest rates in some advanced economies have yet to be observed, especially in boosting consumption, investment, and inflation.

The global financial market is unstable and there are many uncertainties in the movements of commodity prices. At the beginning of this year, international financial markets experienced turmoil with the stock markets fluctuating in some countries, risk premiums going up, and market confidence being fairly weak. Meanwhile, a slowdown in the growth of the real economy, a high non-performing loan ratio, and negative interest rates in some economies have undermined the profit-making capabilities of the banking sector in the major advanced economies and might affect their financing costs. International commodity prices have recently witnessed large swings. Due to factors such as rumors of the freezing of oil-production agreements among the major oil-producing countries, the weak U.S. dollar, and cuts in investor expectations of US oil-production cuts, oil prices rebounded. However, future trends in commodity prices are still uncertain due to the combined effects of factors such as geopolitics, the balance of supply and demand, and so forth.

Geopolitical tensions have been hightened in many areas and risks have accumulated. Factors including the migration crisis in Europe, the frequent terrorist attacks, the escalation of the Syrian crisis, tensions on the Korean peninsula, and the higher risks associated with Brexit have cast a shadow on a recovery of the world economy and might put a drag on global growth.

II. Analysis of the Chinese macro-economic situation

The performance of the Chinese economy stabilized with positive developments in structural adjustments. Consumption grew steadily, while the growth of investments rebounded. Price levels recovered and employment remained basically stable. It has been estimated that GDP registered RMB15.9 trillion yuan in Q1 of 2016, growing by 6.7 percent year on year and by 1.1 percent quarter on quarter. The CPI increased by 2.1 percent year on year and the trade surplus posted RMB810.2 billion yuan.

1. Consumption grew steadily, while the growth of investment accelerated and export growth picked up after declining for a certain period

The income of residents in both urban and rural areas continued to increase, which contributed to stable growth in consumer demand. During the first quarter of 2016, the per capita disposable income of urban residents registered RMB9,255 yuan, up 8.0 percent year on year in nominal terms and 5.8 percent in real terms; per capita disposable income of rural residents reached RMB3,578 yuan, up 9.1 percent year on year in nominal terms and 7.0 percent in real terms. According to the Q1 Urban Depositors' Survey conducted by the People's Bank of China, the current income sentiment index posted 46.2 percent, which was 0.9 percentage point more than that in the previous quarter; the consumption sentiment of residents remained stable and the share of residents willing to consume more registered 20.3 percent, a decline of 0.5 percentage point from the previous quarter, while rising by 1.8 percentage points year on year.

Online sales of goods and services continued their rapid growth. In Q1, total retail sales gained 10.3 percent in nominal terms and 9.7 percent in real terms year on year, to reach RMB7.8 trillion yuan, with retail sales in urban areas rising by 10.2 percent year on year, to reach RMB6.7 trillion yuan and retail sales in rural areas increasing by 11.0 percent year on year, to reach RMB1.1 trillion yuan. Online sales of goods and services registered RMB1.0

trillion yuan, which was 27.8 percent more year on year.

The growth of fixed-asset investments picked up. In Q1, fixed-asset investments (excluding those by rural households) reached RMB8.6 trillion yuan, increasing by 10.7 percent year on year in nominal terms, representing an acceleration of 0.7 percentage point from the previous year, and growing by 13.8 percent in real terms. Among this total, fixed-asset investments by the private sector gained 5.7 percent year on year to RMB5.3 trillion yuan, accounting for 62 percent of the total nationwide investment. Broken down by industries, investments in the primary, secondary, and tertiary industries posted RMB194.9 billion yuan, RMB3.4 trillion yuan, and RMB5.0 trillion yuan respectively, rising by 25.5 percent, 7.3 percent, and 12.6 percent year on year. In Q1, planned investments for construction projects grew 6.7 percent year on year to reach RMB59.55 trillion yuan; investments for new projects increased by 39.5 percent to reach RMB8.1 trillion yuan.

Export growth rebounded and the share of general trade expanded. In Q1 of 2016, total exports and imports reached RMB5.21 trillion yuan, down 5.9 percent year on year. Among this total, exports fell by 4.2 percent year on year to RMB3.01 trillion yuan; imports declined by 8.2 percent to RMB2.2 trillion yuan; and the trade surplus registered RMB810.2 billion yuan. In March, total exports rose 18.7 percent year on year to RMB1,050.1 billion yuan, increasing by 18.7 percent year on year, which was 31.8 percent faster than the growth in January and February. General trade accounted for 55.9 percent of the total, which was 0.6 percentage point higher year on year. Exports and imports by private enterprises increased by a vigorous 3.9 percent year on year to RMB2.0 trillion yuan.

The structure of foreign direct investments (FDI) was adjusted and outbound direct investments (ODI) registered rapid growth. In Q1, the total value of actually utilized FDI increased by 4.5 percent year on year to reach RMB224.21 billion yuan (or USD35.42 billion). Actually utilized foreign investments in the services sector reached RMB154.38 billion yuan (or USD24.43 billion), growing by 7.6 percent year on year and accounting for 68.9 percent of the total actually utilized foreign investments, which was 7 percentage points higher than that in the previous year. Non-financial ODI was up 55.4 percent year on year to reach RMB261.74 billion yuan (USD40.09 billion), an acceleration of 25.8 percentage points from the previous year.

2. Agricultural production remained stable and the growth of industrial production stabilized

The value-added of tertiary industry grew more rapidly than that of secondary industry and took up a larger share of GDP. In Q1, the value-added of the primary, secondary, and tertiary industries were RMB880.3 billion yuan, RMB6.0 trillion yuan, and RMB9.0 trillion yuan respectively, up 2.9 percent, 5.8 percent, and 7.6 percent year on year and accounting for 5.6 percent,

37.5 percent, and 56.9 percent of GDP respectively. The share of tertiary industry was 2 percentage points more than that in the previous year.

The outlook for agricultural production remained stable. According to a planting plan survey of more than 110,000 nationwide farmers, the planned planting areas of rice, and wheat were up 0.3 percent and 0.4 percent respectively, and those of corn and cotton were down 0.9 percent and 18.8 percent respectively. In Q1, the combined output of pork, beef, mutton, and poultry declined 3.1 percent year on year to 22.44 million tons, among which the output of pork dropped by 5.9 percent to 14.66 million tons.

Industrial production stabilized amid slower growth. In Q1, the value-added of statistically large enterprises, if calculated at comparable prices, grew by 5.8 percent year on year, which was 0.3 percentage point lower than the growth in 2015 and 0.4 percentage point higher than the growth during the first two months of 2016. Broken down by sectors, the value-added in the mining industry, the manufacturing industry, as well as in the electricity, heating, gas and water production and supply industries grew by 2.1 percent, 6.5 percent, and 2.6 percent respectively year on year. The sales- to-production ratio of statistically large enterprises reached 97.3 percent in Q1 of 2016, which was 0.1 percentage point higher year on year. Profits of statistically large enterprises posted RMB1.34215 trillion yuan, up 7.4 percent year on year, a rebound of 9.7 percentage points from the previous year. The profit margins of the major business lines of statistically large enterprises reached 5.44 percent. Among 41 industries, 31 industries achieved year-on-year growth in terms of profits, and profits in the computer, telecommunications, and other electronic equipment industry, the chemical materials and products industry, and the electrical machinery and equipment manufacturing industry gained 35.9 percent, 20.8 percent, and 18 percent year on year.

3. Consumer prices rebounded

CPI growth picked up. In Q1, the CPI rose 2.1 percent year on year, an acceleration of 0.6 percentage point from the previous quarter, and growth from January through March registered 1.8 percent, 2.3 percent, and 2.3 percent respectively. Specifically, the growth of food prices picked up significantly, while the prices of non-food items remained basically stable. In Q1, the price of food was up 6.4 percent year on year, an acceleration of 4.1 percentage points from the previous quarter, while the price of non-food items grew 1.1 percent year on year, an acceleration of 0.1 percentage point. The prices of consumer goods were up 2.2 percent year on year, an acceleration of 1.0 percentage point, while the prices of services were up 2.0 percent year on year, which was flat with that during the previous quarter.

The decline in producer prices narrowed. In Q1, the PPI decreased by 4.8 percent year on year, 1.1 percentage points less than the decline during the previous quarter. The year-on-year declines during the three months of Q1 were 5.3 percent, 4.9 percent, and 4.3 percent respectively. The price of consumer goods declined by 0.4 percent year on year, which was flat with that in the previous quarter, contributing to 0.1 percentage point of the decline in the PPI; the prices of capital goods fell 6.4 percent year on year, 1.2 percentage points less than their decline during the previous quarter and contributing 4.7 percentage points to the decline in the PPI. The Industrial Production Index (IPI) was down 5.8 percent year on year, 1.1 percentage points less than the decline during the previous quarter, and the decline from January through March posted 6.3 percent, 5.8 percent, and 5.2 percent respectively. The prices of agricultural capital goods gained 6.7 percent year on year, which was 5.5 percentage points more than that in the previous quarter. The producer prices of agricultural products gained 0.4 percent year on year, which was 0.3 percentage point lower than the growth in the previous quarter. In Q1, the CGPI decreased by 5.9 percent year on year, 1.6 percentage points less than that in the previous quarter. The prices of primary goods fell significantly by 9.3 percent. The prices of investment goods declined 6.7 percent year on year, while the prices of consumer goods registered year-on-year growth of 1.1 percent.

The rebound in international commodity prices led to a slowdown of the decline of import prices. In Q1 of 2016, the average price of Brent Crude oil futures on the Intercontinental Exchange and the average price of copper and aluminum on the London Metal Exchange dropped by 36.1 percent, 19.7 percent, and 15.8 percent respectively, which were 5.9 percentage points, 6.4 percentage points, and 8.2 percentage points lower respectively than the declines during the previous quarter. During the three months from January through March, import prices declined by 13.1 percent, 9.5 percent, and 11.6 percent respectively, averaging a decline of 11.4 percent, 0.1 percentage point lower than the decline during the previous quarter; export prices dropped by 6.1 percent, 1 percent, and 3.7 percent respectively during the three months, averaging 3.6 percent, which was 3.4 percentage points more than the decline during the previous quarter.

The GDP deflator registered a year-on-year increase. In Q1, the GDP deflator (the ratio of nominal GDP to real GDP) was up 0.5 percent year on year, as compared to the year-on-year decrease of 0.7 percent during the previous year.

The price reform made further progress. On March 7, the National Development and Reform Commission (NDRC) issued a notice on further expanding the pilot program to reform the price of electricity transmission and distribution, incorporating the 12 provincial power grids in Beijing, Tianjin, Southern-Hebei, Northern-Hebei, Shanxi, Shaanxi, Jiangxi, Hunan, Sichuan, Chongqing, Guangdong, and Guangxi, as well as the power grids in provinces already covered by the national power reform and the regional power grid in Northern China. On March 14, the NDRC and the PBC issued a notice on improving the pricing of bankcard payments, lowering rates and adjusting the price-capping measures for card issuances and network service charges, providing advantageous measures to some merchants, and adopting market prices when charging acquiring services.

4. Growth of fiscal revenue and expenditures accelerated

In Q1, fiscal revenue rose 6.5 percent to reach RMB3.9 trillion yuan, a year-on-year acceleration of 4.1 percentage points. Fiscal expenditures reached RMB3.8 trillion yuan, up 15.4 percent year on year and representing a year-on year acceleration of 8.5 percentage points. The fiscal surplus registered RMB93.8 billion yuan, a reduction of RMB265.4 billion yuan year on year.

In terms of the structure of fiscal revenue, non-tax revenue fell 0.3 percent year on year to a total of RMB594.2 billion yuan, and tax revenue went up 7.8 percent year on year to RMB3.2954 trillion yuan. Among this total, the domestic value-added tax, consumption tax, and turnover tax went up by 6.6 percent, 6.7 percent, and 14 percent respectively, and the value-added tax and consumption tax on imported goods declined by 9 percent year on year, while the corporate and individual income tax rose by 5.5 percent and 18.2 percent respectively. Outlays for urban and rural community expenditures, medical services and family planning, and welfare housing rose fairly rapidly, by 33.5 percent, 29 percent, and 24.5 percent respectively year on year.

5. The employment situation was generally stable

In Q1, newly created urban employment totaled 3.18 million, reemployment in urban and rural areas reached 1.26 million, and employment of job seekers with low employability was 0.38 million. Statistical analyses by the China Human Resources Market Information Monitoring Center, based on information provided by public employment service institutions in 101 cities, indicated that in Q1 of 2016 the supply of labor was slightly short of demand and the ratio of job seekers to job vacancies was 1.07, a decline of 0.05 year on year and a decline of 0.03 quarter on quarter. Compared with Q1 2015, demand for labor in sectors such as information transmission, computer services and software, transportation, warehousing and postal services, finance, and education increased relatively significantly year on year. Demand for labor with technical and professional skills exceeded supply. Compared with the same period of the last year, demand for technicians and senior technicians went up, whereas the need for labor with other technical and professional skills declined.

6. International payments and expenditures were generally balanced

The balance of payments registered an overall balance, with a deficit in the capital account and a surplus in the current account. In 2015, the current-account surplus registered USD330.6 billion, accounting for 3 percent of GDP during the period, which was within the internationally accepted reasonable range. The capital and financial account deficit stood at USD485.3 billion. At end-2015, total foreign exchange reserve assets stood at USD3.33 trillion.

The outstanding external debt declined. At end-2015, the total outstanding external debt posted USD 1416.2 billion, 15 percent less when compared with end-March 2015. Among this total, the outstanding short-term external debt registered USD 920.6 billion, a decline of 5 percent compared with end-March and accounting for 65 percent of the total external debt.

7. Sectoral analysis

(1) The real-estate sector

Nationwide turnover of commercial real estate continued to recover. Among the 70 large- and medium-sized cities, more reported a rise in housing prices. Investment in real-estate development rebounded and growth in real-estate loans rallied.

More cities reported higher housing prices, and the margin of price hikes widened. In Q1, movements of housing prices further diverged in different cities. Housing prices in first-tier and some second-tier cities increased relatively rapidly. In order to curb the excessive price growth in some regions, housing market management policies were adopted in cities such as Shanghai and Shenzhen in March. In March 2016 the price of newly-built commercial residential housing increased month on month in 62 out of 70 large- and medium-sized cities, 23 more cities than that in February 2015, and the hike in 56 cities expanded compared with that in December 2015. The price of pre-owned residential housing increased month on month in 54 cities, 17 more than in December 2015, and the increase in housing prices widened in 46 cities compared with December 2015; housing prices grew year on year in 46 cities, 11 more than in December 2015, and the price hike widened in 44 cities in comparison with that in December 2015.

Recovery in the turnover of commercial real estate accelerated. In Q1 of 2016, the nationwide floor area of sold commercial real estate posted 240 million square meters, up 33.1 percent year on year, which was 26.6 percentage points higher than that in the previous year. The nationwide turnover of commercial real estate gained 54.1 percent year on year to reach RMB1.9 trillion yuan, which was 39.7 percentage points higher than that in the previous year. Among this total, the sold floor area and the sales value of commercial residential housing accounted for 89.7 percent and 87.1 percent of the total sold floor area and the turnover in commercial real estate respectively.

The growth of investment in real-estate development rebounded. In Q1, nationwide investment in real-estate development went up by 6.2 percent year on year to reach RMB1.8 trillion yuan, reversing a decline in year-on-year growth, which was 5.2

percentage points higher than the growth in the previous year. In particular, investment in residential housing posted RMB1.2 trillion yuan, up 4.6 percent year on year and an acceleration of 4.2 percentage points from 2015, accounting for 66.0 percent of the total investment in real-estate development. The floor area of newly started real-estate projects gained 19.2 percent year on year to reach 280 million square meters, which was 33.2 percentage points more than the growth during the previous year. The floor area of real-estate projects under construction grew 5.8 percent year on year to reach 618 million square meters, representing an acceleration of 4.5 percentage points compared with that in 2015. The floor area of completed real-estate projects posted 200 million square meters, representing a year-on-year increase of 17.7 percent and an acceleration of 24.6 percentage points compared with that in the previous year.

Growth of real-estate loans picked up. By end-March, outstanding real-estate loans of major financial institutions (including foreign-funded financial institutions) stood at RMB22.5 trillion yuan, up 22.2 percent year on year, which was 1.3 percentage points more than that in 2015. Outstanding real-estate loans accounted for 22.8 percent of total outstanding loans, which was 0.5 percentage point more than that at the end of 2015. In particular, outstanding housing mortgages rose 26.5 percent year on year to reach RMB14.1 trillion yuan, an acceleration of 2.6 percentage points from end-2015; outstanding housing development loans gained 13.2 percent year on year to reach RMB4.0 trillion yuan, a deceleration of 5.4 percentage points from end-2015; outstanding land-development loans rose 22.8 percent year on year to reach RMB1.8 trillion yuan, an acceleration of 10.0 percentage points from end-2015. During Q1, new real-estate loans registered RMB1.5 trillion yuan, an increase of RMB504.5 billion yuan, accounting for 32.5 percent of the total new loans and representing 1.9 percentage points more than that at end-2015.

Welfare-housing loans continued to increase. By end-March 2016, outstanding loans for the development of welfare housing posted RMB1.9 trillion yuan, up 45.4 percent year on year, which was 14.1 percentage points lower than that at end-2015; among this total, loans for the development of new welfare housing reached RMB39.63 billion yuan in Q1, accounting for 22 percent of the new real-estate development loans during the period. In addition, the pilot program of using housing provident fund loans to support the construction of affordable housing proceeded steadily. At end-March, 372 welfare-housing projects in 84 cities were granted loan approvals, receiving RMB84.9 billion yuan in loan disbursements based on their construction progress, and RMB57.58 billion yuan of the principal was repaid.

(2) The logistics industry

The logistics industry is a comprehensive industry encompassing transportation, warehousing, freight forwarding, and information, which is pillar of fundamental and strategic importance to support national economic development. Accelerating the development of the modern logistics industry is of key importance to adjust the industrial structure, transform the development model, and enhance the competitiveness of the national economy.

During the Twelfth Five-Year Plan period, the logistics industry maintained rapid growth, with a significantly enhanced service capacity, a markedly improved infrastructure and policy environment, and a basically mature and modern industrial system. The rapid development of the logistics industry is a result of the loosening of policy and controls and the enhanced role of the market. From January through November 2015, the total logistics value reached RMB202.4 trillion yuan, amounting to 1.77 times that in the same period of 2010. Amidst the development of e-commerce, open market competition has promoted rapid and robust growth of express deliveries, which have boosted an upgrading of the consumption structure. In 2015, the turnover of statistically large logistics businesses reached RMB276.96 billion yuan, amounting to 4.8 times as much as that in 2010.

The logistics industry is still young, following an extensive growth pattern, and there is a great potential for it to play an enhanced role in the national economy in the future. First, the share of the logistics industry in GDP is still relatively low, indicating massive potential. In 2014, the value added in the logistics industry accounted for 5.5 percent of GDP, falling far behind the goal of 7.5 percent designated in the *Medium- and Long-term Plan for the Logistics Industry (2014–2020)*. Second, costs for the logistics industry are still quite high, leaving much room for cost reductions and efficiency enhancements for the real economy. As a service industry closely related to production in the corporate sector, total logistics expenses as a share of GDP declined year by year during the Twelfth Five-Year Plan period. However, its absolute value is still quite high, standing at 15.1 percent at end-March 2016, which was 2 times as much as that in the US or Japan. Moreover, logistics expenses in the major industries in China are significantly higher than those in the developed countries. Third, there are still factors that constrain the development of the logistics industry. On the one hand, despite the well-connected and wide-range transportation network, modern warehousing and multimodal transport facilities are still in short supply, a comprehensive logistics park system is yet to be established, and the comprehensive transportation network is still insufficient. On the other hand, the logistics market still faces overlapping regulations. The heightened land and human resource costs. as well as the external constraints from the external social environment, have pushed up the management costs of logistics enterprises, therefore squeezing their room for restructuring and upgrading.

During the next stage, efforts should be made to promote the upgrading and innovative development of the logistics industry, and to accelerate the building up of a well-structured, technologically advanced, convenient and efficient, green and environmentally-friendly, safe and orderly modern logistics system. The Thirteenth Five-Year Plan has designated new goals for the development of the logistics industry, which will require further improvements in the supporting policies and measures. Efforts should be made to put in place a unified, open, and orderly national logistics services market; to encourage traditional logistics enterprises, such as those in the transportation and warehousing industries, to extend their value chain to the upper and lower streams; to promote logistics firms to become bigger and stronger via equity investments, mergers and acquisitions, coordination and coalitions; to provide better-integrated and better-connected logistics services via scale operations; to promote the construction of a comprehensive transportation system, to improve the distribution of transportation paths and hubs, and to construct an efficient logistical infrastructure network to enhance the comprehensive capacity of the logistics system.

PART 5 Monetary-Policy Stance to be Adopted during the Next Stage

I. Outlook for the Chinese economy

The global economy will continue its rebalancing for quite some time. The Chinese economy is undergoing structural adjustments and supply-side structural reforms are progressing. Despite the many problems and challenges, the fundamentals supporting sustained growth remain unchanged. The economy is still very resilient, and it has a large potential and fairly large room for policy maneuver. With the potential of the new type of urbanization yet to be fully tapped and the gradual release of the reform bonus, the economy is expected to continue its medium-to-high growth rate. With the adoption of a series of reform measures to streamline administrative procedures and to delegate powers to lower-level governments, new growth drivers are emerging and mass entrepreneurship and innovation are booming, while new types of business operations and new sectors and industries are being created. Endogenous drivers are gaining strength in some sectors. Some provinces and profit of some enterprises have maintained double-digit growth. The development potential of the public- service sector is large, and the consumption and services sector are becoming important drivers for stable economic growth. In Q1 of 2016, the value added of the services sector accounted for 56.9 percent of GDP, up 2.0 percentage points year on year and19.4 percentage points larger that of the secondary industry, due in particular to the rapid growth of the science and technology sectors and IT. With the accumulated effects of a series of macro-economic management measures, liquidity is generally adequate, market interest rates remains low, and the growth of money and credit and all-system financing aggregates are relatively fast, all of which are conducive to stable growth. In Q1, performance of the economy showed signs of positive changes, including a slowdown and stabilization of industrial output and a recovery in the growth of fixed-asset investments. The IMF and other international organizations have made upward revisions to their projections of the rate of economic growth in China.

Nevertheless, given the complex domestic and international situations, there are numerous challenges to economic growth and structural adjustments. Looking at the international environment, the growth of the world economy is sluggish, with momentum in the advanced economies weakening and some emerging economies facing grave situations. Confidence in international financial markets is relatively fragile. There are uncertainties in the pace and intensity of follow-up rate hikes by the Federal Reserve. Negative interest rates and other unconventional monetary-policy measures have been adopted by some economies. The spillover effects of these policies and the spill-back from other economies will affect cross-border capital flows, the allocation of major categories of assets, financial markets, and macro-economic policies. The geopolitical situation is becoming increasingly complex and uncertain, with many destabilizing factors. On the domestic scene, the structural problems remain acute and the recovery of the economy heavily depends on real estate and infrastructure investments. The share of private investment in total investment and the growth of investment have both declined, and the endogenous drivers have yet to be strengthened. A lack of supply and an excess of supply exist simultaneously. Furthermore, the growth potential in some new sectors is not fully tapped. The debt ratio is rising rapidly and the risk exposure of both the financial sector and the real sector are on the increase. These structural problems should be resolved through steady progress in the supply-side reform, the development of new growth drivers, and the upgrading of traditional comparative advantages. The five major tasks of removing excess capacity, reducing stocks, deleveraging, reducing costs, and shoring up weak spots are to be implemented in earnest, and markets will be expected to play a decisive role in resource allocations to further boost market confidence. Top-down designs and grass-root innovations will be combined. New institutional arrangements will be adopted to encourage localities to take their own initiative in promoting economic development, to deepen state-owned enterprise reform, to promote the sound development of the non-public-owned economy, to improve the quality and efficiency of growth, to improve the incentive and discipline mechanisms of financial institutions, to maintain sustainable financing, and to expand the space for the effective allocation of financial resources.

Looking at price developments, price inflation has heightened and future developments need to be followed. Price inflation rebounded to a certain extent in Q1 and attracted widespread attention. Given the sluggish growth of the economy and the prolonged rebalancing of the world economy, as well as the ongoing structural adjustments in China, downward pressures have lingered. Furthermore, growth of money has stabilized and the ratio of pork prices to corn prices is at a historical high but may decline in the future. A continuation of these trends will help maintain general price stability. According to the urban depositors' survey conducted by the PBC in Q1 of 2016, the future price expectation index was down lightly. It is worth noting that the recent rebound of international commodity prices and the accumulation of macro-economic policies adopted during the previous period may result in price pressures. Furthermore, the rapid growth of housing prices may strengthen inflation expectations in the household sector. The high price levels may add to inflation perceptions. According to the urban depositors' survey conducted by the PBC in Q1 of 2016, 52.7 percent of the respondents deemed prices to be "high and difficult to accept," 1.7 percentage points higher than in the previous quarter. To a large extent, future price movements, which will depend on economic performance and macro-economic policy responses, should be closely watched.

II. Monetary policy during the next stage

The PBC will earnestly implement the decisions of the Eighteenth CPC National Congress, the Third, Fourth, and Fifth Plenary Sessions of the Eighteenth CPC Central Committee, the Central Economic Work Conference, and the Government Work Report, and follow the strategic decisions of the Party Central Committee and the State Council to continue the reform and opening up. The PBC will adhere to the guideline of seeking progress while maintaining stability, and the overall principle of maintaining stable macro-economic policies and adopting flexible micro policies. Efforts will be made to adapt to the new normal in economic performance, maintain policy consistency and stability, continue to implement a sound monetary policy, and keep operations flexible and appropriate. Fine-tunings and preemptive adjustments will be adopted as necessary and with proper strength, while policy measures will be better targeted and more effective in order to carry out aggregate demand management for the ongoing supply-side structural reform, to create a neutral monetary and financial environment for the structural adjustments, and to support sustainable development. There will be an increased focus on reform and innovation as well as more measures to integrate reform and macro adjustments to combine monetary-policy conduct with the deepening of reform, and to enable the market to play a decisive role in resource allocations. In view of the financial deepening and innovation, the monetary-policy framework will be improved to strengthen price tools and the transmission mechanism, to bring about a smooth transmission of monetary policy to the real economy, to resolve outstanding issues in economic performance and the functioning of the financial sector, and to improve the efficiency of the financial system and its capacity to provide services to the real sector.

First, a combination of monetary-policy instruments will be employed, and the policy mix will be optimized to keep the growth of money, credit, and all-system financing aggregates at reasonable levels. In view of the changes in the domestic and international economic situations and financial-market developments, a combination of monetary-policy instruments will be used in a flexible manner, the central bank collateral management framework will be improved to maintain liquidity and market interest rates at appropriate levels, to maintain the stability of the money market, improve and strengthen macro-prudential regulation, to properly conduct macro-prudential assessments, and to maintain a sound, neutral, and proper monetary environment from the perspective of price and volume. Continued efforts will be made to guide commercial banks to enhance liquidity and balance-sheet management, to manage the volume of assets and liabilities and the maturity structure, and to improve liquidity risk management.

Second, the stock of credit assets will be revitalized and new loans will be made good use of to support the structural adjustments, the transformation of the growth model, and the upgrading of the economy. The direction and structure of liquidity provision will be optimized, and the relevant measures of the targeted reserve requirement ratio will be properly implemented. The credit policy supporting central bank lending, central bank discounts, and pledged supplementary lending will be tapped, credit policy will play a stronger role in providing targeted support to the structural adjustments and to guide financial institutions to optimize the credit structure. In order to support the five major tasks of removing excess capacity, reducing inventories, deleveraging, cutting costs, and shoring up weak spots, and the credit policy will be transformed to enhance the effect and orientation of credit-policy implementation. Financial institutions will be encouraged to give more support to efforts to build China into a manufacturing power, to continue to provide good financial services for strategic adjustments of the industrial structure, infrastructure building, ship-building, railways, distribution, resources, and other key areas of development and reform, and to step up financial support to elderly care, health, and other service sectors. Financial institutions will be urged to implement various financial policies to support stable growth of industrial production, structural adjustments, and efficiency improvements, to support the removal of capacity and the upgrading of the iron and steel industry and the coal-mining industry and to step up efforts to improve green finance policies. There will be proper financial support for the coordinated development of Beijing, Tianjin, and Hebei, and the Yangtze River Economic Belt. The sustainable and sound development of the credit asset–backed securities market will be promoted. Financial services to new types of business operators in the agricultural sector will be improved, the pilot program on loans pledged with contracted farmland operation right and rural home property rights will be prudently advanced, and financial institutions will be guided to gear up support to key fields, including water conservancy projects, agricultural infrastructure, integration of the primary, secondary, and tertiary industries, external cooperation of the agricultural sector, modern plantations, new urbanization, and so forth. Financial inclusion will be energetically advanced and information on financial services for poverty alleviation will be provided and shared with targeted recipients to promote the combination of targeted poverty reductions and industrial development for poverty reduction, and to make sure that financial policy designed for poverty reduction produces the intended outcomes. Evaluations of the effects of agricultural support and the small and micro enterprise credit policy will be improved, and the mechanism for the evaluation of credit-related financial services for poverty alleviation will also be improved to enhance credit support to weak links. Measures will be adopted to increase support to important fields in the national economy, including business start-ups and innovation, science and technology, the cultural industries, information consumption, and the strategic and emerging industries. Job creation for and businesses started by women, the disabled, rural migrant workers, college graduates-turned-village officials will be the focus of the financial sector so as to break new ground for financial services related to the people's livelihood, including employment and education.

Third, the market-based interest-rate reform and the RMB exchange-rate regime reform will be furthered to improve efficiency in the allocation of financial resources and to improve the monetary-policy framework. Efforts will be made to encourage financial institutions to strengthen internal controls, improve their capabilities for interest-rate pricing and risk management, develop market benchmark interest rates and yield curves, and improve the market-based interest-rate mechanism. The PBC will explore an interest-rate corridor mechanism, enhance the interest-rate adjustment capability, and straighten out the mechanism for the transmission of central bank policy rates to the financial market and the real economy. Oversight of the irrational pricing behavior of financial institutions will be intensified. The important role of the self-regulatory mechanism of market interest-rate pricing will be tapped, effective incentives for interest-rate pricing will be adopted, and industrial self-discipline and risk prevention will be reinforced to maintain fair pricing. The RMB exchange-rate regime will be further improved to allow market demand and supply to play a greater role, to enhance two-way flexibility of the RMB exchange rate, and to keep the exchange rate basically stable at an adaptive and equilibrium level. Development of the foreign-exchange market will be accelerated based on the principle of serving the real economy to provide exchange-rate risk management services to importers and exporters based on their actual needs. Measures will be taken to support the use of RMB in cross-border trade and investment activities, and more channels will be made available for the outflow and reflow of RMB funds. Direct trading of the RMB against other currencies will be promoted to provide better services for RMB settlements of cross-border trade activities. The impact of the changing international situation on capital flows will be carefully watched and macro-prudential management of cross-border capital flows will be improved.

Fourth, there will be continued efforts to improve the system of financial markets, to support the role of financial markets in preserving stable economic growth, supporting economic structural adjustments and transformations, deepening reform and opening up, and preventing financial risks. Financial-market innovations will be promoted to diversify products and layers on the bond market to meet investor demands. The infrastructure, institutional arrangements, and supervision of financial markets will be intensified to prevent financial risks. Information disclosures, credit ratings, and other market discipline mechanisms will be established and improved, the requirements for information disclosures and major information disclosures for issuances will be improved, the rating practices of credit-rating agencies will be regulated, and an incentive mechanism will be nurtured for good-faith performance by intermediary agencies. The over-the-counter bond products will be diversified, the trading mechanism for bonds and bond derivatives will be optimized, and innovations in the centralized clearing mechanism will be facilitated. There will be studies on market access for additional qualified institutional investors, both domestic and foreign, to diversify the investor base and to improve the efficiency of investment management on the inter-bank bond market. The inter-bank bond market will be opened up further so that a larger contingent of qualified foreign issuers will be able to issue RMB bonds and a wider range of foreign institutional investors will gain access. The overall design of the bond market infrastructure will be improved in the context of the opening up for the compatibility of the domestic market with overseas markets in terms of trading arrangements and institutional designs.

Fifth, reform of the financial institutions will be deepened to improve financial services by increasing supply and enhancing competition. Reform of the large commercial banks and other large financial institutions will be deepened to improve corporate governance, establish effective mechanisms for decision-making, execution, and checks-and-balances, and to implement the corporate-governance requirements in day-to-day business operations and risk controls. The mechanism to reform management and operations of the Agricultural Bank of China will be furthered, and the effects of the Agricultural and Rural Financial Service Division reform will be closely monitored and evaluated to continuously improve capacity to provide services at the county levels. The Bank of Communications will continue to deepen its reform program to enhance market competitiveness. A reform program for policy and development financial institutions will be implemented. The relevant departments will work together to complete the follow-up tasks of specifying a division of labor, improving the governance structure and the risk compensation mechanism and amending the charters to enhance financial services and capacity for the sustainable development of the three banks, and to tap their important role in key areas, weak links, and during critical periods. The joint stock reform of the China Post Bank and the market-based transformation of asset-management companies will be furthered.

Sixth, the framework of macro-prudential policies will be improved to effectively prevent and mitigates systemic financial risks and to preserve stability in the financial system. Financial risk monitoring and risk screening in key areas will be enhanced and risks in industries with excess capacity, real estate, and local government debts will be closely monitored. Monitoring and analysis of financial risks will be enhanced in areas such as corporate debt risks, the credit-asset quality of banks, internet finance, financing through informal channels, cross-border fund movements, and so forth, and stress tests will be conducted to allow financial institutions and markets to identify risks, improve contingency planning, and to explore a number of measures to forestall and reduce risks. Macro-prudential regulations will be enhanced to dissolve pro-cyclical, cross-sectoral, and cross-market financial risks. The institutional reform of the capital market will be deepened to promote its steady and sustainable development. The special rectification program designed to enhance supervision of financial risks of internet finance will be carried out to regulate financing through informal channels and to step up crackdowns on illegal fundraising. The outreach campaign for deposit insurance and investor education will be promoted so that deposit insurance will function properly in handling an abnormal rush of deposit withdrawals and in preserving depositor confidence. The financial- supervision responsibility of localities will be assumed so that local governments will play their role in preventing and mitigating financial risks, fighting against financial crimes, and maintaining local financial and social stability. Risks will be properly handled to contain the spread of momentum in illegal fundraising and to safeguard the bottom line in preventing systemic and regional financial risks.

附录一　2016年第一季度中国货币政策大事记

1月20日，中国人民银行办公厅印发《关于调整境外机构人民币银行结算账户资金使用有关事宜的通知》（银办发〔2016〕15号）。

1月22日，中国人民银行发布《关于扩大全口径跨境融资宏观审慎管理试点的通知》（银发〔2016〕18号），决定自2016年1月25日起，面向27家金融机构和注册在上海、广东、天津、福建四个自贸区的企业扩大本外币一体化的全口径跨境融资宏观审慎管理试点。

1月25日，中国人民银行对境外人民币业务参加行存放境内代理行人民币存款执行正常存款准备金率，即境内代理行现行法定存款准备金率，以防范宏观金融风险，促进金融机构稳健经营。

1月26日，中国人民银行向全国人大财经委员会汇报2015年货币政策执行情况。

2月2日，为进一步完善个人住房信贷政策，支持居民合理住房消费，中国人民银行和银监会联合发布《关于调整个人住房贷款政策有关问题的通知》（银发〔2016〕26号），在不实施"限购"措施的城市，下调个人住房贷款最低首付款比例。

2月6日，发布《2015年第四季度中国货币政策执行报告》。

2月15日，经国务院同意，中国人民银行、发展改革委、工业和信息化部、财政部、商务部、银监会、证监会、保监会联合印发《关于金融支持工业稳增长调结构增效益的若干意见》（银发〔2016〕42号），加大金融对工业供给侧结构性改革和工业稳增长、调结构、增效益的支持力度，推动工业转型升级。

2月17日，中国人民银行、住房城乡建设部、财政部印发《关于完善职工住房公积金账户存款利率形成机制的通知》（银发〔2016〕43号），决定自2月21日起，将职工住房公积金账户存款利率，由现行按照归集时间执行活期和三个月存款基准利率，调整为统一按一年期定期存款基准利率执行。

2月18日，中国人民银行发布公告，决定从即日起正式建立公开市场每日操作常态化机制，根据货币政策调控需要，原则上每个工作日均开展公开市场操作。

2月24日，发布中国人民银行公告〔2016〕第3号，引入更多符合条件的境外机构投资者投资银行间债券市场，取消投资额度限制，简化管理流程。

2月25日，中国人民银行按照定向降准相关制度，对参与定向降准金融机构2015年度支持"三农"和小微企业领域情况进行考核，并根据考核结果动态调整其存款准备金率。

3月1日，中国人民银行普遍下调金融机构人民币存款准备金率0.5个百分点，以保持金融体系流动性合理充裕。

3月4日，中国人民银行、民政部、银监会、证监会、保监会联合印发《关于金融支持养老服务业加快发展的指导意见》(银发〔2016〕65号），大力推动金融组织、产品和服务创新，改进完善养老领域金融服务，支持养老服务业加快发展。

3月7日，中国人民银行与新加坡金管局续签了规模为3 000亿元人民币/640亿元新加坡元的双边本币互换协议。

3月16日，中国人民银行、银监会、保监会、财政部、国土资源部、住房城乡建设部等六部门联合印发《农民住房财产权抵押贷款试点暂行办法》（银发〔2016〕78号）；中国人民银行、银监会、保监会、财政部、农业部五部门联合印发《农村承包土地的经营权抵押贷款试点暂行办法》（银发〔2016〕79号）。

3月21日，中国人民银行、发展改革委、财政部、银监会、证监会、保监会、扶贫办联合印发《关于金融助推脱贫攻坚的实施意见》（银发〔2016〕84号），紧紧围绕“精准扶贫、精准脱贫”基本方略，提出了金融助推脱贫攻坚六个方面共22条细化落实措施，明确了新形势下金融助推脱贫攻坚的总体要求、目标任务和重点工作。

3月25日，经国务院同意，中国人民银行和银监会联合印发《关于加大对新消费领域金融支持的指导意见》（银发〔2016〕92号），明确创新金融支持和服务方式，大力发展消费金融，更好地满足新消费重点领域的金融需求，发挥新消费引领作用。

3月28日，中国人民银行印发《关于开办扶贫再贷款业务的通知》（银发〔2016〕91号），创设扶贫再贷款，专门用于支持贫困地区地方法人金融机构扩大贫困地区涉农信贷投放，降低贫困地区融资成本，为打赢脱贫攻坚战提供有力金融支持。

3月28日，中国人民银行货币政策委员会召开2016年第一季度例会。

Appendix 1 Highlights of China's Monetary Policy in the First Quarter of 2016

On January 20, the General Administration Office of the People's Bank of China (PBC) released *Notice of Issues on the Adjustment of the Use of Funds in RMB Settlement Account for Foreign Institutions* (PBC General Administration Office Document [2016] No.15).

On January 22, the PBC issued *Notice to Extend the Pilot Program of Macro-Prudential Management on Cross-border Financing in All Currencies* (PBC Document [2016] No.18), and decided that since January 25 the pilot program of macro-prudential management for cross-border financing in all currencies to be extended to 27 financial institutions and all enterprises registered in the four Free Trade Areas including Shanghai, Guangdong, Tianjin and Fujian.

On January 25, the PBC executed normal reserve requirement on RMB deposit in domestic agent banks by overseas participating banks, at the same rate of current reserve requirement ratio for domestic agent banks, so as to avoid macro financial risks and to promote healthy and stable operations of financial institutions.

On January 26, the PBC reported the conduct of monetary policy in 2015 to the Finance and Economy Committee of the National People's Congress.

On February 2, in order to further improve individual housing credit policy and support housing consumptions, the PBC and the CBRC jointly issued the *Notice on Issues to Adjust Individual Housing Loan Policy* (PBC Document [2016] No.26), and lowered minimum down payment ratio for individual housing loans in cities without "home-purchase restriction" measures.

On February 6, the PBC released the China Monetary Policy Report, Q4 2015.

On February 15, approved by the State Council, the PBC, National Development and Reform Commission, Ministry of Industry and Information Technology, Ministry of Finance, Ministry of Commerce, the CBRC, CSRC and CIRC jointly issued *Opinions on Financial Support for the Industrial Sector to Achieve Steady Growth, Structural Adjustment and Profitability Improvement* (PBC Document [2016] No.42), in a bid to enhance the financial support for industrial sector to conduct supply-side structural reform, steady growth, structural adjustment, and profitability improvement, and to promote industrial restructuring and upgrading.

On February 17, the PBC, Ministry of Housing and Urban Construction and Ministry of Finance jointly issued *Notice on Improving the*

Deposit Interest Rates Formation Mechanism for Housing Provident Fund Accounts (PBC Document [2016] No.43), and decided that from February 21 the deposit interest rates of housing provident fund accounts to be adjusted from demand- and three-month deposit benchmark interest rates to on-year deposit benchmark interest rate.

On February 18, the PBC issued a statement and decided to formally establish, with an immediate effect, a daily mechanism of open market operations. In accordance with the demand of monetary policy adjustment, open market operations will be conducted on each working day.

On February 24, the PBC released the Public Statement [2016] No.3 to introduce more QFIIs to the inter-bank bond market, to remove the limit on investment quotas, and to streamline management process.

On February 25, the PBC adjusted reserve requirement ratio (RRR) of certain financial institutions that have participated the targeted RRR reduction plan. The adjustment was made in accordance with rules of the targeted RRR reduction plan, and after the assessment of their support in 2015 to the agricultural sector, rural areas, and farmers, as well as small and micro-enterprises.

On March 1, the PBC lowered the RMB deposit RRR of all financial institutions by 0.5 percentage point, in a bid to maintain the financial system liquidity at reasonably adequate levels.

On March 4, the PBC, Ministry of Civil Affairs, the CBRC, CSRC and CIRC jointly issued the *Guidance on Financial Support to Accelerate the Development of Retirement Services* (PBC Document [2016] No.65), in a bid to vigorously promote the financial innovations in organizations, products and services, and the improvement of financial services to the retirement sector, and to support the faster development of retirement services.

On March 7, the PBC renewed a bilateral local currency swap agreement with the Monetary Authority of Singapore. The size of the swap facility line is RMB300 billion yuan or 64 billion Singapore dollar.

On March16, the PBC issued the *Measures on the Pilot Program of Mortgage Loans for the Property Rights of Rural Homes* (PBC Document [2016] No.78), with other five institutions including the CBRC, CIRC, Ministry of Finance, Ministry of Land and Resources, and Ministry of Housing and Urban Construction, and the *Measures on the Pilot Program of Mortgage Loans for the Operation Rights of Contracted Farmland* (PBC Document [2016] No.79), with other four institutions including the CBRC, CIRC, Ministry of Finance, and Ministry of Agriculture.

On March 21, the PBC, National Development and Reform Commission, Ministry of Finance, the CBRC, CSRC, CIRC, and Poverty Alleviation and Development Leading Group Office of the State Council, jointly issued the *Operational*

Opinion on Financial Support to Poverty Alleviation (PBC Document [2016] No.84), proposing 22 operational measures in 6 areas on financial support to poverty alleviation, with the strategy of "targeted poverty alleviation", and specified the general requirements, objectives, tasks and priorities for poverty alleviation under new circumstances.

On March 25, approved by the State Council, the PBC and the CBRC jointly released the *Instructions on Enhancing Financial Support to New Areas of Consumption* (PBC Document [2016] No.92), and specified innovative method of financial support and services, in a bid to vigorously develop consuming finance, to better meet financial demand in key areas and to allow new consumptions to play the leading role.

On March 28, the PBC issued the *Notice on Launching Refinance Business for Poverty Alleviations* (PBC Document [2016] No.91), and created refinance business for poverty alleviations, which is specifically used to support local legal financial institutions in poverty-stricken areas on agricultural credit expansion in poor areas, to reduce financing costs in poor areas, and to provide strong financial support to win the battle against poverty.

On March 28, the PBC's Monetary Policy Committee held its first quarterly meeting in 2016.

附录二　2016年第一季度主要经济体中央银行货币政策

一、美联储

在1月和3月两次例会上，美联储公开市场委员会（FOMC）继续将基准利率维持在0.25%～0.5%的目标区间不变，重申仍将维持宽松货币政策立场，未来利率调整将是渐进过程，美联储会根据实际和预期经济状况与最大化就业和2%通胀目标的差距，来决定加息的时点和力度。3月例会后发布的预测表中，FOMC成员普遍调降了短期经济增长与通胀预期，对于2016年目标利率区间的预测也由2015年12月的1.25%～1.5%（7位成员支持，预计加息四次）调整为0.75%～1.0%（9位成员支持，预计加息两次）。

二、欧洲中央银行

在1月例会后，欧央行宣布继续将主要再融资操作利率、边际贷款便利利率和存款便利利率分别维持在0.05%、0.30%和-0.30%的水平不变。3月10日，为进一步刺激经济，欧央行加大量化宽松货币政策力度，决定将主要再融资操作利率、边际贷款便利利率和存款便利利率分别下调5个、5个和10个基点至0%、0.25%和-0.40%，自2016年4月起扩大月度资产购买规模至800亿欧元，同时将资产购买范围扩大至欧元区非银行公司发行的欧元计价的投资级债券，并自2016年6月起实施新一轮四年期定向长期再融资操作（TLTRO II）。

三、日本银行

1月29日，日本银行决定在量化和质化宽松货币政策（QQE）的基础上引入负利率政策，将金融机构存放在日本央行的部分超额准备金利率从之前的0.1%降至-0.1%，主要目的是鼓励金融机构借出更多资金，以期实现2%的价格稳定目标。

四、英格兰银行

在第一季度三次例会上，英格兰银行均决定继续维持0.5%的基准利率和3 750亿英镑的资产购买规模不变。

Appendix 2 Monetary Policies of the Central Banks of the Major Economies in the First Quarter of 2016

1. U.S. Federal Reserve

At its regular meetings in January and March, the Federal Open Market Committee (FOMC) maintained the target range for the federal funds rate at 1/4 to 1/2 percent, and reclaimed its accommodative stance of monetary policy. The Committee expected that economic conditions would evolve in a manner that will warrant only gradual increases in the federal funds rate. In determining the timing and size of future adjustments to the target range for the federal funds rate, the Committee would assess realized and expected economic conditions relative to its objectives of maximum employment and 2 percent inflation. According to the forecast released after the regular meeting in March, FOMC members generally lowered their expectations on short-term economic growth and inflation, the target rate forecast range for 2016 was adjusted to 0.75%-1.0% (9 members support, expected to raise interest rates two times) from 1.25%-1.5% in December 2015 (7 members support, expected to raise interest rates four times).

2. European Central Bank

After the regular meeting in January, the ECB announced that it will maintain its main refinancing operations, the marginal lending facility and deposit rates at 0.05%, 0.30% and -0.30%. In order to boost the economy and inflation, on March 10, ECB upgraded its easing monetary policies, decreasing the interest rates of the main refinancing operations (MROs), the marginal lending facility, and the deposit facility to 0, 0.25, and -0.40 percent, by 5, 5, and 10 basis points respectively. The monthly purchases under the asset purchase program were expanded to €80 billion. Investment grade euro-denominated bonds issued by non-bank corporations established in the euro area will be included in the list of assets that are eligible for regular purchases. And a new series of targeted four-year longer-term refinancing operations (TLTR II) was launched since June 2016.

3. Bank of Japan

On January 29, On the basis of quantitative and qualitative easing monetary policy (QQE), BOJ applied a negative interest rate beyond expectation, adopting a three-tier system in which part of the outstanding balance of financial institutions' current accounts at the Bank would apply to -0.1 percent instead of previous 0.1 percent, hoping to encourage these institutions to borrow more funds in order to achieve the 2% inflation target.

4.Bank of England

At the three regular meetings of the first

quarter, The Bank of England (BOE) maintained the Bank Rate at 0.5 percent and the scale of asset purchases at GPB 375 billion.

附录三 中国主要经济和金融指标
Appendix 3 China's Major Economic and Financial Indicators

一、经济增长与经济发展水平
1. Economic Growth

1978年以来中国经济增长与宏观经济政策

China's economic growth and macroeconomic policies since 1978

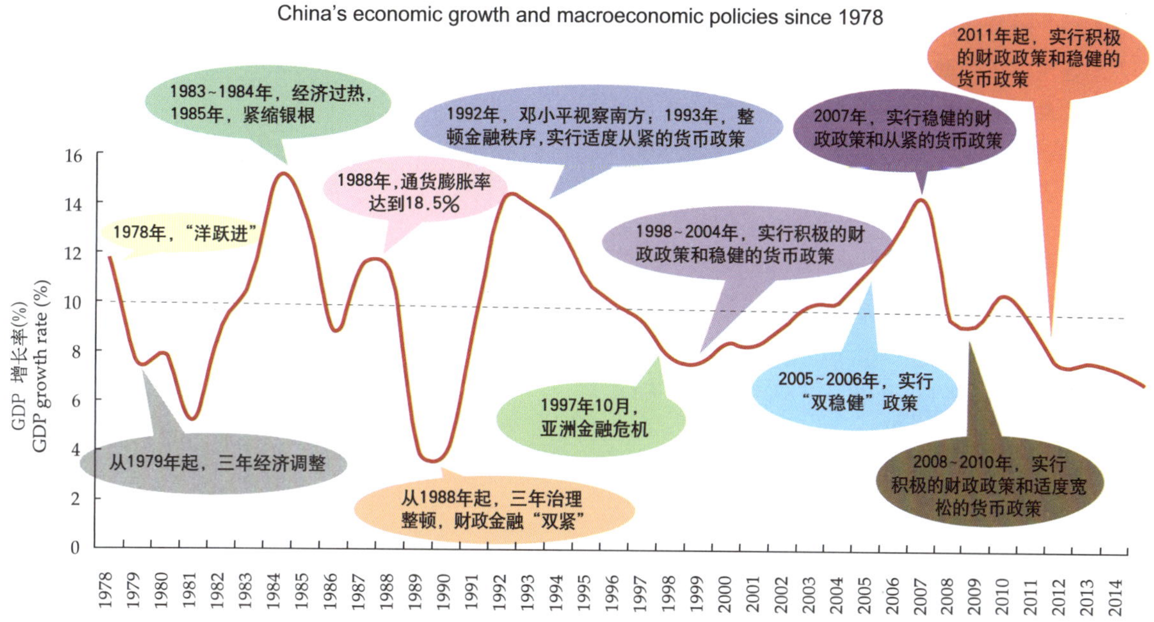

1978年，"洋跃进"

从1979年起，三年经济调整

1983~1984年，经济过热，1985年，紧缩银根

1988年，通货膨胀率达到18.5%

从1988年起，三年治理整顿，财政金融"双紧"

1992年，邓小平视察南方；1993年，整顿金融秩序，实行适度从紧的货币政策

1997年10月，亚洲金融危机

1998~2004年，实行积极的财政政策和稳健的货币政策

2005~2006年，实行"双稳健"政策

2007年，实行稳健的财政政策和从紧的货币政策

2008~2010年，实行积极的财政政策和适度宽松的货币政策

2011年起，实行积极的财政政策和稳健的货币政策

GDP 增长率(%)
GDP growth rate (%)

16 14 12 10 8 6 4 2 0

1978 1979 1980 1981 1982 1983 1984 1985 1986 1987 1988 1989 1990 1991 1992 1993 1994 1995 1996 1997 1998 1999 2000 2001 2002 2003 2004 2005 2006 2007 2008 2009 2010 2011 2012 2013 2014

- "Great leap forward" in 1978
- 3-year economic adjustment between 1979 and 1981
- Over-heated economy between 1983 and 1984, tight monetary policy in 1985
- Inflation of 18.5% in 1988
- 3-year rectification from 1988 to 1991, "double tightening" of fiscal and monetary policy
- Deng Xiaoping's remarks on economic reform during his 1992 trip to South China, rectification of financial order and adoption of appropriately tight monetary policy in 1993
- Asian financial crisis of October 1997
- Proactive fiscal policy and sound monetary policy from 1998 to 2004
- "Double sound" fiscal and monetary policy in 2005 and 2006
- Sound fiscal policy and tight monetary policy in 2007
- Proactive financial policy and moderately loose monetary policy in 2008 to 2010
- Proactive financial policy and sound monetary policy since 2011

人均国内生产总值

Per capita GDP

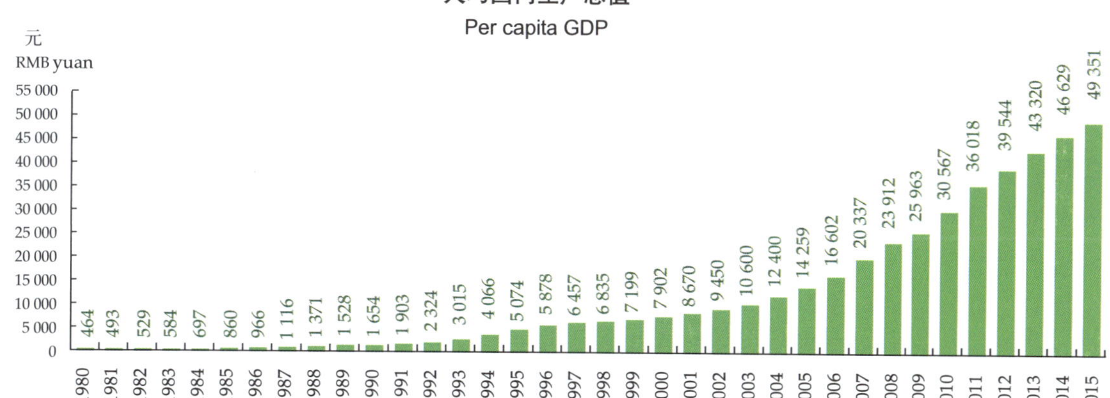

注：图中数据根据国家统计局最新数据修订。
Note: Data are revised by National Bureau of Statistics of China.

GDP总量：据世界银行按汇率折算法测算，2014年中国GDP总量为10.36万亿美元，占世界GDP总量77.87万亿美元的13.3%，位居第二，排在美国之后。根据《2014年世界发展指标》，按购买力平价法估算，2014年中国GDP总量为18.03万亿美元，占世界GDP总量108.46万亿美元的16.6%，位居第一。

人均GDP：2015年，中国人均GDP为49 351元人民币，按年末汇率折算为7 600美元。

人均国民收入：据世界银行按汇率折算法测算，2014年世界人均国民收入为10 779美元，中国人均国民收入为7 380美元，位居世界213个经济体由高向低排列的第100位。按购买力平价法估算，2014年中国人均国民收入为13 130美元，相当于世界人均国民收入14 923元的88.0%，位居世界213个经济体由高向低排列的第105位。

Gross Domestic Product (GDP): The World Bank estimated that the world total GDP and China's GDP in 2014 were USD77.87 trillion and USD10.36 trillion respectively based on Atlas methodology. Accounting for 13.3 percent of the world total, China's GDP ranked 2nd in the world after U.S. The World Bank estimated that the world total GDP and China's GDP in 2014 were USD108.46 trillion and USD18.03 trillion respectively based on a PPP basis, according to the *World Development Indicators 2014*. Accounting for 16.6 percent of the world total, China's GDP ranked 1st in the world.

GDP per capita: In 2015, China's GDP per capita reached RMB49,351 yuan, or USD 7,600 based on the exchange rate at the end of 2015.

Gross National Income (GNI) per capita: The World Bank estimated that in 2014 the GNI per capita for the world as a whole was USD10,779 based on Atlas methodology. The GNI per capita in China was USD7,380, ranking 100th among 213 worldwide economies. In PPP terms, the GNI per capita in China in 2014 was USD13,130, equivalent to 88.0 percent of the world figure which was USD14,923, thus ranking 105th among the 213 worldwide economies.

2014年世界银行按汇率折算法测算的GDP总量前10名排序

Top ten economies in terms of GDP based on Atlas methodology in 2014 (World Bank estimation)

排名 Rank	国家 Country	GDP(万亿美元) GDP (USD trillion)	占世界GDP总量的比重(%) As a percent of the world total (%)
1	美国 U.S.	17.42	22.4
2	**中国 China**	**10.36**	**13.3**
3	日本 Japan	4.60	5.9
4	德国 Germany	3.85	4.9
5	英国 U.K.	2.94	3.8
6	法国 France	2.83	3.6
7	巴西 Brazil	2.35	3.0
8	意大利 Italy	2.14	2.7
9	印度 India	2.07	2.7
10	俄罗斯 Russia	1.86	2.4
世界 World total		**77.87**	**100**

2014年世界银行按购买力平价方法估算的GDP总量前10名排序

Top ten economies in terms of GDP based on PPP in 2014 (World Bank estimation)

排名 Rank	国家 Country	GDP(万亿美元) GDP (USD trillion)	占世界GDP总量的比重(%) As a percent of the world total (%)
1	**中国 China**	**18.03**	**16.6**
2	美国 U.S.	17.42	16.1
3	印度 India	7.39	6.8
4	日本 Japan	4.63	4.3
5	俄罗斯 Russia	3.75	3.5
6	德国 Germany	3.69	3.4
7	巴西 Brazil	3.26	3.0
8	印度尼西亚 Indonesia	2.68	2.5
9	法国 France	2.57	2.4
10	英国 U.K.	2.52	2.3
世界 World total		**108.46**	**100**

世界银行估算的2014年人均国民收入

National income per capita in 2014 (estimated by the World Bank)

单位：美元 Unit: USD

	世界平均 Global average	低收入国家 Low-income countries	中等收入国家 Middle-income countries	较低收入组 Lower-middle-income countries	较高收入组 Upper-middle-income countries	高收入国家 High-income countries
汇率折算法 On atlas methodology	10 779	626	4 653	2 012	7 873	38 317
购买力平价法 On a PPP basis	14 923	1 570	9 652	5 998	14 149	40 762

国内生产总值
Gross domestic product

年/季度 Year /Quarter		国内生产总值 GDP		第一产业 Primary industry		第二产业 Secondary industry		第三产业 Tertiary industry	
		绝对值(亿元) Absolute value (RMB 100 million yuan)	增长(%) Growth(%)	绝对值(亿元) Absolute value (RMB 100 million yuan)	增长(%) Growth(%)	绝对值(亿元) Absolute value (RMB 100 million yuan)	增长(%) Growth(%)	绝对值(亿元) Absolute value (RMB 100 million yuan)	增长(%) Growth(%)
2009	I	70 750	6.6	4 486	3.3	32 690	6.0	33 574	7.8
	I-II	150 373	7.5	11 471	3.6	71 787	7.2	67 115	8.5
	I-III	234 837	8.3	21 468	3.8	109 242	8.3	104 126	9.3
	I-IV	340 903	9.1	34 154	4.0	157 850	9.9	153 625	9.3
2010	I	84 229	12.4	4 994	3.8	39 711	15.0	39 524	10.7
	I-II	178 280	11.4	12 990	3.6	86 891	13.7	78 399	9.9
	I-III	278 042	10.9	24 878	4.0	130 921	13.1	122 243	9.7
	I-IV	408 903	10.6	39 355	4.3	188 805	12.7	180 743	9.7
2011	I	100 038	10.2	5 785	3.2	47 541	11.1	46 712	10.1
	I-II	211 752	10.0	15 187	2.9	103 872	10.9	92 693	10.1
	I-III	330 469	9.7	29 349	3.5	156 620	10.9	144 500	9.7
	I-IV	484 124	9.5	46 153	4.2	223 390	10.6	214 580	9.5
2012	I	111 792	8.0	6 726	3.8	52 428	9.2	52 638	7.3
	I-II	234 899	7.7	16 976	4.3	113 111	8.4	104 812	7.5
	I-III	364 441	7.6	32 150	4.2	168 837	8.2	163 453	7.7
	I-IV	534 123	7.8	50 893	4.5	240 200	8.2	243 030	8.0
2013	I	128 084	7.8	7 214	3.1	54 709	7.7	66 161	8.3
	I-II	271 115	7.6	18 917	2.8	118 561	7.6	133 637	8.3
	I-III	421 835	7.7	35 115	3.3	184 016	7.8	202 704	8.3
	I-IV	588 019	7.7	55 322	3.8	256 810	7.9	275 887	8.3
2014	I	138 738	7.3	7 491	3.3	57 854	7.3	73 393	7.6
	I-II	293 939	7.3	19 940	3.7	125 852	7.5	148 147	7.6
	I-III	457 406	7.3	37 198	4.1	195 496	7.4	224 712	7.6
	I-IV	636 139	7.3	58 336	4.1	271 765	7.3	306 038	7.8
2015	I	147 962	7.0	7 770	3.2	58 931	6.3	81 261	8.0
	I-II	314 178	7.0	21 110	3.5	127 998	6.1	165 071	8.3
	I-III	487 336	6.9	38 898	3.8	197 873	6.0	250 565	8.4
	I-IV	676 708	6.9	60 863	3.9	274 278	6.0	341 567	8.3
2016	I	158 526	6.7	8 803	2.9	59 510	5.8	90 214	7.6

注：① 表中绝对数按当年价格计算，“比上年同期增长”按不变价格计算。
② 表中数据根据国家统计局最新数据修订。

Notes: 1. Absolute figures in this table are calculated at current prices, and the year-on-year growth rates are calculated at constant prices.
2. Data are revised by National Bureau of Statistics of China.

1978年以来GDP及其增长率
GDP and its annual growth rate since 1978

年 Year	GDP(万亿元) GDP(RMB trillion yuan)	GDP增长率(%) GDP growth rate(%)
1978	0.4	11.6
1979	0.4	7.6
1980	0.5	7.9
1981	0.5	5.1
1982	0.5	9.0
1983	0.6	10.8
1984	0.7	15.2
1985	0.9	13.5
1986	1.0	8.9
1987	1.2	11.7
1988	1.5	11.3
1989	1.7	4.2
1990	1.9	3.9
1991	2.2	9.3
1992	2.7	14.3
1993	3.6	13.9
1994	4.8	13.1
1995	6.1	11.0
1996	7.2	9.9
1997	7.9	9.2
1998	8.5	7.8
1999	9.0	7.6
2000	10.0	8.4
2001	11.0	8.3
2002	12.1	9.1
2003	13.7	10.0
2004	16.1	10.1
2005	18.6	11.3
2006	21.8	12.7
2007	26.8	14.2
2008	31.7	9.6
2009	34.6	9.2
2010	40.9	10.6
2011	48.4	9.5
2012	53.4	7.7
2013	58.8	7.7
2014	63.6	7.3
2015	67.7	6.9

注：表中数据根据国家统计局最新数据修订。
Note: Data are revised by National Bureau of Statistics of China.

GDP及其增长率
GDP and its annual growth rate

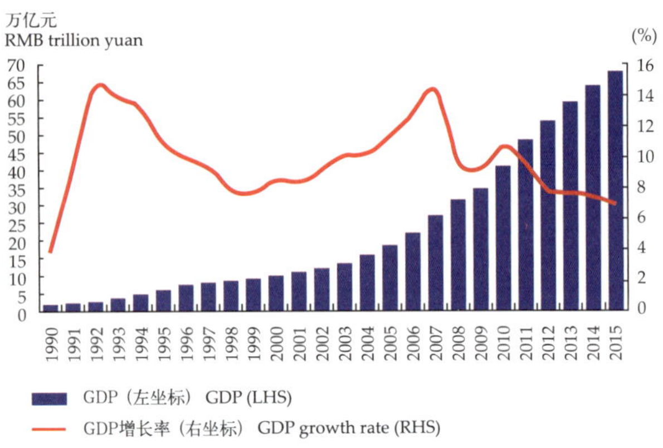

2007年以来GDP季度累计增长率
Quarterly accumulated GDP growth rates since 2007

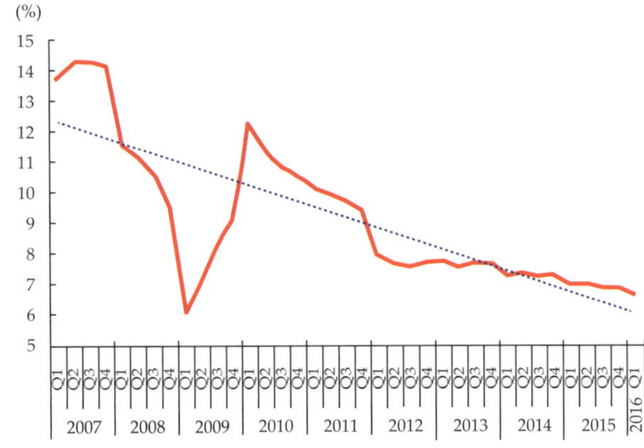

季度GDP三次产业所占的比重与增长率变化
Shares of industries in GDP and their growth rates on a quarterly basis

单位：% Unit: %

年/季度 Year/Quarter	第一产业所占的比重 Share of primary industry	第二产业所占的比重 Share of secondary industry	第三产业所占的比重 Share of tertiary industry	第一产业同比累计增长 YOY accumulated growth of primary industry	第二产业同比累计增长 YOY accumulated growth of secondary industry	第三产业同比累计增长 YOY accumulated growth of tertiary industry
2009Q1	7.1	48.6	44.2	3.5	5.3	7.4
2009Q2	8.6	50.1	41.3	3.8	6.6	8.3
2009Q3	10.3	48.9	40.8	4.0	7.5	8.8
2009Q4	10.0	46.3	45.1	4.0	9.9	9.3
2010Q1	5.9	47.1	46.9	3.8	15.0	10.7
2010Q2	7.3	48.7	44.0	3.6	13.7	9.9
2010Q3	8.9	47.1	44.0	4.0	13.1	9.7
2010Q4	9.6	46.2	44.2	4.3	12.7	9.7
2011Q1	5.8	47.5	46.7	3.2	11.1	10.1
2011Q2	7.2	49.1	43.8	2.9	10.9	10.1
2011Q3	8.9	47.4	43.7	3.5	10.9	9.7
2011Q4	9.5	46.1	44.3	4.2	10.6	9.5
2012Q1	6.0	46.9	47.1	3.8	9.2	7.3
2012Q2	7.2	48.2	44.6	4.3	8.4	7.5
2012Q3	8.8	46.3	44.9	4.2	8.2	7.7
2012Q4	9.5	45.0	45.5	4.5	7.9	8.0
2013Q1	5.6	42.7	51.7	3.1	7.7	8.3
2013Q2	7.0	43.7	49.3	2.8	7.6	8.3
2013Q3	8.3	43.6	48.1	3.3	7.8	8.3
2013Q4	9.4	43.7	46.9	3.8	7.9	8.3
2014Q1	5.4	41.7	52.9	3.3	7.3	7.6
2014Q2	6.8	42.8	50.4	3.7	7.5	7.6
2014Q3	8.1	42.7	49.1	4.1	7.4	7.6
2014Q4	9.2	42.7	48.1	4.1	7.3	7.8
2015Q1	5.3	39.8	54.9	3.2	6.3	8.0
2015Q2	6.7	40.7	52.5	3.5	6.1	8.3
2015Q3	8.0	40.6	51.4	3.8	6.0	8.4
2015Q4	9.0	40.5	50.5	3.9	6.0	8.3
2016Q1	5.6	37.5	56.9	2.9	5.8	7.6

注：表中数据根据国家统计局最新数据修订。
Note: Data are revised by National Bureau of Statistics of China.

季度GDP三次产业所占的比重与增长率变化
Shares of industries in GDP and their growth rates on a quarterly basis

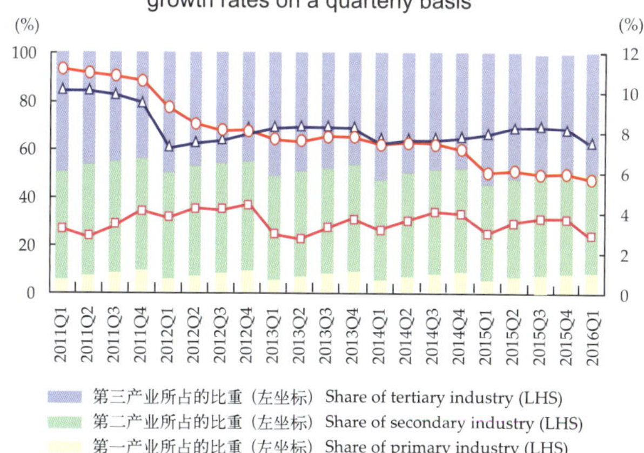

2004年以来年度GDP中三大产业比重
Shares of industries in GDP since 2004

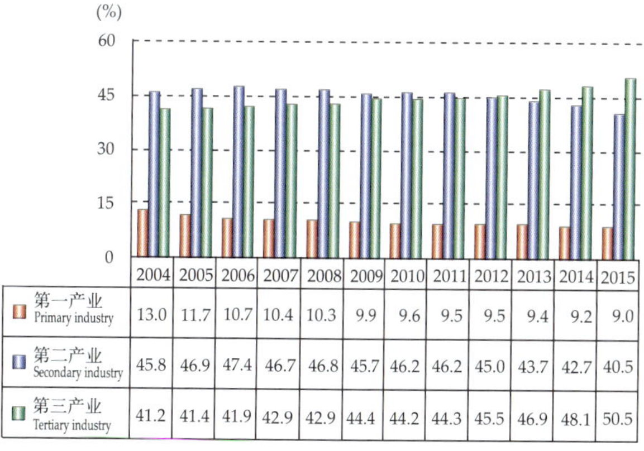

	2004	2005	2006	2007	2008	2009	2010	2011	2012	2013	2014	2015
第一产业 Primary industry	13.0	11.7	10.7	10.4	10.3	9.9	9.6	9.5	9.5	9.4	9.2	9.0
第二产业 Secondary industry	45.8	46.9	47.4	46.7	46.8	45.7	46.2	46.2	45.0	43.7	42.7	40.5
第三产业 Tertiary industry	41.2	41.4	41.9	42.9	42.9	44.4	44.2	44.3	45.5	46.9	48.1	50.5

注：图中数据根据国家统计局最新数据修订。
Note: Data are revised by National Bureau of Statistics of China.

工业增加值增长速度
Growth rate of value added of industry

单位：% Unit: %

年/月 Year/Month		工业增加值 Value added	采矿业 Mining	制造业 Manufacturing	电力、热力、燃气及水生产和供应业 Electricity, gas & water production and supply	国有及国有控股企业 State-owned and state-holding enterprises	集体企业 Collectively-owned enterprises	股份制企业 Joint-stock enterprises	外商及港澳台投资企业 Enterprises with foreign, Hongkong, Macau, and Taiwan investment
		比上年同期增长(%) Year-on-year growth rate(%)							
2015	1	—	—	—	—	—	—	—	—
	2	—	—	—	—	—	—	—	—
	3	5.6	1.4	6.7	-1.1	0.9	1.4	6.8	3.3
	4	5.9	2.8	6.5	2.0	1.9	0.4	7.4	2.9
	5	6.1	3.9	6.7	2.2	2.2	1.2	7.5	3.0
	6	6.8	2.7	7.7	2.1	2.2	3.2	7.8	4.5
	7	6.0	5.6	6.6	-0.2	0.0	1.3	7.7	2.6
	8	6.1	4.0	6.8	1.9	-0.6	0.4	7.6	2.8
	9	5.7	1.2	6.7	0.7	-1.4	0.5	7.2	2.7
	10	5.6	0.4	6.7	-0.3	-0.5	-1.6	6.6	3.6
	11	6.2	0.3	7.2	2.2	2.8	-0.2	6.9	5.2
	12	5.9	1.4	7.0	-0.8	2.6	0.7	7.1	3.5
2016	1	—	—	—	—	—	—	—	—
	2	—	—	—	—	—	—	—	—
	3	6.8	3.1	7.2	4.8	3.2	0.2	7.6	4.8
2015	1~2	6.8	4.2	7.5	4.0	2.2	3.0	7.7	4.9
	1~3	6.4	3.2	7.2	2.3	1.7	2.4	7.4	4.3
	1~4	6.2	3.1	7.0	2.2	1.7	1.9	7.4	3.9
	1~5	6.2	3.3	6.9	2.2	1.8	1.7	7.4	3.7
	1~6	6.3	3.2	7.1	2.2	1.9	2.0	7.5	3.8
	1~7	6.3	3.6	7.0	1.8	1.6	1.9	7.5	3.6
	1~8	6.3	3.6	7.0	1.8	1.6	1.9	7.5	3.6
	1~9	6.2	3.3	7.0	1.7	1.3	1.7	7.5	3.5
	1~10	6.1	3.0	7.0	1.5	1.1	1.4	7.4	3.5
	1~11	6.1	2.8	7.0	1.6	1.3	1.3	7.3	3.7
	1~12	6.1	2.7	7.0	1.4	1.4	1.2	7.3	3.7
2016	1~2	5.4	1.5	6.0	1.5	-2.0	3.7	6.9	2.4
	1~3	5.8	2.1	6.5	2.6	-0.1	2.4	7.2	3.3

注：①自2011年起，工业统计范围调整为年主营收入2 000万元及以上的工业企业。
②本表中"比上年同期增长"按可比价格计算。

Notes: 1. Since 2011, the statistical coverage of industry has been adjusted to industrial enterprises with the annual sales income from main business of RMB20 million yuan and above.
2. The year-on-year changes in this table are calculated at comparable prices.

工业增加值增长速度及工业产品销售率
Growth rate of industrial value added and ratio of sales to output of industrial products

单位：% Unit: %

年/月 Year/Month		当月工业增加值同比增长 YOY growth of monthly industrial value added	工业增加值月度累计同比增长 YOY growth of monthly accumulated industrial value added	当月销售率 Monthly ratio of sales to output
2014	1	—	—	—
	2	—	8.6	—
	3	8.8	8.7	96.9
	4	8.7	8.7	97.9
	5	8.8	8.7	97.8
	6	9.2	8.8	97.5
	7	9.0	8.8	97.9
	8	6.9	8.5	98.2
	9	8.0	8.5	98.0
	10	7.7	8.4	97.9
	11	7.2	8.3	97.6
	12	7.7	8.3	98.7
2015	1	—	—	—
	2	—	6.8	—
	3	5.6	6.4	97.1
	4	5.9	6.2	97.7
	5	6.1	6.2	97.5
	6	6.8	6.3	97.0
	7	6.0	6.3	97.7
	8	6.1	6.3	97.9
	9	5.7	6.2	98.0
	10	5.6	6.1	97.7
	11	6.2	6.1	97.4
	12	5.9	6.1	98.6
2016	1	—	—	—
	2	—	5.4	—
	3	6.8	5.8	97.1

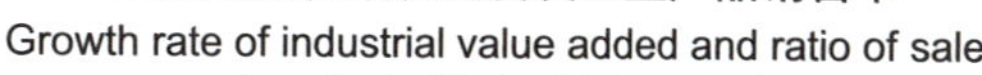

工业增加值增长速度及工业产品销售率
Growth rate of industrial value added and ratio of sales to output of industrial products

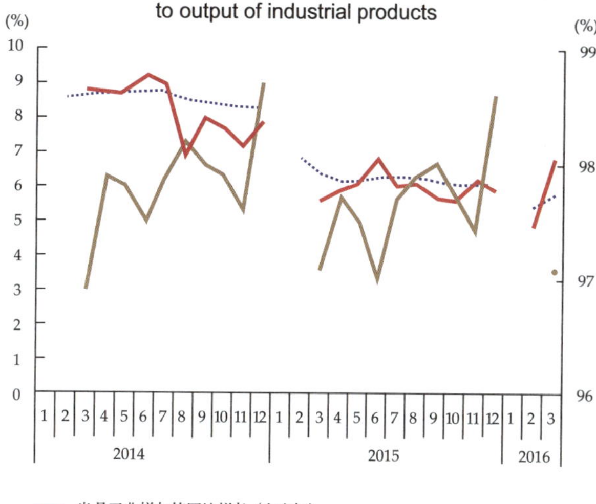

二、价格走势
2. Price Development

1.各种价格指数一览
(1) Overview of price indices

各种价格指数变动表
Changes in price indices

单位：% Unit: %

年/月 Year/Month	居民消费价格指数 Comsumer price indices			农业生产资料价格指数 Price indices of mean of agricutural production		工业生产者购进价格指数 Purchasing price index for industrial producers		工业生产者出厂价格指数 Producer price index for manufactured goods		固定资产投资价格指数 Price indices of investment in fixed assets		进出口同比价格指数 Import-export price index (YOY)		
	月环比 MOM	当月同比 YOY	累计同比 Accu-mulated YOY	当月同比 YOY	累计同比 Accu-mulated YOY	当月同比 YOY	累计同比 Accu-mulated YOY	当月同比 YOY	累计同比 Accu-mulated YOY	当季同比 YOY	累计同比 Accu-mulated YOY	出口 Exports	进口 Imports	贸易条件 Terms of trade
2013 1	1.0	2.0	2.0	4.1	4.1	-1.9	-1.9	-1.6	-1.6			0.7	-5.0	106.0
2	1.1	3.2	2.6	3.6	3.8	-1.9	-1.9	-1.6	-1.6			-0.2	-1.7	101.5
3	-0.9	2.1	2.4	2.9	3.5	-2.0	-2.0	-1.9	-1.7	0.2	0.2	-0.9	1.3	97.8
4	0.2	2.4	2.4	1.6	3.0	-2.7	-2.1	-2.6	-2.0			-0.1	-2.5	102.5
5	-0.6	2.1	2.4	0.9	2.6	-3.0	-2.3	-2.9	-2.1			-0.9	-4.5	103.8
6	0.0	2.7	2.4	1.1	2.3	-2.7	-2.4	-2.7	-2.2	-0.1	0.0	-0.7	-1.8	101.1
7	0.1	2.7	2.4	1.1	2.2	-2.2	-2.3	-2.3	-2.2			-2.3	-0.9	98.6
8	0.5	2.6	2.5	1.0	2.0	-1.6	-2.3	-1.6	-2.2			-2.1	-1.4	99.3
9	0.8	3.1	2.5	0.4	1.8	-1.6	-2.2	-1.3	-2.1	0.1	0.0	0.7	-1.1	101.8
10	0.1	3.2	2.6	0.2	1.7	-1.6	-2.1	-1.5	-2.0			0.1	-1.8	101.9
11	-0.1	3.0	2.6	0.3	1.5	-1.5	-2.1	-1.4	-2.0			-2.2	-1.3	99.1
12	0.3	2.5	2.6	0.4	1.4	-1.4	-2.0	-1.4	-1.9	0.9	0.3	0.1	-1.4	101.5
2014 1	1.0	2.5	2.5	-0.1	-0.1	-1.7	-1.7	-1.6	-1.6			-1.3	-2.6	101.3
2	0.5	2.0	2.2	-0.6	-0.3	-2.1	-1.9	-2.0	-1.8			-0.8	-6.8	106.4
3	-0.5	2.4	2.3	-1.2	-0.6	-2.5	-2.1	-2.3	-2.0	1.1	1.1	-3.4	-6.0	102.8
4	-0.3	1.8	2.2	-1.2	-0.8	-2.3	-2.2	-2.0	-2.0			-3.3	-0.6	97.3
5	0.1	2.5	2.3	-1.0	-0.8	-1.8	-2.1	-1.4	-1.9			-1.2	1.3	97.5
6	-0.1	2.3	2.3	-1.1	-0.9	-1.5	-2.0	-1.1	-1.8	0.6	0.9	-1.5	-4.1	102.7
7	0.1	2.3	2.3	-1.0	-0.9	-1.1	-1.9	-0.9	-1.6			-0.8	-2.0	101.2
8	0.2	2.0	2.2	-0.8	-0.9	-1.4	-1.8	-1.2	-1.6			0.5	-2.0	102.6
9	0.5	1.6	2.1	-0.6	-0.8	-1.9	-1.8	-1.8	-1.6	0.4	0.7	2.1	-1.0	103.1
10	0.0	1.6	2.1	-0.7	-0.8	-2.5	-1.9	-2.2	-1.7			1.9	-2.6	104.6
11	-0.2	1.4	2.0	-0.9	-0.8	-3.2	-2.0	-2.7	-1.8			-0.5	-4.5	104.2
12	0.3	1.5	2.0	-1.1	-0.9	-4.0	-2.2	-3.3	-1.9	-0.1	0.5	0.2	-9.4	110.6
2015 1	0.3	0.8	0.8	-1.2	-1.2	-5.2	-5.2	-4.3	-4.3			0.4	-9.6	111.1
2	1.2	1.4	1.1	-1.2	-1.2	-5.9	-5.5	-4.8	-4.6			-3.3	-9.3	106.6
3	-0.5	1.4	1.2	-0.4	-0.9	-5.7	-5.6	-4.6	-4.6	-0.9	-0.9	-0.3	-10.5	111.4
4	-0.2	1.5	1.3	0.3	-0.6	-5.5	-5.6	-4.6	-4.6			-1.5	-12.8	113.0
5	-0.2	1.2	1.3	0.6	-0.4	-5.5	-5.5	-4.6	-4.6			-2.3	-12.8	112.0
6	0.0	1.4	1.3	0.9	-0.1	-5.6	-5.5	-4.8	-4.6	-1.2	-1.0	0.5	-9.3	110.8
7	0.3	1.6	1.3	1.2	0.0	-6.1	-5.6	-5.4	-4.7			-0.7	-11.3	112.0
8	0.5	2.0	1.4	1.1	0.2	-6.6	-5.7	-5.9	-4.9			-3.5	-15.0	113.5
9	0.1	1.6	1.4	0.9	0.3	-6.8	-5.9	-5.9	-5.0	-2.3	-1.5	1.1	-13.4	116.7
10	-0.3	1.3	1.4	0.8	0.3	-6.9	-6.0	-5.9	-5.1			1.3	-10.2	112.8
11	0.0	1.5	1.4	0.7	0.3	-6.9	-6.0	-5.9	-5.2			1.0	-12.0	114.8
12	0.5	1.6	1.4	0.7	0.4	-6.8	-6.1	-5.9	-5.2	-2.9	-1.8	-2.9	-12.4	110.8
2016 1	0.5	1.8	1.8	0.3	0.3	-6.3	-6.3	-5.3	-5.3			-6.1	-13.1	108.1
2	1.6	2.3	2.0	0.6	0.4	-5.8	-6.0	-4.9	-5.1			-6.1	-13.1	108.1
3	-0.4	2.3	2.1	0.2	0.4	-5.2	-5.8	-4.3	-4.8	-2.7	-2.7	-3.7	-11.6	108.9

居民消费价格月环比指数变动
Change in CPI (month-on-month)

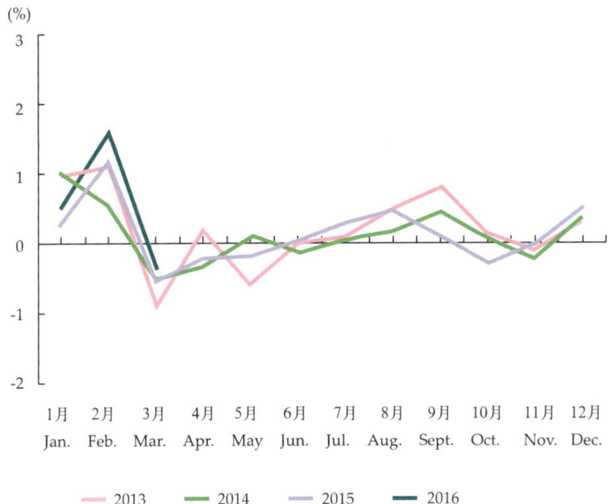

居民消费价格同比指数变动
Change in CPI (year-on-year)

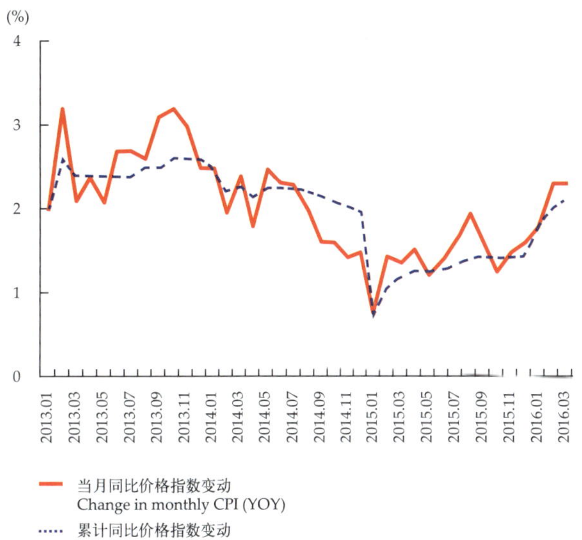

居民消费价格指数与生产价格指数的比较
Comparison between changes in CPI and PPI

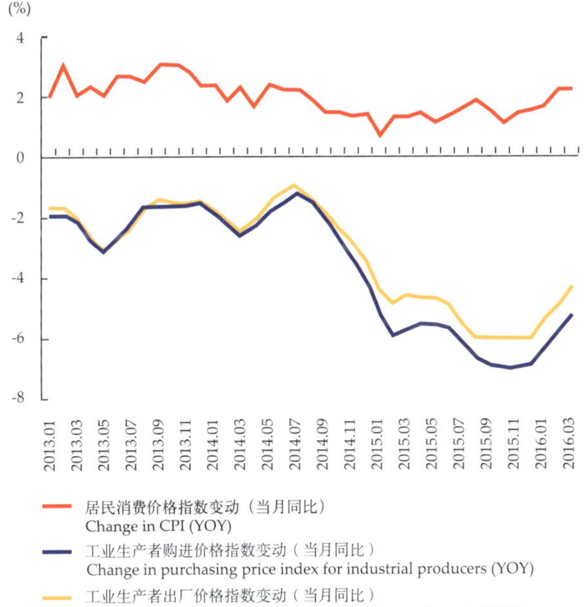

进出口价格指数和贸易条件
Import-export price index and terms of trade

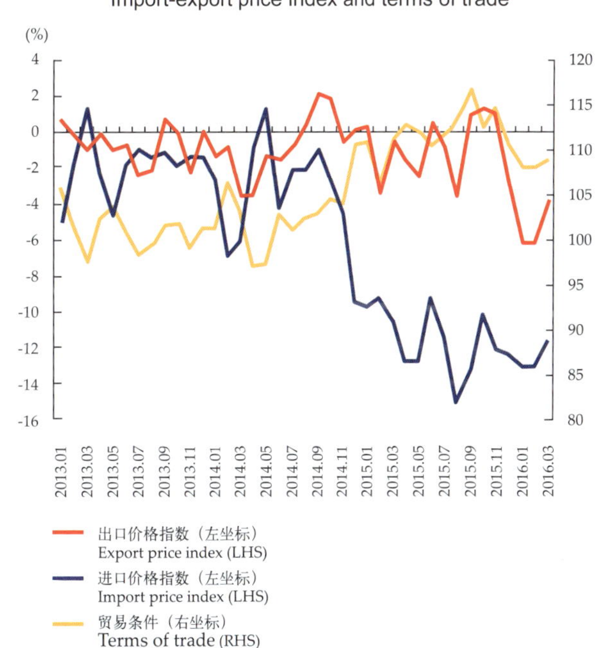

2.分类指数

(2) Breakdown of indices

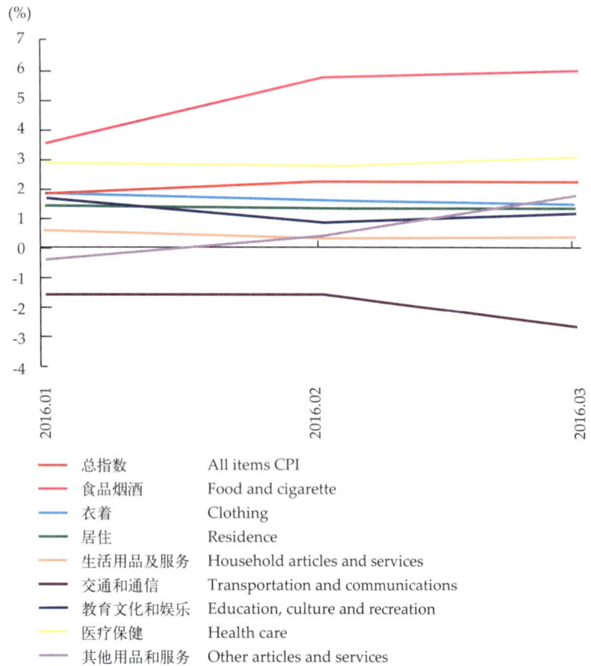

注：国家统计局于2016年1月调整了CPI构成，数据和以前年度不可比。

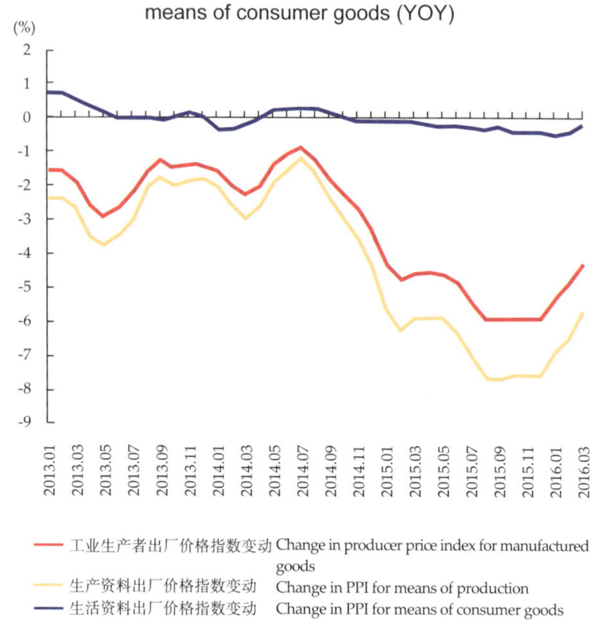

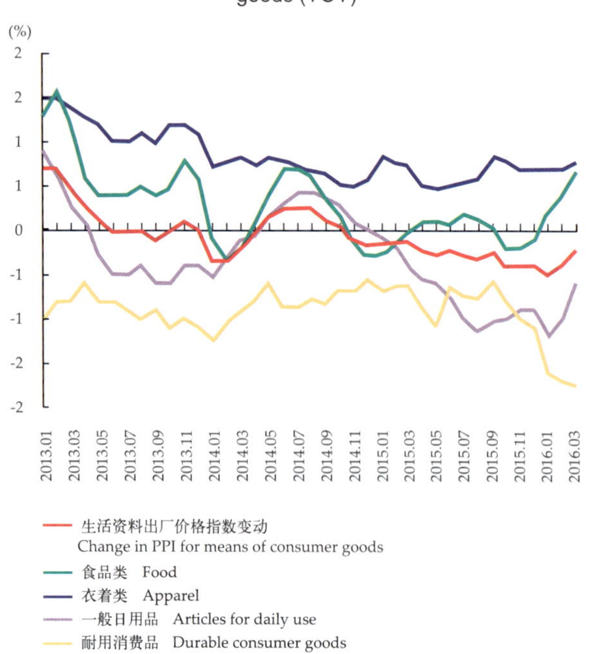

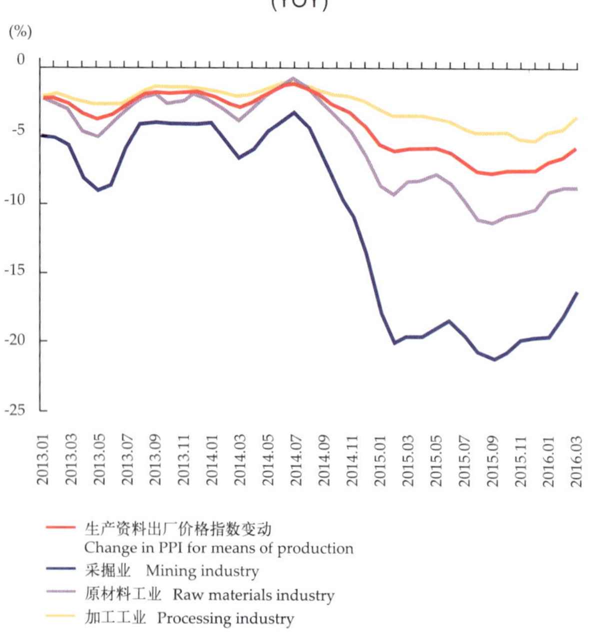

三、就业、失业与收入
3. Employment, Unemployment and Income

人口与就业基本情况
Population and employment

年 Year	年底总人口（亿人）Population at the end of the year (100 million people)	城镇 Urban	比重(%) Share (%)	乡村 Rural	比重(%) Share (%)	15~64岁人口数(亿人) Population between 15~64 years of age (100 million people)	就业人员(亿人) Employment (100 million people)
2000	12.7	4.6	36	8.1	64		7.2
2001	12.8	4.8	38	8.0	62		7.3
2002	12.8	5.0	39	7.8	61	9.0	7.3
2003	12.9	5.2	41	7.7	59	9.1	7.4
2004	13.0	5.4	42	7.6	58	9.2	7.4
2005	13.1	5.6	43	7.5	57	9.4	7.5
2006	13.1	5.8	44	7.3	56	9.5	7.5
2007	13.2	6.1	46	7.1	54	9.6	7.5
2008	13.3	6.2	47	7.0	53	9.7	7.6
2009	13.3	6.5	48	6.9	52	9.7	7.6
2010	13.4	6.7	50	6.7	50	10.0	7.6
2011	13.5	6.9	51	6.6	49	10.0	7.6
2012	13.5	7.1	53	6.4	47	10.0	7.7
2013	13.6	7.3	54	6.3	46	10.1	7.7
2014	13.7	7.5	55	6.2	45	10.0	7.7
2015	13.7	7.7	56	6.0	44	9.9	7.7

就业人员按城乡和产业分类
Employment in urban and rural areas and in industries

年 Year	就业人员(亿人) Employment (100 million people)	按城乡分 Urban & rural: 城镇 Urban	比重(%) Share (%)	乡村 Rural	比重(%) Share (%)	按产业分 Industries: 第一产业 Primary industry	比重(%) Share (%)	第二产业 Secondary industry	比重(%) Share (%)	第三产业 Tertiary industry	比重(%) Share (%)
2000	7.21	2.32	32.1	4.89	67.9	3.60	50.0	1.62	22.5	1.98	27.5
2001	7.28	2.41	33.1	4.87	66.9	3.64	50.0	1.62	22.3	2.02	27.7
2002	7.33	2.52	34.3	4.81	65.7	3.66	50.0	1.57	21.4	2.10	28.6
2003	7.37	2.62	35.6	4.75	64.4	3.62	49.1	1.59	21.6	2.16	29.3
2004	7.43	2.73	36.8	4.70	63.2	3.48	46.9	1.67	22.5	2.27	30.6
2005	7.46	2.84	38.0	4.63	62.0	3.34	44.8	1.78	23.8	2.34	31.4
2006	7.50	2.96	39.5	4.53	60.5	3.19	42.6	1.89	25.2	2.41	32.2
2007	7.53	3.10	41.1	4.44	58.9	3.07	40.8	2.02	26.8	2.44	32.4
2008	7.56	3.21	42.5	4.35	57.5	2.99	39.6	2.06	27.2	2.51	33.2
2009	7.58	3.33	43.9	4.25	56.1	2.89	38.1	2.11	27.8	2.59	34.1
2010	7.61	3.47	45.6	4.14	54.4	2.79	36.7	2.18	28.7	2.63	34.6
2011	7.64	3.59	47.0	4.05	53.0	2.66	34.8	2.25	29.5	2.73	35.7
2012	7.67	3.71	48.4	3.96	51.6	2.58	33.6	2.32	30.3	2.77	36.1
2013	7.70	3.82	49.7	3.87	50.3	2.42	31.4	2.32	30.1	2.96	38.5
2014	7.73	3.93	50.9	3.79	49.1	2.28	29.5	2.31	29.9	3.14	40.6
2015	7.75	4.04	52.2	3.70	47.8	2.19	28.3	2.27	29.3	3.28	42.4

居民人均可支配收入
Per capita disposable income

年/季度 Year/Quarter	农村居民人均可支配收入 Per capita disposable income in rural area: 绝对值(元) Absolute value (RMB yuan)	同比实际增长(%) Growth in real terms (YOY) (%)	城镇居民人均可支配收入 Per capita disposable income in urban area: 绝对值(元) Absolute value (RMB yuan)	同比实际增长(%) Growth in real terms (YOY) (%)
2013 I	2 653	—	7 203	—
I~II	4 528	—	13 247	—
I~III	6 775	—	19 845	—
I~IV	9 430	—	26 467	—
2014 I	2 980	10.1	7 912	7.2
I~II	5 074	9.8	14 520	7.1
I~III	7 574	9.7	21 697	6.9
I~IV	10 489	9.2	28 844	6.8
2015 I	3 279	8.9	8 572	7.0
I~II	5 554	8.3	15 699	6.7
I~III	8 297	8.1	23 512	6.8
I~IV	11 422	7.5	31 195	6.6
2016 I	3 578	7.0	9 255	5.8

城镇失业人数和失业率
Unemployed urban population and unemployment rate

年/季度末 Year/End of quarter		城镇登记失业人数(万人) Registered unemployment in urban areas (10 000 people)	城镇登记失业率(%) Registered unemployment rate in urban areas(%)
2012	I	907	4.1
	II	918	4.1
	III	926	4.1
	IV	917	4.1
2013	I	926	4.1
	II	923	4.1
	III	921	4.0
	IV	926	4.1
2014	I	940	4.1
	II	949	4.1
	III	947	4.1
	IV	952	4.1
2015	I	952	4.1
	II	952	4.0
	III	962	4.1
	IV	966	4.1
2016	I	972	4.0

四、国内需求
4. Domestic Demand

1.按支出法计算的国内生产总值
(1) Expenditure-based GDP

按支出法计算的国内生产总值及其构成
Expenditure-based GDP and its composition

年 Year	按支出法计算的国内生产总值(亿元) Expenditure-based GDP (RMB100 million yuan)									
		最终消费 Final consumption					资本形成总额 Total capital formation			货物和服务净出口 Net exports of goods and services
			居民消费 Household consumption			政府消费 Government consumption		固定资本形成 Fixed capital formation	存货增加 Increased inventory	
				城镇居民 Urban	农村居民 Rural					
	绝对值(亿元) Absolute value (RMB100 million yuan)									
2001	110 657	68 617	50 709	34 411	16 298	17 908	39 716	37 401	2 315	2 325
2002	121 577	74 172	55 076	38 060	17 017	19 095	44 311	42 978	1 333	3 094
2003	137 457	79 642	59 344	41 569	17 775	20 298	54 851	52 979	1 872	2 965
2004	161 616	89 225	66 587	47 354	19 233	22 638	68 156	64 405	3 751	4 236
2005	187 767	101 604	75 232	54 320	20 912	26 372	75 954	74 230	1 724	10 209
2006	219 425	114 895	84 119	61 480	22 640	30 776	87 875	85 275	2 600	16 655
2007	269 486	136 439	99 793	74 205	25 589	36 645	109 625	102 630	6 995	23 423
2008	317 172	157 746	115 338	86 498	28 841	42 408	135 199	124 958	10 241	24 227
2009	346 431	173 093	126 661	95 995	30 666	46 432	158 301	152 918	5 383	15 037
2010	406 581	199 508	146 058	112 447	33 610	53 451	192 015	181 190	10 826	15 057
2011	480 861	241 579	176 532	135 457	41 075	65 047	227 593	213 937	13 656	11 688
2012	534 745	271 719	198 537	153 314	45 223	73 182	248 390	237 751	10 639	14 636
2013	589 737	301 008	219 763	170 330	49 432	81 246	274 177	263 028	11 149	14 552
2014	640 697	329 451	242 927	188 353	54 574	86 523	293 783	281 639	12 144	17 463
2015	687 502	360 283	264 758	195 251	69 507	95 525	303 506	292 397	11 110	23 713
	构成(%) Composition (%)									
2001	100	62.0	45.8	31.1	14.7	16.2	35.9	33.8	2.1	2.1
2002	100	61.0	45.3	31.3	14.0	15.7	36.4	35.4	1.1	2.5
2003	100	57.9	43.2	30.2	12.9	14.8	39.9	38.5	1.4	2.2
2004	100	55.2	41.2	29.3	11.9	14.0	42.2	39.9	2.3	2.6
2005	100	54.1	40.1	28.9	11.1	14.0	40.5	39.5	0.9	5.4
2006	100	52.4	38.3	28.0	10.3	14.0	40.0	38.9	1.2	7.6
2007	100	50.6	37.0	27.5	9.5	13.6	40.7	38.1	2.6	8.7
2008	100	49.7	36.4	27.3	9.1	13.4	42.6	39.4	3.2	7.6
2009	100	50.0	36.6	27.7	8.9	13.4	45.7	44.1	1.6	4.3
2010	100	49.1	35.9	27.7	8.3	13.1	47.2	44.6	2.7	3.7
2011	100	50.2	36.7	28.2	8.5	13.5	47.3	44.5	2.8	2.4
2012	100	50.8	37.1	28.7	8.5	13.7	46.5	44.5	2.0	2.7
2013	100	51.0	37.3	28.9	8.4	13.8	46.5	44.6	1.9	2.5
2014	100	51.4	37.9	29.4	8.5	13.5	45.9	44.0	1.9	2.7
2015	100	52.4	38.5	28.4	10.1	13.9	44.1	42.5	1.6	3.4

注：表中数据根据国家统计局最新数据修订。
Note: Data are revised by National Bureau of Statistics of China.

按支出法计算的国内生产总值构成变化
Changes in the composition of GDP (based on expenditures)

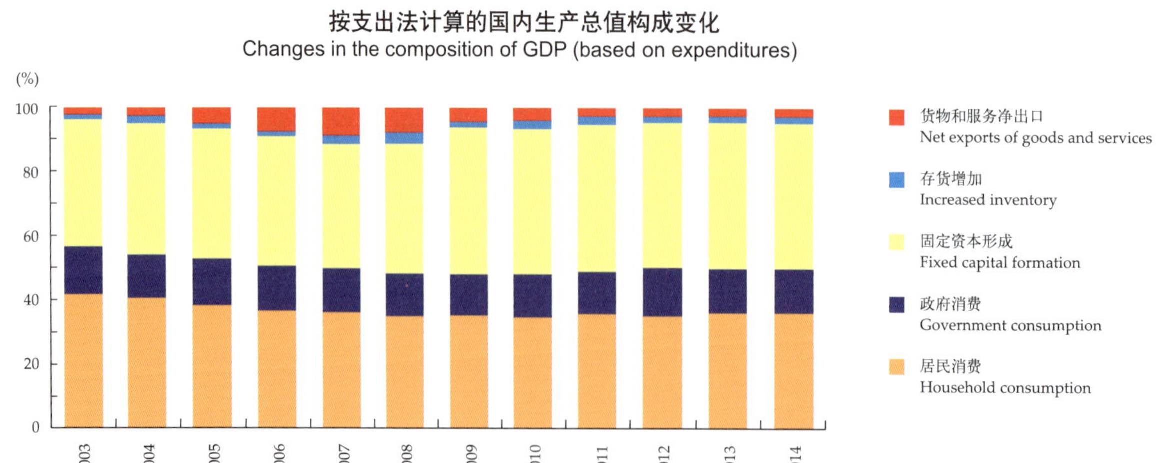

投资率和消费率
Investment ratio and consumption ratio

单位：%　Unit: %

年 Year	资本形成率(投资率) Capital formation ratio (investment ratio)	最终消费率(消费率) Final consumption ratio (consumption ratio)
1986	37.7	64.8
1987	37.3	62.6
1988	39.1	61.8
1989	37.1	63.9
1990	34.0	63.3
1991	35.3	61.9
1992	39.3	59.7
1993	43.6	58.3
1994	40.5	58.2
1995	39.3	59.1
1996	38.0	60.0
1997	35.9	59.6
1998	35.3	60.5
1999	34.5	62.7
2000	33.9	63.7
2001	35.9	62.0
2002	36.4	61.0
2003	39.9	57.9
2004	42.2	55.2
2005	40.5	54.1
2006	40.0	52.4
2007	40.7	50.6
2008	42.6	49.7
2009	45.7	50.0
2010	47.2	49.1
2011	47.3	50.2
2012	46.5	50.8
2013	46.5	51.0
2014	45.9	51.4
2015	44.1	52.4

注：表中数据根据国家统计局最新数据修订。
Note: Data are revised by National Bureau of Statistics of China.

生产法现价GDP与支出法现价GDP及其增长率比较
Comparison between production-based GDP and expenditure-based GDP at current price

年 Year	(1)生产法GDP Production-based GDP		(2)支出法GDP Expenditure-based GDP		(1)-(2)	
	绝对量(亿元) Absolute value (RMB100 million yuan)	现价增速(%) Growth rate at current price(%)	绝对量(亿元) Absolute value (RMB100 million yuan)	现价增速(%) Growth rate at current price(%)	绝对量(亿元) Absolute value (RMB100 million yuan)	现价增速(%) Growth rate at current price(%)
1990	18 774	9.9	18 968	9.8	-194	0.02
1991	21 896	16.6	22 014	16.1	-119	0.57
1992	27 068	23.6	27 208	23.6	-140	0.03
1993	35 524	31.2	35 751	31.4	-227	-0.16
1994	48 460	36.4	48 645	36.1	-185	0.35
1995	61 130	26.1	61 329	26.1	-199	0.07
1996	71 572	17.1	71 861	17.2	-289	-0.09
1997	79 430	11.0	79 739	11.0	-310	0.02
1998	84 884	6.9	85 174	6.8	-291	0.05
1999	90 188	6.2	90 447	6.2	-260	0.06
2000	99 776	10.6	100 080	10.7	-304	-0.02
2001	110 270	10.5	110 657	10.6	-387	-0.05
2002	121 002	9.7	121 577	9.9	-575	-0.14
2003	136 565	12.9	137 457	13.1	-893	-0.20
2004	160 714	17.7	161 616	17.6	-902	0.11
2005	185 896	15.7	187 767	16.2	-1 871	-0.51
2006	217 657	17.1	219 425	16.9	-1 768	0.23
2007	268 019	23.1	269 486	22.8	-1 467	0.32
2008	316 752	18.2	317 172	17.7	-420	0.49
2009	345 629	9.1	346 431	9.2	-802	-0.11
2010	408 903	18.3	406 581	17.4	2 322	0.94
2011	484 124	18.4	480 861	18.3	3 263	0.13
2012	534 123	10.3	534 745	11.2	-622	-0.88
2013	588 019	10.1	589 737	10.3	-1 718	-0.19
2014	635 910	8.1	640 697	8.6	-4 787	-0.50
2015	676 708	6.4	687 502	7.3	-10 794	-0.89

注：表中数据根据国家统计局最新数据修订。
Note: Data are revised by National Bureau of Statistics of China.

投资率和消费率
Investment ratio and consumption ratio

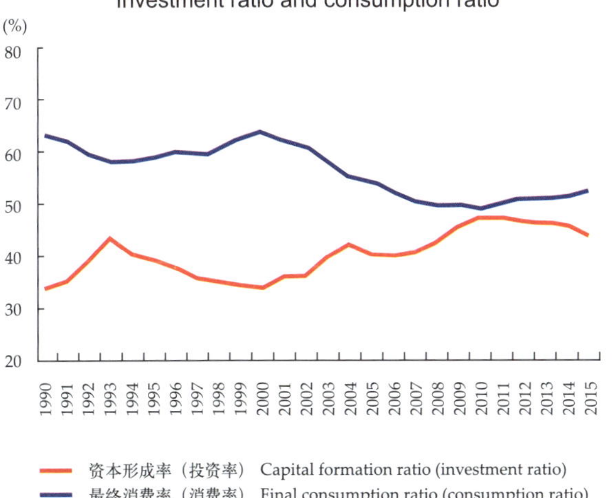

生产法现价GDP与支出法现价GDP增速比较
Comparison of growth rate at current prices between production-based GDP and expenditure-based GDP

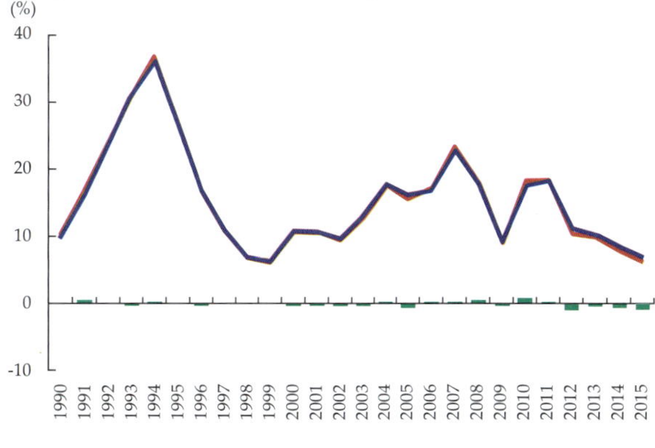

2.社会消费品零售额

(2) Retail sales of consumer goods

社会消费品零售总额
Retail sales of consumer goods

单位：亿元
Unit: RMB 100 million yuan

年/月 Year/Month	当月社会消费品零售总额 Monthly retail sales of consumer goods	当月同比增长率(%) Monthly growth rate (YOY)(%)	社会消费品零售总额累计 Accumulative retail sales of consumer goods	累计同比增长率(%) Accumulative growth rate (YOY)(%)
2014.01	—	—	—	—
2014.02	—	—	42 281	11.8
2014.03	19 801	12.2	62 081	12.0
2014.04	19 701	11.9	81 782	12.0
2014.05	21 250	12.5	103 032	12.1
2014.06	21 166	12.4	124 199	12.1
2014.07	20 776	12.2	144 974	12.1
2014.08	21 134	11.9	166 108	12.1
2014.09	23 042	11.6	189 151	12.0
2014.10	23 967	11.5	213 118	12.0
2014.11	23 475	11.7	236 593	12.0
2014.12	25 801	11.9	271 896	12.0
2015.01	—	—	—	—
2015.02	—	—	47 993	10.7
2015.03	22 723	10.2	70 715	10.6
2015.04	22 387	10.0	93 102	10.4
2015.05	24 195	10.1	117 297	10.4
2015.06	24 280	10.6	141 577	10.4
2015.07	24 339	10.5	165 916	10.4
2015.08	24 893	10.8	190 809	10.5
2015.09	25 271	10.9	216 080	10.5
2015.10	28 279	11.0	244 359	10.6
2015.11	27 937	11.2	272 296	10.6
2015.12	28 635	11.1	300 931	10.7
2016.01	—	—	—	—
2016.02	—	—	52 910	10.2
2016.03	25 114	10.5	78 024	10.3

注：为消除春节日期不固定因素带来的影响，增强数据的可比性，按照国家统计制度，历年1～2月数据一起调查、一起发布。
Note: In order to eliminate the impact of the different date of "Spring Festival" of each year,and enchance the comparability of data, in accordance with the national statistical system,the data in January and Februry was investigated and released together.

社会消费品零售总额与最终消费增长率的比较
Comparison of growth rate at current prices between retail sales of consumer goods and final consumption expenditure

单位：万亿元
Unit: RMB trillion yuan

年 Year	社会消费品零售总额 Retail sales of consumer goods	最终消费 Final consumption	社会消费品零售总额现价增长率(%) Growth rate at current prices of retail sales of consumer goods(%)	最终消费现价增长率(%) Growth rate at current prices of final consumption expenditure(%)
1991	0.94	1.36	13.4	13.5
1992	1.10	1.62	16.8	19.2
1993	1.43	2.08	29.8	28.2
1994	1.86	2.83	30.5	35.9
1995	2.36	3.62	26.8	28.0
1996	2.84	4.31	20.1	19.0
1997	3.13	4.76	10.2	10.3
1998	3.34	5.15	6.8	8.3
1999	3.56	5.67	6.8	10.0
2000	3.91	6.37	9.7	12.4
2001	4.31	6.86	10.1	7.7
2002	4.81	7.42	11.8	8.1
2003	5.25	7.96	9.1	7.4
2004	5.95	8.92	13.3	12.0
2005	6.84	10.16	14.9	13.9
2006	7.91	11.49	15.8	13.1
2007	9.36	13.64	18.2	18.8
2008	11.48	15.77	22.7	15.6
2009	13.27	17.31	15.5	9.7
2010	15.70	19.95	18.3	15.3
2011	18.39	24.16	17.1	21.1
2012	21.03	27.17	14.3	12.5
2013	24.28	30.10	15.5	10.8
2014	27.19	32.95	12.0	9.4
2015	30.09	36.03	10.7	9.5

注：表中数据根据国家统计局最新数据修订。
Note: Data are revised by National Bureau of Statistics of China.

累计社会消费品零售总额及其增长率
Accumulative retail sales and growth rates of consumer goods

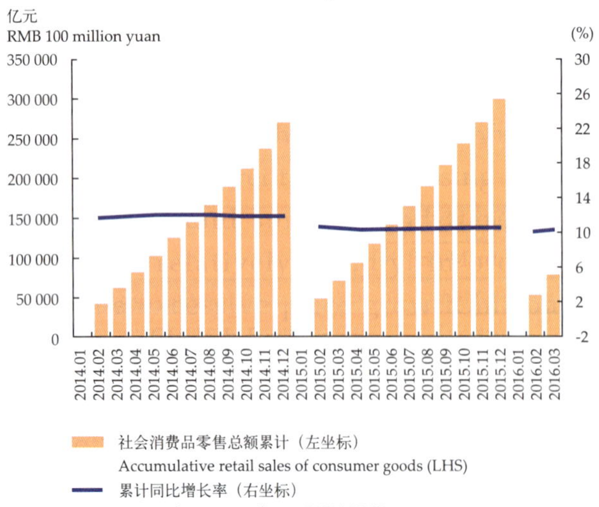

社会消费品零售总额及最终消费增长趋势
Growth trend of retail sales of consumer goods and final consumption expenditure

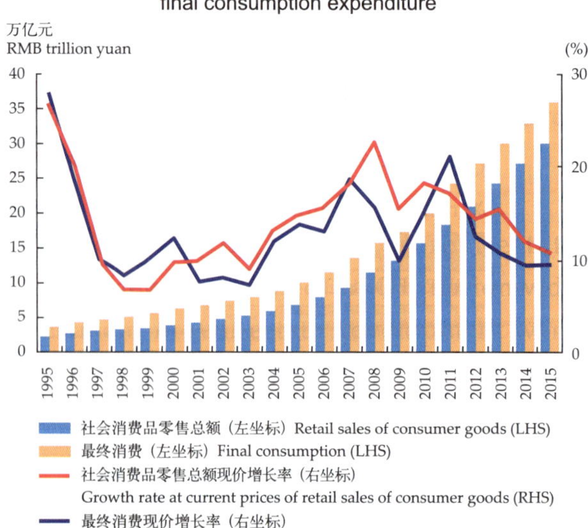

3.固定资产投资完成额

(3) Completed fixed-asset investment

固定资产投资（不含农户）完成额
Completed investment in fixed assets (excluding rural households)

单位：亿元
Unit: RMB 100 million yuan

年/月 Year/Month	投资完成额 Investment completed	增长率(%) Growth rate (%)
2014 1~2	30 283.0	17.9
1~3	68 321.7	17.6
1~4	107 077.8	17.3
1~5	153 716.5	17.2
1~6	212 770.4	17.3
1~7	259 492.9	17.0
1~8	305 786.5	16.5
1~9	357 787.2	16.1
1~10	406 160.6	15.9
1~11	451 067.6	15.8
1~12	502 004.9	15.7
2015 1~2	34 477.4	13.9
1~3	77 511.3	13.5
1~4	119 978.5	12.0
1~5	171 245.4	11.4
1~6	237 131.9	11.4
1~7	288 468.5	11.2
1~8	338 977.4	10.9
1~9	394 531.0	10.3
1~10	447 424.9	10.2
1~11	497 182.2	10.2
1~12	551 590.0	10.0
2016 1~2	38 007.8	10.2
1~3	85 842.8	10.7

注：自2011年起，投资项目统计起点标准由原来的50万元调整为500万元，"固定资产投资（不含农户）"等于原口径的城镇固定资产投资加上农村企事业组织项目投资。

Notes: Since 2011, investment indicators are calculated using new threshold criteria of RMB5 million yuan instead of RMB500 thousand yuan in the past."Investment in fixed assets (excluding rural households)" equals to "investment in fixed assets in urban area" under the old criteria plus "investment of rural enterprises and institutions".

固定资产投资完成额和固定资本形成总额的比较
Comparison of completed fixed-asset investment and gross capital formation

单位：万亿元
Unit: RMB trillion yuan

年 Year	全社会固定资产投资完成额 Total completed fixed-asset investment	固定资本形成总额 Gross capital formation	全社会固定资产投资现价增长率(%) Growth rate of total fixed-asset investment at current prices(%)	固定资本形成总额现价增长率(%) Growth rate of gross capital formation at current prices(%)
1992	0.81	0.83	44.4	46.6
1993	1.31	1.34	61.8	61.1
1994	1.70	1.70	30.4	26.7
1995	2.00	2.01	17.5	18.5
1996	2.29	2.30	14.5	14.6
1997	2.49	2.50	8.8	8.6
1998	2.84	2.84	13.9	13.4
1999	2.99	2.98	5.1	5.0
2000	3.29	3.30	10.3	10.6
2001	3.72	3.74	13.1	13.5
2002	4.35	4.30	16.9	14.9
2003	5.56	5.30	27.7	23.3
2004	7.05	6.44	26.8	21.6
2005	8.88	7.42	26.0	15.3
2006	11.00	8.53	23.9	14.9
2007	13.73	10.26	24.8	20.4
2008	17.28	12.50	25.9	21.8
2009	22.46	15.29	30.0	22.4
2010	25.17	18.12	12.1	18.5
2011	31.15	21.39	23.8	18.1
2012	37.47	23.78	20.3	11.1
2013	44.63	26.30	19.1	10.6
2014	51.20	28.16	14.7	7.1
2015	56.20	29.24	9.8	3.8

注：表中数据根据国家统计局最新数据修订。
Note: Data are revised by National Bureau of Statistics of China.

固定资产投资（不含农户）完成额
Completed investment in fixed assets (excluding rural households)

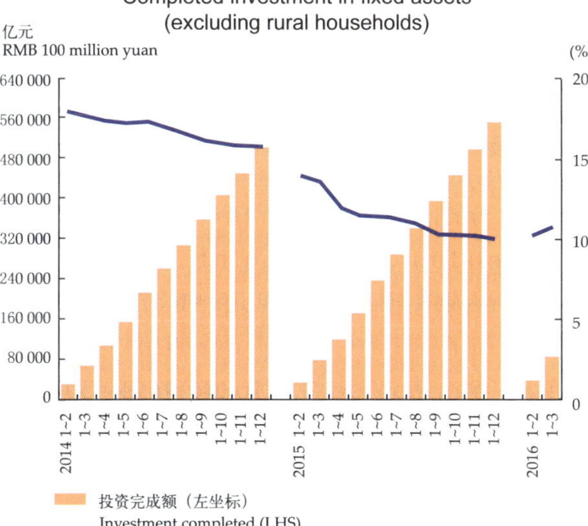

固定资产投资完成额和固定资本形成总额
Completed fixed-asset investment and gross capital formation

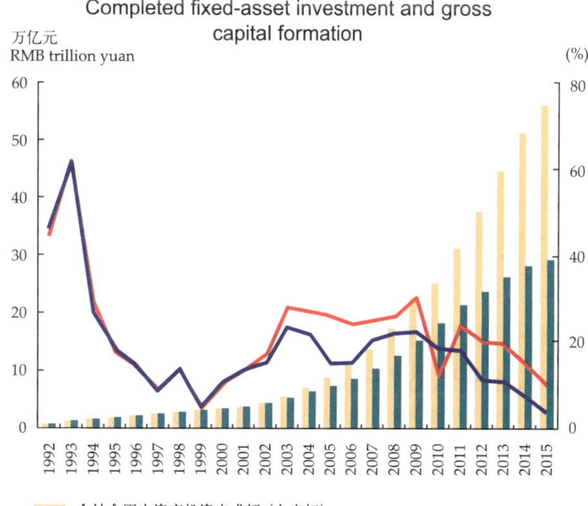

按建设性质分固定资产投资（不含农户）累计完成额及增长率

Completed investment in fixed assets (excluding rural households) and growth rate by type of construction

年/月 Year/Month	绝对值(亿元) Absolute value (RMB 100 million yuan)			增长率(%) Growth rate (%)		
	新建 New construction	扩建 Expansion	改建 Transformation	新建 New construction	扩建 Expansion	改建 Transformation
2014 1–2	14 361.0	3 393.9	3 633.5	17.8	16.5	21.4
1–3	33 810.4	8 083.7	8 836.4	20.0	15.2	16.7
1–4	54 381.7	12 762.4	13 935.2	20.4	10.6	16.3
1–5	79 119.6	18 317.9	20 120.4	20.3	10.3	18.0
1–6	110 118.3	25 106.5	27 812.1	21.0	10.7	16.8
1–7	134 257.8	31 194.3	34 142.2	20.2	12.1	16.0
1–8	158 385.9	36 719.1	40 296.7	19.8	10.5	15.1
1–9	186 107.4	42 756.9	46 976.2	19.9	9.7	14.2
1–10	210 870.7	48 593.6	54 048.3	19.5	9.2	14.5
1–11	232 460.7	53 816.3	60 821.1	19.3	9.8	14.3
1–12	256 425.1	60 224.1	69 164.5	18.7	12.0	11.5
2015 1–2	16 509.1	4 018.9	4 125.8	15.0	18.4	13.5
1–3	38 420.7	9 391.7	10 293.9	13.6	16.2	16.5
1–4	60 978.6	14 883.0	16 164.1	12.1	16.6	16.0
1–5	88 238.9	21 069.3	23 410.4	11.5	15.0	16.4
1–6	122 724.1	28 590.1	32 748.8	11.4	13.9	17.8
1–7	149 126.3	35 020.0	40 375.3	11.1	12.3	18.3
1–8	175 884.9	41 044.4	47 643.5	11.0	11.8	18.2
1–9	205 175.5	47 484.0	55 712.1	10.2	11.1	18.6
1–10	232 238.7	54 267.9	64 135.1	10.1	11.7	18.7
1–11	257 213.7	60 334.3	71 821.9	10.6	12.1	18.1
1–12	284 980.1	67 268.8	80 583.0	11.4	11.4	13.4
2016 1–2	19 225.6	3 947.0	4 583.9	16.5	-1.8	11.1
1–3	44 455.8	9 561.0	11 331.0	15.7	1.8	10.1

注：按建设性质分组的投资不含房地产投资。
Note: Investment grouped by type of construction does not include real estate investment.

按建筑性质分固定资产投资（不含农户）完成额构成变化

Completed investment in fixed assets (excluding rural households) by type of construction

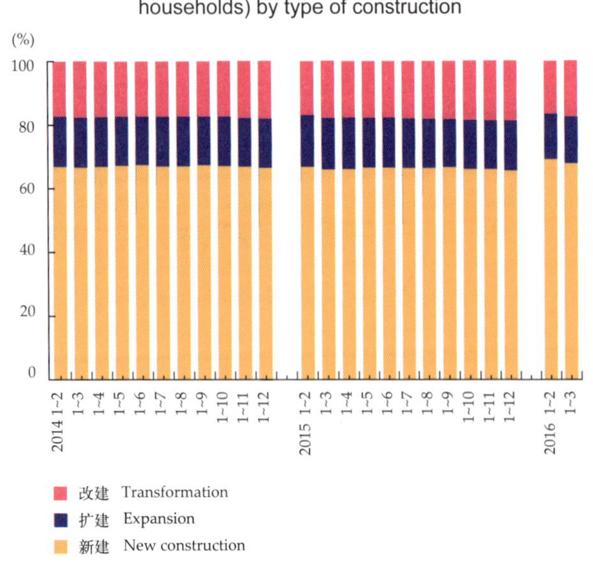

按建筑性质分固定资产投资（不含农户）完成额增长趋势

Growth of monthly accumulated completed investment in fixed assets (excluding rural households) by type of construction

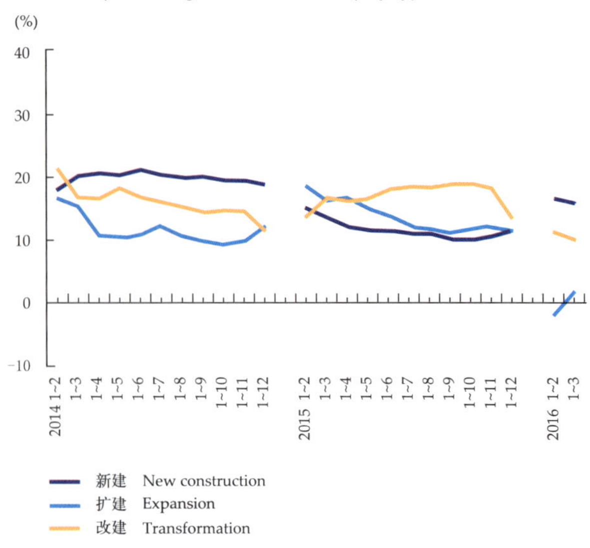

按隶属关系分固定资产投资（不含农户）累计完成额及增长率

Composition of monthly accumulated completed investment in fixed assets (excluding rural households) and growth rate by administrative relationship

年/月 Year/Month	绝对值(亿元) Absolute value (RMB 100 million yuan)		增长率(%) Growth rate (%)	
	中央项目 Central government projects	地方项目 Local government projects	中央项目 Central government projects	地方项目 Local government projects
2014 1~2	1 489	28 794	11.9	18.3
1~3	2 989	65 332	11.3	17.9
1~4	4 623	102 454	5.7	17.8
1~5	6 641	147 076	8.7	17.6
1~6	9 554	203 217	14.6	17.5
1~7	11 689	247 804	10.8	17.3
1~8	14 054	291 732	11.3	16.7
1~9	16 773	341 014	12.2	16.2
1~10	19 406	386 755	10.4	16.2
1~11	22 054	429 013	7.3	16.2
1~12	25 371	476 634	10.8	15.9
2015 1~2	1 579	32 899	6.0	14.3
1~3	3 371	74 141	12.8	13.5
1~4	4 996	114 982	8.1	12.2
1~5	7 097	164 149	6.9	11.6
1~6	9 653	227 478	1.0	11.9
1~7	12 144	276 325	3.9	11.5
1~8	14 429	324 549	2.7	11.2
1~9	17 046	377 485	1.6	10.7
1~10	19 631	427 794	1.2	10.6
1~11	22 107	475 076	0.2	10.7
1~12	26 224	525 366	6.4	10.2
2016 1~2	1 509	36 499	-4.4	10.9
1~3	3 464	82 379	2.8	11.1

按隶属关系分固定资产投资（不含农户）完成额

Completed investment in fixed assets (excluding rural households) by administrative relationship

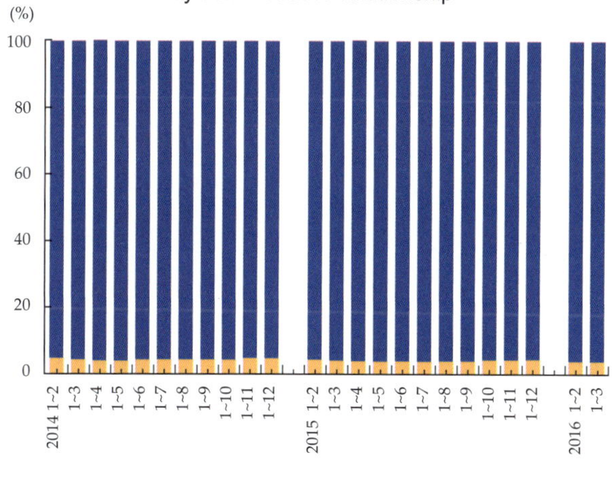

按隶属关系分固定资产投资（不含农户）完成额增长趋势

Growth of monthly accumulated completed investment in fixed assets (excluding rural households) by administrative relationship

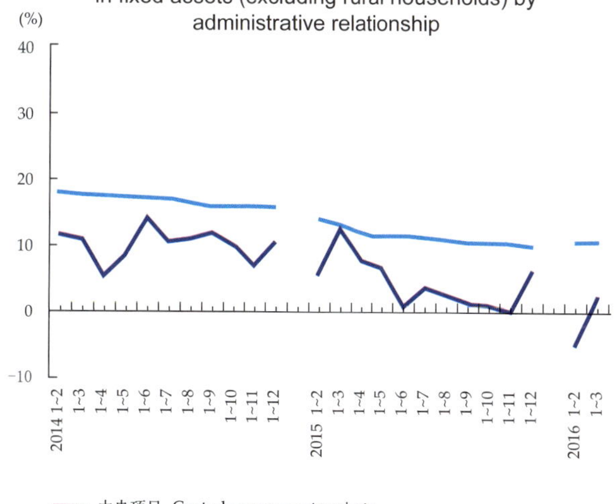

固定资产投资月度累计新开工项目数
Number of monthly accumulated urban newly started projects of fixed-asset investment

单位：万个 Unit: 10 000

	2012	2013	2014	2015	2016
1月 Jan.	—	—	—	—	—
2月 Feb.	2.16	2.43	2.69	2.77	4.28
3月 Mar.	6.18	6.77	7.09	7.69	10.73
4月 Apr.	9.87	10.74	10.97	12.01	—
5月 May	13.93	15.24	15.45	17.10	—
6月 Jun.	17.47	19.98	21.03	23.18	—
7月 Jul.	20.46	23.03	24.34	27.53	—
8月 Aug.	24.32	26.29	28.22	31.88	—
9月 Sept.	27.63	30.15	32.11	36.84	—
10月 Oct.	30.49	33.51	35.76	41.60	—
11月 Nov.	33.12	36.50	38.89	45.54	—
12月 Dec.	35.63	38.93	41.55	48.61	—

注：自2011年起，固定资产投资等于原口径的城镇固定资产投资加上农村企事业组织项目投资（不含农户）。

Note: Since 2011, "investment in fixed assets" equals to "investment in fixed assets in urban area" under the old criteria plus "investment of rural enterprises and institutions(excluding rural households)".

固定资产投资月度累计施工项目数
Number of monthly accumulated urban under-construction projects of fixed-asset investment

单位：万个 Unit: 10 000

	2012	2013	2014	2015	2016
1月 Jan.	—	—	—	—	—
2月 Feb.	10.88	12.12	13.43	13.11	15.41
3月 Mar.	17.29	19.11	20.58	20.77	24.17
4月 Apr.	22.20	24.55	25.84	26.39	—
5月 May	27.08	29.89	31.15	32.33	—
6月 Jun.	31.26	35.27	37.48	38.95	—
7月 Jul.	34.55	38.58	41.09	43.61	—
8月 Aug.	38.38	42.05	45.66	48.21	—
9月 Sept.	41.95	46.15	49.93	53.39	—
10月 Oct.	45.03	49.65	53.80	58.37	—
11月 Nov.	47.79	52.76	57.11	62.48	—
12月 Dec.	50.54	55.47	61.60	65.82	—

固定资产投资月度累计新开工项目数
Number of monthly accumulated newly started projects of fixed-asset investment

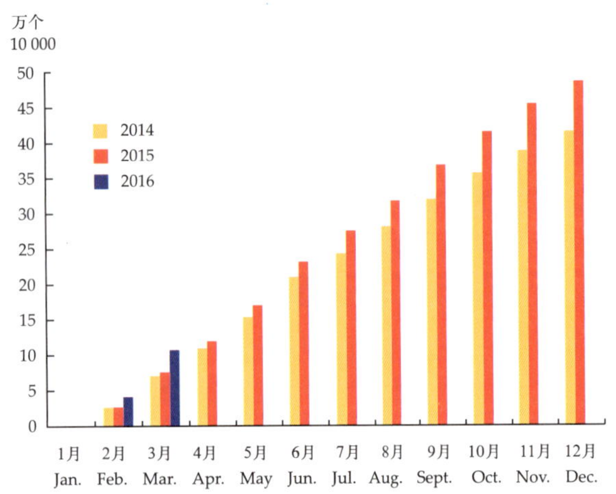

固定资产投资月度累计施工项目数
Number of monthly accumulated under-construction projects of fixed-asset investment

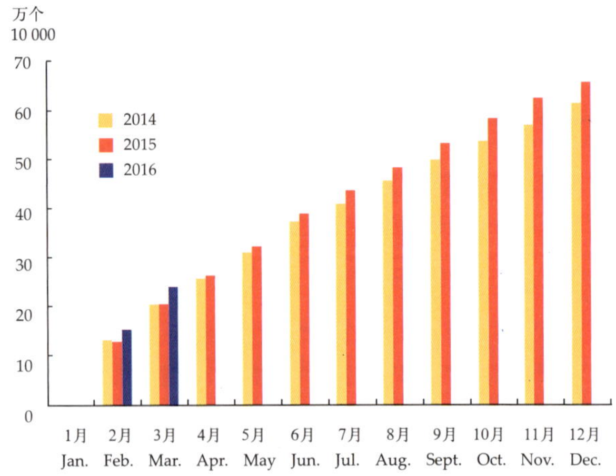

2016年第一季度分省固定资产投资完成额（不含农户）及增长率
Accumulated completed investment in fixed assets (excluding rural households) and growth rate by province in the first quarter of 2016

单位：亿元　Unit: RMB100 million yuan

	固定资产投资（不含农户）累计完成额 Accumulated completed investment in fixed assets (excluding rural households)	增长率(%) Growth rate (%)
Yunnan 云南	2 278.1	21.1
Chongqing 重庆	2 422.4	21.0
Tibet 西藏	79.0	17.0
Jiangxi 江西	2 805.5	14.7
Hunan 湖南	3 516.4	14.5
Hainan 海南	621.0	14.1
Tianjin 天津	2 290.7	13.8
Hubei 湖北	4 731.2	13.6
Henan 河南	4 910.5	13.5
Ningxia 宁夏	269.1	13.4
Shanxi 山西	972.7	13.0
Inner Mongolia 内蒙古	564.9	12.8
Guizhou 贵州	1 830.1	12.8
Qinghai 青海	198.5	12.7
Zhejiang 浙江	5 424.0	12.5
Beijing 北京	1 132.2	12.3
Guangdong 广东	5 093.7	12.1
Fujian 福建	4 276.0	12.0
Sichuan 四川	6 084.7	12.0
Shaanxi 陕西	2 143.6	11.8
Guangxi 广西	2 801.3	11.7
Anhui 安徽	4 790.3	11.4
Hebei 河北	3 864.2	10.9
Shandong 山东	7 407.7	10.6
Gansu 甘肃	718.9	10.5
Jiangsu 江苏	10 515.2	9.3
Jilin 吉林	430.0	8.5
Shanghai 上海	1 190.8	8.4
Heilongjiang 黑龙江	192.2	6.3
Xinjiang 新疆	462.3	1.1
Liaoning 辽宁	1 413.2	-27.4

2016年第一季度分省固定资产投资完成额（不含农户）及增长率
Accumulated completed investment in fixed assets (excluding rural households) and growth rate by province in the first quarter of 2016

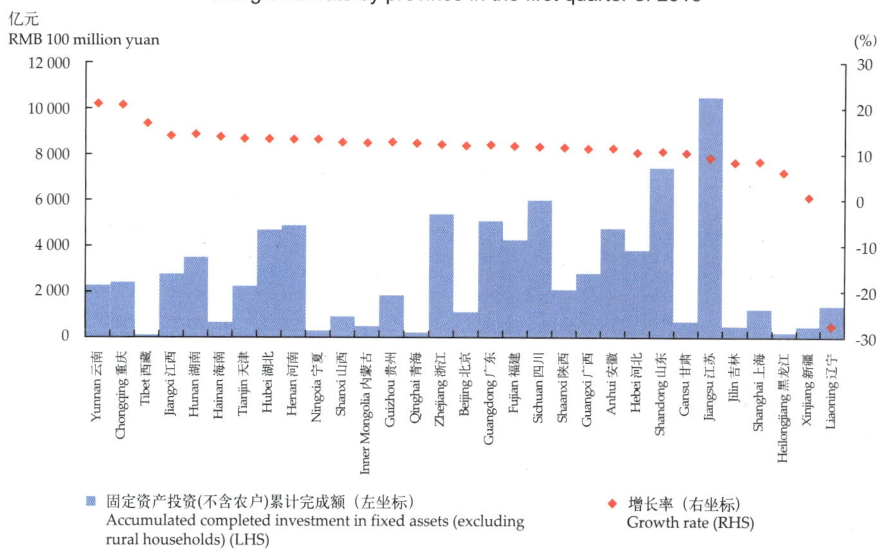

4.房地产
(4) Real estate development

房地产开发投资按工程用途分的完成额及增长率
Real estate development investment completed and growth rate by purpose of engineering

单位：亿元　Unit: RMB100 million yuan

年/月 Year/Month	房地产开发投资完成额 Real estate development investment completed		按工程用途 By purpose of engineering							
			住宅投资 Residential building investment		办公楼投资 Office building investment		商业用房投资 Commercial and business building investment		其他投资 Other investment	
	绝对值 Absolute value	增长率(%) Growth rate (%)	绝对值 Absolute value	增长率(%) Growth rate (%)	绝对值 Absolute value	增长率(%) Growth rate (%)	绝对值 Absolute value	增长率(%) Growth rate (%)	绝对值 Absolute value	增长率(%) Growth rate (%)
2014 1~2	7 956	19.3	5 426	18.4	494	27.1	1 117	26.4	919	12.8
1~3	15 339	16.8	10 530	16.8	902	20.8	2 160	25.5	1 746	5.7
1~4	22 322	16.4	15 299	16.6	1 309	18.9	3 194	25.4	2 519	4.5
1~5	30 739	14.7	21 043	14.6	1 773	16.2	4 427	23.6	3 496	5.1
1~6	42 019	14.1	28 689	13.7	2 394	19.0	6 172	23.2	4 763	4.0
1~7	50 381	13.7	34 365	13.3	2 876	19.3	7 453	22.3	5 686	3.8
1~8	58 975	13.2	40 159	12.4	3 384	18.7	8 813	22.9	6 619	4.0
1~9	68 751	12.5	46 725	11.3	4 008	22.8	10 342	22.8	7 677	3.0
1~10	77 220	12.4	52 464	11.1	4 517	23.8	11 687	23.4	8 553	2.4
1~11	86 601	11.9	58 676	10.5	5 124	24.6	13 100	22.0	9 702	2.7
1~12	95 036	10.5	64 352	9.2	5 641	21.3	14 346	20.1	10 696	2.2
2015 1~2	8 786	10.4	5 922	9.1	567	14.9	1 321	18.2	976	6.3
1~3	16 651	8.5	11 156	5.9	1 088	20.6	2 532	17.2	1 875	7.4
1~4	23 669	6.0	15 870	3.7	1 488	13.6	3 638	13.9	2 673	6.1
1~5	32 292	5.1	21 645	2.9	1 999	12.8	4 955	11.9	3 693	5.6
1~6	43 955	4.6	29 506	2.8	2 739	14.4	6 705	8.6	5 005	5.1
1~7	52 562	4.3	35 380	3.0	3 264	13.5	8 021	7.6	5 897	3.7
1~8	61 063	3.5	41 098	2.3	3 865	14.2	9 291	5.4	6 809	2.9
1~9	70 535	2.6	47 505	1.7	4 453	11.1	10 752	4.0	7 824	1.9
1~10	78 801	2.0	53 150	1.3	5 000	10.7	12 010	2.8	8 641	1.0
1~11	87 702	1.3	59 069	0.7	5 652	10.3	13 354	1.9	9 627	-0.8
1~12	95 979	1.0	64 595	0.4	6 210	10.1	14 607	1.8	10 566	-1.2
2016 1~2	9 052	3.0	6 028	1.8	658	16.1	1 356	2.7	1 010	3.4
1~3	17 677	6.2	11 670	4.6	1 242	14.2	2 712	7.1	2 053	9.5

房地产开发投资按工程用途分的构成变化
Change in composition of real estate development investment by purpose of engineering

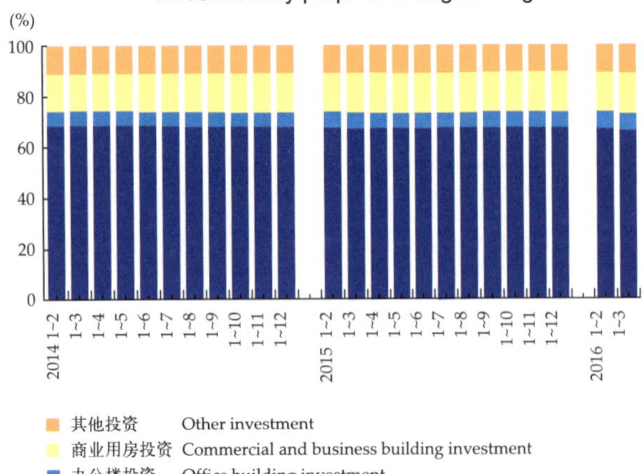

其他投资　Other investment
商业用房投资　Commercial and business building investment
办公楼投资　Office building investment
住宅投资　Residential building investment

房地产开发投资按工程用途分的增长趋势
Growth of composition of real estate development investment by purpose of engineering

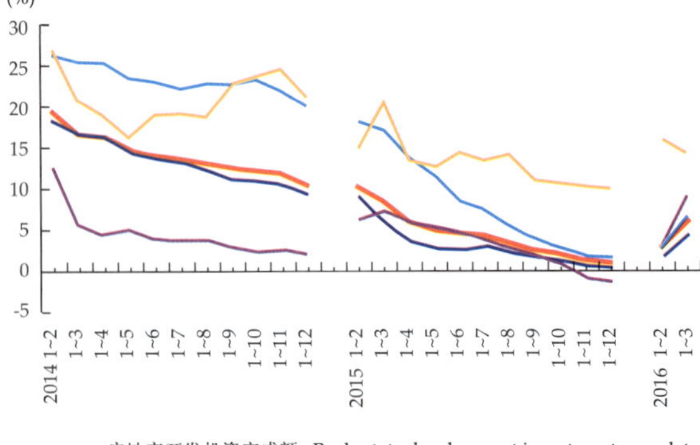

房地产开发投资完成额　Real estate development investment completed
住宅投资　Residential building investment
办公楼投资　Office building investment
商业用房投资　Commercial and business building investment
其他投资　Other investment

房地产开发投资按地区分的完成额及增长率
Real estate development investment completed and growth rate by region

单位：亿元 Unit: RMB 100 million yuan

年/月 Year/Month	东部地区投资 Investment in eastern area		中部地区投资 Investment in central area		西部地区投资 Investment in western area	
	绝对值 Absolute value	增长率(%) Growth rate (%)	绝对值 Absolute value	增长率(%) Growth rate (%)	绝对值 Absolute value	增长率(%) Growth rate (%)
2014 1~2	4 792	19.1	1 508	21.5	1 656	17.9
1~3	9 139	17.7	2 916	15.6	3 285	15.5
1~4	13 230	17.7	4 268	12.2	4 823	16.6
1~5	17 995	16.0	6 013	10.4	6 731	15.4
1 6	24 223	14.6	8 558	11.9	9 237	14.8
1~7	28 833	14.1	10 380	11.6	11 168	14.7
1~8	33 525	13.6	12 289	10.6	13 160	14.4
1~9	38 737	12.6	14 536	10.7	15 479	14.0
1~10	43 195	12.4	16 523	11.0	17 503	14.0
1~11	48 238	12.0	18 650	9.2	19 713	14.2
1~12	52 941	10.4	20 662	8.5	21 433	12.8
2015 1~2	5 338	11.4	1 609	6.7	1 840	11.1
1~3	10 003	9.5	3 116	6.9	3 531	7.5
1~4	14 109	6.6	4 517	5.8	5 043	4.6
1~5	18 984	5.5	6 309	4.9	6 999	4.0
1~6	25 421	4.9	8 864	3.6	9 670	4.7
1~7	30 186	4.7	10 781	3.9	11 596	3.8
1~8	34 754	3.7	12 717	3.5	13 591	3.3
1~9	39 865	2.9	14 871	2.3	15 799	2.1
1~10	44 193	2.3	16 851	2.0	17 757	1.5
1~11	48 789	1.1	18 988	1.8	19 926	1.1
1~12	53 231	0.5	21 038	1.8	21 709	1.3
2016 1~2	5 536	3.7	1 678	4.3	1 838	-0.1
1~3	10 539	5.4	3 411	9.5	3 726	5.5

房地产开发投资按地区分的构成变化
Change in composition of real estate development investment by region

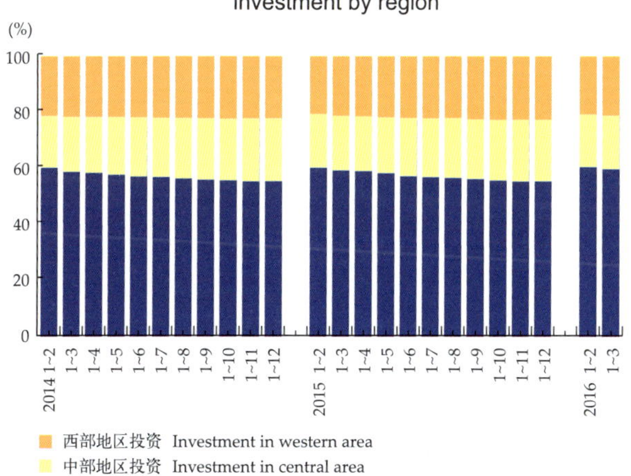

房地产开发投资按地区分的增长趋势
Growth of composition of real estate development investment by region

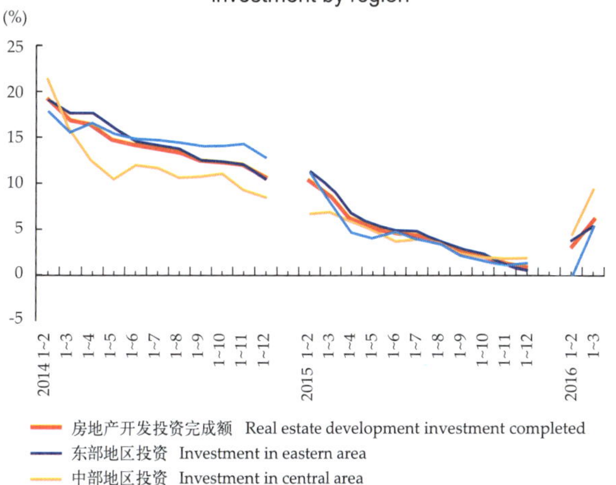

商品房建筑与销售
Construction and sales of commercial buildings

单位：亿平方米、亿元
Unit: 100 million square meters, RMB 100 million yuan

年／月 Year/Month	施工面积 Area under construction	同比增长(%) YOY growth(%)	竣工面积 Area completed	同比增长(%) YOY growth(%)	销售面积 Area sold	同比增长(%) YOY growth(%)	销售面积与竣工面积之比(%) Ratio of sold to completed areas(%)	月度累计销售额 Monthly accumulated sales volume	增长率(%) Growth rate (%)
2014 1~2	53.0	16.3	1.2	-8.2	1.0	-0.1	84	7 090	-3.7
1~3	54.7	14.2	1.9	-4.9	2.0	-3.8	109	13 263	-5.2
1~4	56.5	12.8	2.4	-0.3	2.8	-6.9	117	18 307	-7.8
1~5	58.6	12.0	3.1	6.8	3.6	-7.8	117	23 674	-8.5
1~6	61.1	11.3	3.8	8.1	4.8	-6.0	127	31 133	-6.7
1~7	63.3	11.3	4.4	4.5	5.6	-7.6	130	36 315	-8.2
1~8	65.3	11.5	5.0	6.7	6.5	-8.3	131	41 661	-8.9
1~9	67.3	11.5	5.7	7.2	7.7	-8.6	137	49 227	-8.9
1~10	69.2	12.3	6.4	7.6	8.8	-7.8	139	56 385	-7.9
1~11	71.1	10.1	7.5	8.1	10.2	-8.2	136	64 481	-7.8
1~12	72.6	9.2	10.7	5.9	12.1	-7.6	112	76 292	-6.3
2015 1~2	57.0	7.6	1.1	-12.9	0.9	-16.3	81	5 972	-15.8
1~3	58.4	6.8	1.7	-8.2	1.8	-9.2	107	12 023	-9.3
1~4	60.0	6.2	2.1	-10.5	2.6	-4.8	124	17 739	-3.1
1~5	61.7	5.3	2.7	-13.3	3.6	-0.2	135	24 409	3.1
1~6	63.8	4.3	3.3	-13.8	5.0	3.9	153	34 259	10.0
1~7	65.4	3.4	3.8	-13.1	6.0	6.1	158	41 171	13.4
1~8	66.9	2.5	4.2	-14.6	7.0	7.2	164	48 042	15.3
1~9	69.4	3.0	5.1	-9.8	8.3	7.5	163	56 745	15.3
1~10	70.8	2.3	6.1	-4.2	9.5	7.2	155	64 790	14.9
1~11	72.4	1.8	7.2	-3.5	10.9	7.4	151	74 522	15.6
1~12	73.6	1.3	10.0	-6.9	12.8	6.5	128	87 281	14.4
2016 1~2	60.4	5.9	1.4	28.9	1.1	28.2	81	8 577	43.6
1~3	61.8	5.8	2.0	17.7	2.4	33.1	121	18 524	54.1

商品房施工面积、竣工面积与销售面积
Area of commercial housing under construction, completed, and sold

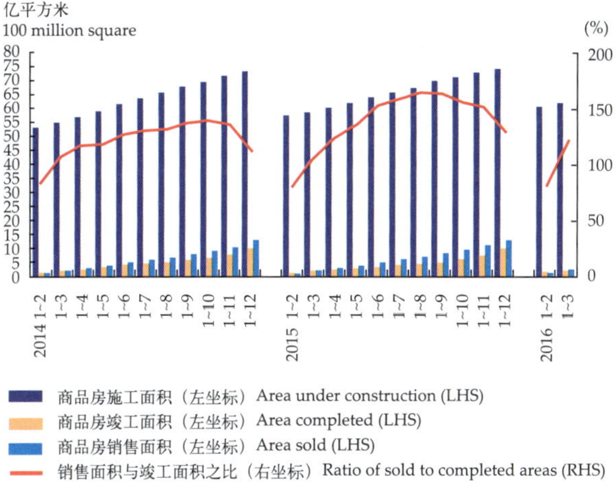

商品房施工面积、竣工面积与销售面积增长趋势
Growth of area of commercial housing under construction, completed, and sold

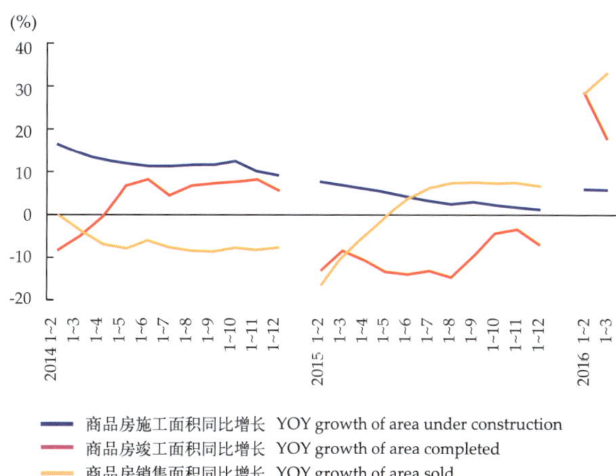

商品房销售额及其增长率
Sales volume of commercial housing and its growth rate

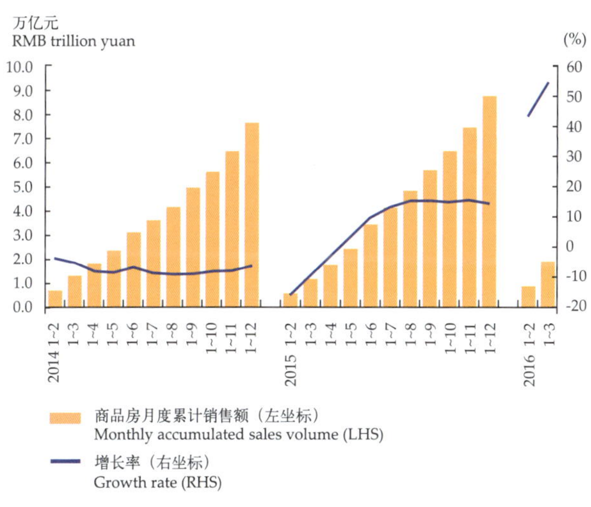

住宅在商品房施工面积、竣工面积与销售面积中所占的比重
Share of residences in commercial housing under construction, completed, and sold

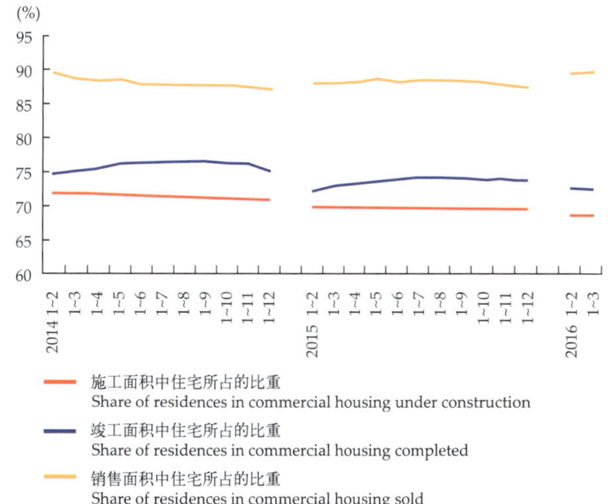

主要经济指标环比增速
MOM growth rates of main economic indicators

年/季 Year/Quarter	国内生产总值 Gross domestic product (%)	年/月 Year/Month		规模以上工业增加值 Value added of industry (%)	固定资产投资（不含农户）Completed investment in fixed assets（excluding rural households）(%)	社会消费品零售总额 Retail sales of consumer goods (%)
2013		2013	1	0.61	1.69	0.14
			2	0.78	1.50	0.87
I	1.8		3	0.72	1.48	1.50
			4	0.80	1.57	0.99
			5	0.74	1.32	0.95
II	1.7		6	0.62	1.28	1.09
			7	0.90	1.60	1.08
			8	1.09	1.54	0.92
III	2.2		9	0.54	1.15	1.02
			10	0.85	0.59	0.96
			11	0.73	1.50	1.00
IV	1.6		12	0.51	1.45	0.94
2014		2014	1	0.55	1.49	0.85
			2	0.58	1.22	0.91
I	1.6		3	0.92	1.09	1.10
			4	0.57	1.16	0.81
			5	0.58	0.97	1.01
II	1.8		6	0.55	1.04	0.79
			7	0.76	0.91	0.94
			8	0.13	0.92	0.80
III	1.8		9	0.90	1.01	0.79
			10	0.43	0.95	0.91
			11	0.35	0.94	0.87
IV	1.7		12	0.74	0.94	0.96
2015		2015	1	0.45	0.88	0.80
			2	0.42	0.76	0.84
I	1.3		3	0.28	0.85	0.82
			4	0.59	0.65	0.83
			5	0.51	0.95	0.80
II	1.9		6	0.60	0.98	0.83
			7	0.31	0.63	0.76
			8	0.52	0.62	0.85
III	1.8		9	0.38	0.74	0.83
			10	0.46	0.99	0.79
			11	0.56	0.92	0.84
IV	1.6		12	0.40	0.78	0.80
2016		2016	1	0.45	0.78	0.79
			2	0.40	0.70	0.62
I	1.1		3	0.63	0.84	0.86

注：1. 自2011年4月起，国家统计局对外公布国内生产总值、规模以上工业增加值、固定资产投资（不含农户）、社会消费品零售总额四项统计指标的经季节调整的环比数据。
2. 表中数据根据国家统计局最新数据修订。

Notes:1. From April 2011, National Bureau of Statistics began to pubilsh four seasonally-adjusted MOM indices, namely: gross domestic product, value added of industry, completed investment in fixed assets (excluding rural households), retail sales of consumer goods.
2. Data are revised by National Bureau of Statistics of China.

五、对外部门
5. External Sector

1.外贸
(1)Foreign trade

据世界贸易组织统计，2014年，中国货物贸易出口总值为2.34万亿美元，占世界货物贸易出口总值18.93万亿美元的12.4%，比2013年提高0.7个百分点，在全球货物贸易出口排名中位居第一。2014年，中国货物贸易进口总值为1.96万亿美元，占世界货物贸易进口总值19.02万亿美元的10.3%，与2013年持平，在全球货物贸易进口中排名第二，位于美国之后。

According to WTO statistics, in 2014, China's export volume of goods totaled USD2.34 trillion, accounting for 12.4 percent of the world total of USD18.93 trillion, 0.7 percentage point higher than that in 2013. And China's goods export also ranked 1st in the world. China's import volume of goods reached USD1.96 trillion, accounting for 10.3 percent of the world total of USD19.02 trillion the same as that in 2013. China ranked 2nd in the world after the U.S. in terms of goods imports.

2014年世界货物贸易出口前十位排名
Top ten economies in the world in terms of goods exported in 2014

	出口(10亿美元) Exports (USD billion)	比重(%) Share (%)
世界 World total	**18 930**	**100.0**
1 中 国 China	**2 342**	**12.4**
2 美 国 U.S.	1 621	8.6
3 德 国 Germany	1 508	8.0
4 日 本 Japan	684	3.6
5 荷 兰 Netherlands	672	3.6
6 法 国 France	583	3.1
7 韩 国 Korea	573	3.0
8 意大利 Italy	529	2.8
9 中国香港 HK SAR of China	524	2.8
10 英 国 U.K.	506	2.7

2014年世界货物贸易进口前十位排名
Top ten economies in the world in terms of goods imported in 2014

	进口(10亿美元) Imports (USD billion)	比重(%) Share (%)
世界 World total	**19 018**	**100.0**
1 美 国 U.S.	2 413	12.7
2 中 国 China	**1 959**	**10.3**
3 德 国 Germany	1 216	6.4
4 日 本 Japan	822	4.3
5 英 国 U.K.	684	3.6
6 法 国 France	678	3.6
7 中国香港 HK SAR of China	601	3.2
8 荷 兰 Netherlands	588	3.1
9 韩 国 Korea	526	2.8
10 加拿大 Canada	475	2.5

年度进出口额及其增长率
Annual imports & exports and growth rates

单位：亿美元
Unit: USD 100 million

年 Year	进出口 Imports & Exports		出口 Exports		进口 Imports		进出口差额 Trade balance
	总额 Total value	增长率(%) Growth rate (%)	总额 Total value	增长率(%) Growth rate (%)	总额 Total value	增长率(%) Growth rate (%)	
1991	1 357	17.6	719	15.8	638	19.6	81
1992	1 655	22.0	849	18.1	806	26.3	44
1993	1 957	18.2	917	8.0	1 040	29.0	-122
1994	2 366	20.9	1 210	31.9	1 156	11.2	54
1995	2 809	18.7	1 488	23.0	1 321	14.2	167
1996	2 899	3.2	1 510	1.5	1 388	5.1	122
1997	3 252	12.2	1 828	21.0	1 424	2.5	404
1998	3 239	-0.4	1 837	0.5	1 402	-1.5	435
1999	3 606	11.3	1 949	6.1	1 657	18.2	292
2000	4 743	31.5	2 492	27.8	2 251	35.8	241
2001	5 097	7.5	2 661	6.8	2 436	8.2	225
2002	6 208	21.8	3 256	22.4	2 952	21.2	304
2003	8 510	37.1	4 382	34.6	4 128	39.8	255
2004	11 546	35.7	5 933	35.4	5 612	36.0	321
2005	14 219	23.2	7 620	28.4	6 600	17.6	1 020
2006	17 604	23.8	9 689	27.2	7 915	19.9	1 775
2007	21 766	23.6	12 205	25.9	9 561	20.8	2 643
2008	25 633	17.8	14 307	17.2	11 326	18.5	2 981
2009	22 075	-13.9	12 016	-16.0	10 059	-11.2	1 957
2010	29 740	34.7	15 778	31.3	13 962	38.8	1 815
2011	36 419	22.5	18 986	20.3	17 433	24.9	1 549
2012	38 671	6.2	20 487	7.9	18 184	4.3	2 303
2013	41 590	7.5	22 090	7.8	19 500	7.2	2 590
2014	43 015	3.4	23 423	6.0	19 592	0.4	3 831
2015	39 565	-8.0	22 748	-2.9	16 816	-14.2	5 932

注：表中数据根据海关总署最新数据修订。
Note: Data are revised by General Administration of Customs of the People's Republic of China.

出口总值与GDP之比
Total exports over GDP

(%)

2005	2006	2007	2008	2009	2010	2011	2012	2013	2014	2015
34	36	35	32	24	26	25	24	23	23	21

注：图中数据根据国家统计局最新数据修订。
Note: Data are revised by National Bureau of Statistics of China.

贸易差额
Trade balance

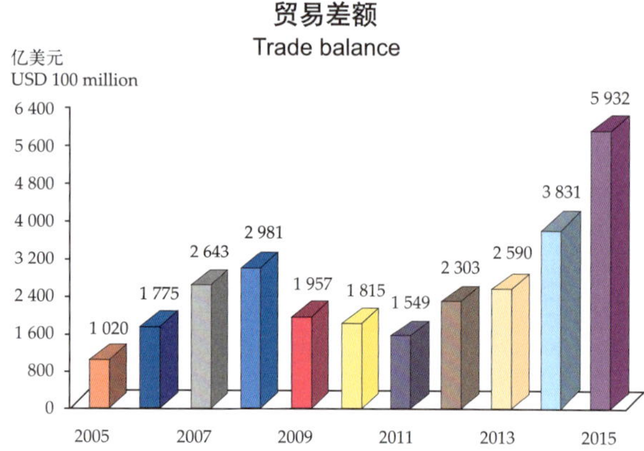

贸易总额及其增长趋势
Total trade volume and growth rates

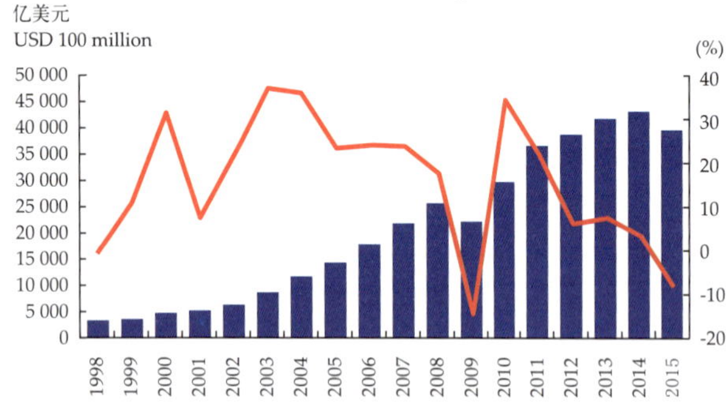

贸易总额与GDP之比
Total trade volume over GDP

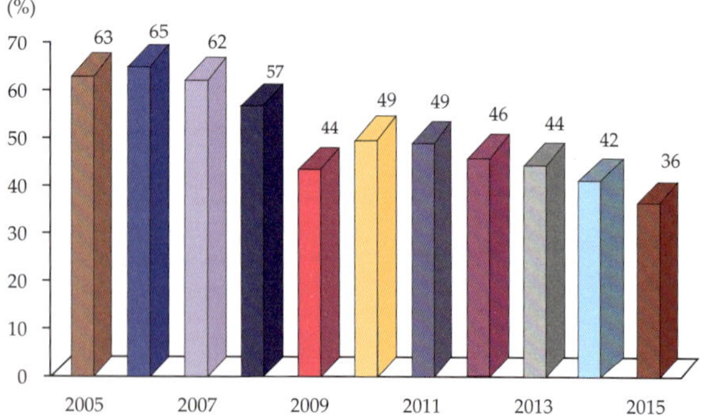

注：图中数据根据国家统计局最新数据修订。
Note: Data are revised by National Bureau of Statistics of China.

当月进出口总值及其增长率
Total monthly imports, exports, and growth rates

单位：亿美元
Unit: USD 100 million

年/月 Year/Month	出口总值 Total exports	进口总值 Total imports	出口同比增长率(%) Growth rate of exports (YOY)(%)	进口同比增长率(%) Growth rate of imports (YOY)(%)	当月差额 Monthly trade balance
2014.01	2 070	1 750	10.5	9.9	320
2014.02	1 141	1 366	-18.1	9.8	-226
2014.03	1 700	1 620	-6.6	-11.5	80
2014.04	1 884	1 698	0.8	0.7	187
2014.05	1 956	1 594	7.1	-1.6	362
2014.06	1 868	1 549	7.2	5.1	319
2014.07	2 127	1 654	14.4	-1.6	474
2014.08	2 083	1 585	9.4	-2.4	499
2014.09	2 136	1 823	15.2	6.9	312
2014.10	2 068	1 611	11.6	4.4	457
2014.11	2 116	1 568	4.7	-6.9	548
2014.12	2 274	1 775	9.7	-2.5	499
2015.01	1 999	1 406	-3.5	-19.7	593
2015.02	1 690	1 086	48.2	-20.5	604
2015.03	1 443	1 417	-15.1	-12.5	25
2015.04	1 759	1 427	-6.6	-16.0	333
2015.05	1 889	1 318	-3.5	-17.3	571
2015.06	1 896	1 444	1.5	-6.7	452
2015.07	1 932	1 514	-9.2	-8.4	418
2015.08	1 962	1 366	-5.8	-13.8	596
2015.09	2 051	1 455	-3.9	-20.2	597
2015.10	1 924	1 310	-7.0	-18.6	613
2015.11	1 967	1 429	-7.0	-8.8	538
2015.12	2 236	1 642	-1.7	-7.5	594
2016.01	1 770	1 136	-11.4	-19.2	634
2016.02	1 260	936	-25.4	-13.8	325
2016.03	1 607	1 310	11.4	-7.5	296

月度累计进出口总值及其增长率
Total accumulated monthly imports,exports, and growth rates

单位：亿美元
Unit: USD 100 million

年/月 Year/Month	累计出口总值 Accumulated total exports	累计进口总值 Accumulated total imports	累计出口同比增长率(%) Growth rate of accumulated exports (YOY) (%)	累计进口同比增长率(%) Growth rate of accumulated imports (YOY) (%)	累计贸易差额 Accumulated trade balance
2014.01	2 070	1 750	10.5	9.9	320
2014.02	3 211	3 116	-1.7	9.9	95
2014.03	4 911	4 737	-3.5	1.5	174
2014.04	6 795	6 434	-2.3	1.3	361
2014.05	8 751	8 028	-0.4	0.7	723
2014.06	10 619	9 577	0.9	1.4	1 042
2014.07	12 746	11 230	2.9	1.0	1 516
2014.08	14 830	12 815	3.8	0.5	2 015
2014.09	16 965	14 639	5.1	1.3	2 327
2014.10	19 033	16 249	5.8	1.6	2 784
2014.11	21 149	17 817	5.7	0.8	3 331
2014.12	23 423	19 592	6.0	0.5	3 831
2015.01	1 999	1 406	-3.5	-19.7	593
2015.02	3 689	2 492	14.9	-20.0	1 197
2015.03	5 132	3 910	4.5	-17.5	1 222
2015.04	6 892	5 337	1.4	-17.1	1 555
2015.05	8 780	6 654	0.3	-17.1	2 126
2015.06	10 676	8 099	0.5	-15.4	2 578
2015.07	12 608	9 613	-1.1	-14.4	2 995
2015.08	14 570	10 979	-1.8	-14.3	3 591
2015.09	16 622	12 434	-2.0	-15.1	4 188
2015.10	18 545	13 744	-2.6	-15.4	4 801
2015.11	20 512	15 174	-3.0	-14.8	5 338
2015.12	22 748	16 816	-2.9	-14.2	5 932
2016.01	1 770	1 136	-11.4	-19.2	634
2016.02	3 030	2 072	-17.8	-16.8	959
2016.03	4 637	3 382	-9.6	-13.4	1 255

注：表中数据根据海关总署最新数据修订。
Note: Data are revised by General Administration of Customs of the People's Republic of China.

当月进出口总值及其增长率
Total monthly imports, exports, and growth rates

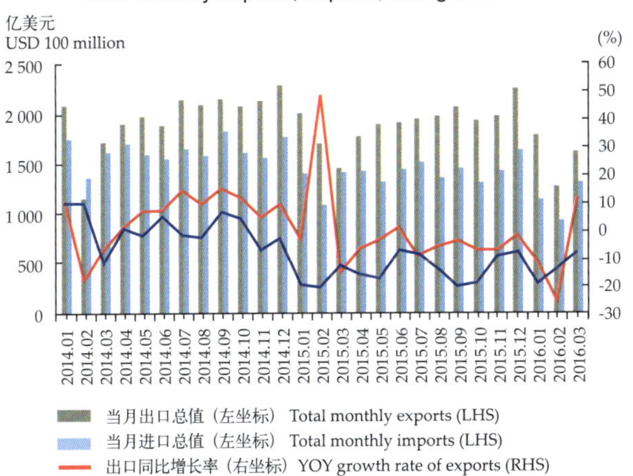

月度累计进出口总值及其增长率
Total accumulated monthly imports, exports, and growth rates

贸易差额月度变动趋势
Movement of monthly trade balance

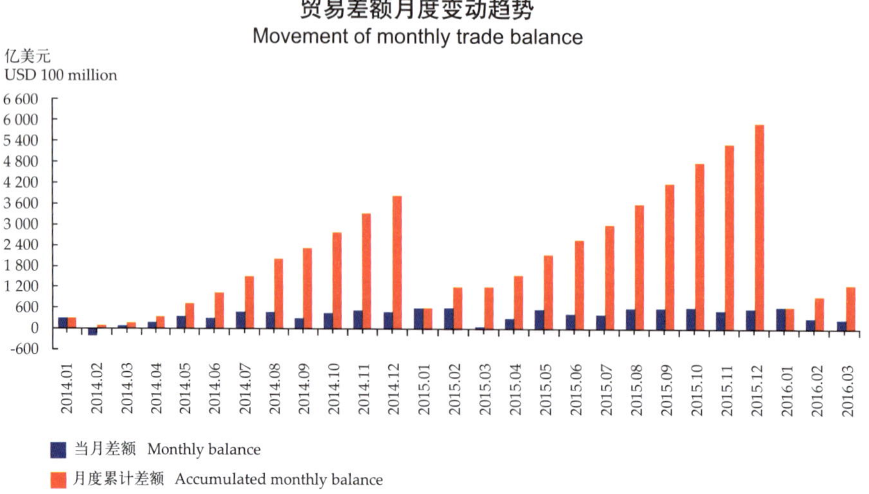

贸易差额构成
Composition of trade balance

单位：亿美元
Unit: USD 100 million

年 Year	贸易差额总计 Total trade balance	一般贸易 General trade	加工贸易 Processing trade	其他贸易 Other trade
1998	435	306	359	-229
1999	292	121	373	-202
2000	241	51	451	-261
2001	225	-16	535	-293
2002	304	71	577	-344
2003	255	-57	789	-478
2004	321	-45	1 063	-696
2005	1 020	354	1 425	-759
2006	1 775	832	1 889	-945
2007	2 643	1 107	2 491	-955
2008	2 981	908	2 967	-894
2009	1 957	-47	2 646	-642
2010	1 815	-487	3 228	-926
2011	1 549	-906	3 655	-1 200
2012	2 303	-345	3 814	-1 166
2013	2 590	-225	3 634	-818
2014	3 831	942	3 600	-710
2015	5 932	2 928	3 508	-503

注：“贸易差额总计”根据《海关统计》月报修订。
Note: "Total trade balance" are revised by *China Monthly Exports and Imports*.

月度累计贸易差额按企业性质分
Accumulated monthly trade balance by enterprise

单位：亿美元
Unit: USD 100 million

年/月 Year/Month	国有企业 State-owned enterprises	外资企业 Foreign-funded enterprises	其他企业 Other enterprises
2014.01	-247	157	411
2014.02	-486	169	412
2014.03	-713	284	603
2014.04	-966	383	944
2014.05	-1 148	540	1 332
2014.06	-1 314	646	1 710
2014.07	-1 493	802	2 206
2014.08	-1 668	948	2 735
2014.09	-1 864	1 036	3 155
2014.10	-2 022	1 213	3 593
2014.11	-2 162	1 475	4 019
2014.12	-2 346	1 654	4 522
2015.01	-145	162	577
2015.02	-234	333	1 098
2015.03	-435	386	1 272
2015.04	-601	490	1 666
2015.05	-705	658	2 174
2015.06	-865	769	2 674
2015.07	-1 041	853	3 183
2015.08	-1 156	1 013	3 735
2015.09	-1 285	1 203	4 270
2015.10	-1 393	1 418	4 775
2015.11	-1 504	1 568	5 274
2015.12	-1 654	1 748	5 838
2016.01	-79	163	550
2016.02	-151	245	864
2016.03	-261	330	1 186

贸易差额构成
Composition of trade balance

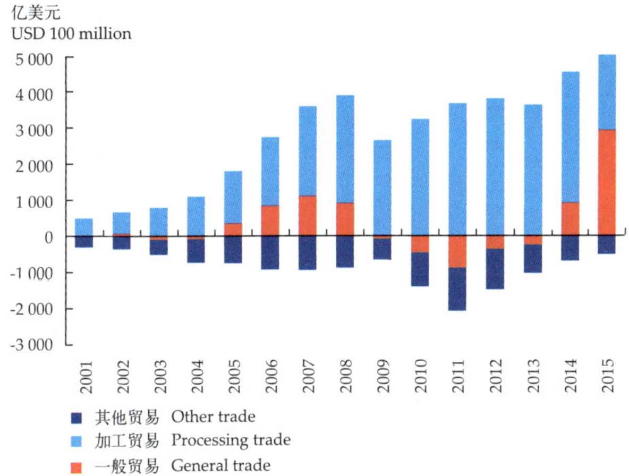

月度累计贸易差额按企业性质分
Accumulated monthly trade balance by enterprise

一般贸易累计进出口及其增长率
Accumulated imports and exports under general trade and growth rates

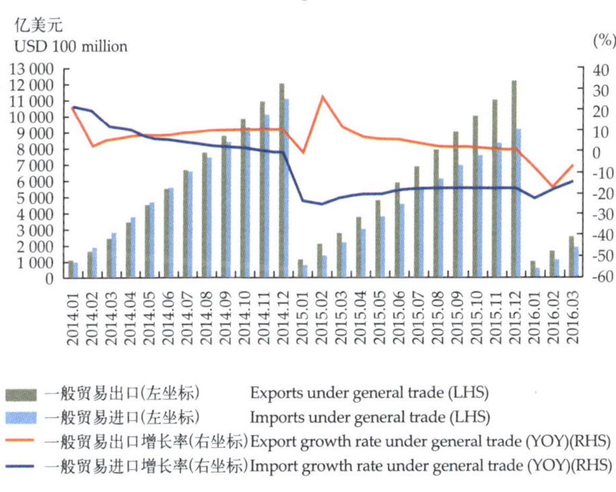

加工贸易累计进出口及其增长率
Accumulated imports and exports under processing trade and growth rates

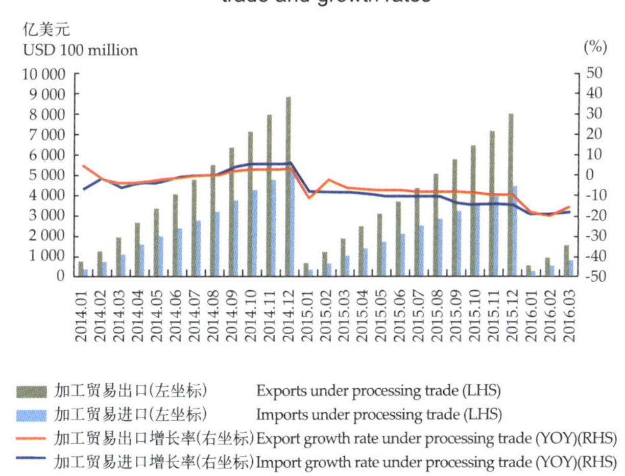

中国大陆对美国进出口及其增长趋势
Mainland China's imports from and exports to the U.S. and their growth

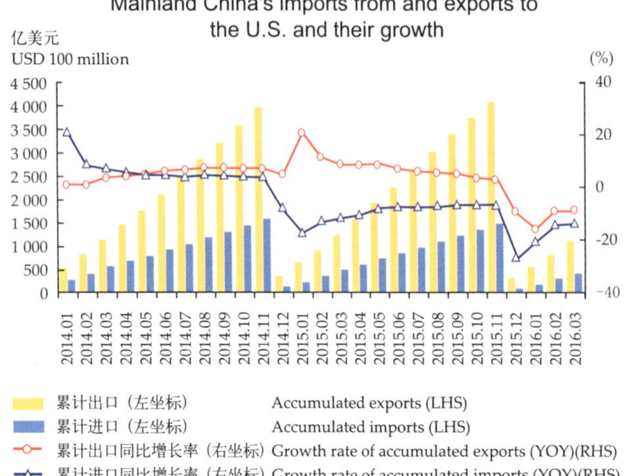

中国大陆对美国贸易总额和贸易差额
Mainland China's trade volume and trade balance with the U.S.

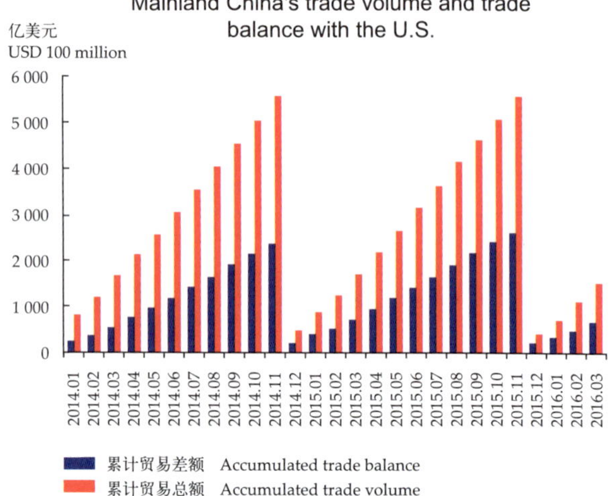

中国大陆对欧盟进出口及其增长趋势
Mainland China's imports from and exports to the EU and their growth

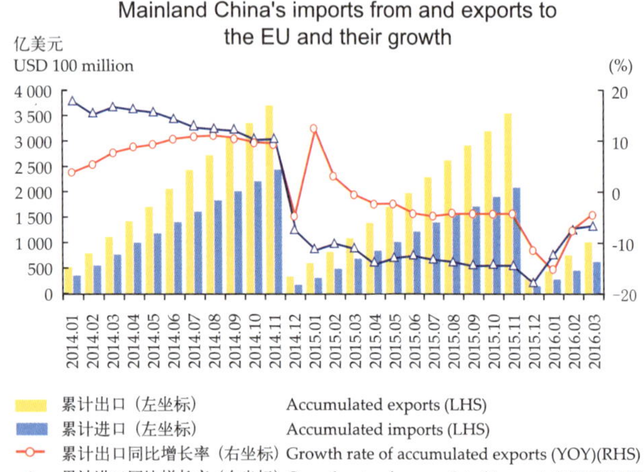

中国大陆对欧盟贸易总额和贸易差额
Mainland China's trade volume and trade balance with the EU

中国大陆对日本进出口及其增长趋势
Mainland China's imports from and exports to Japan and their growth

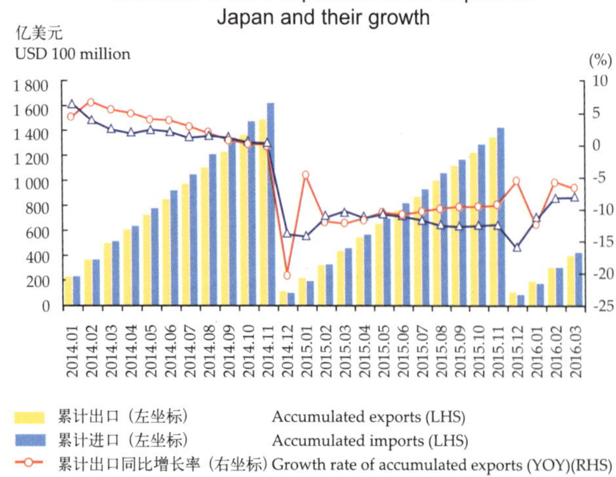

中国大陆对日本贸易总额和贸易差额
Mainland China's trade volume and trade balance with Japan

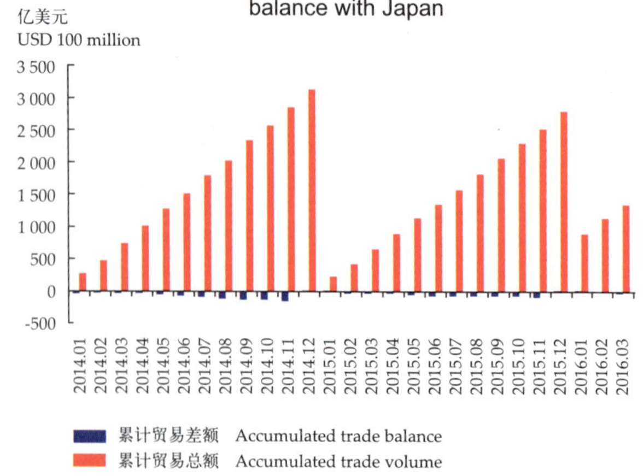

中国大陆对东盟进出口及其增长趋势
Mainland China's imports from and exports to ASEAN and their growth

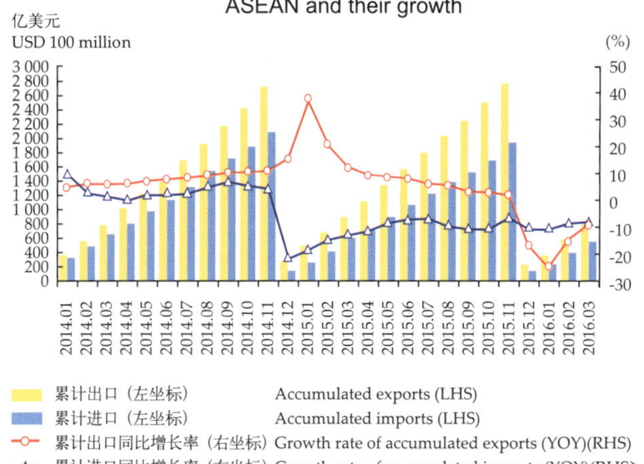

中国大陆对东盟贸易总额和贸易差额
Mainland China's trade volume and trade balance with ASEAN

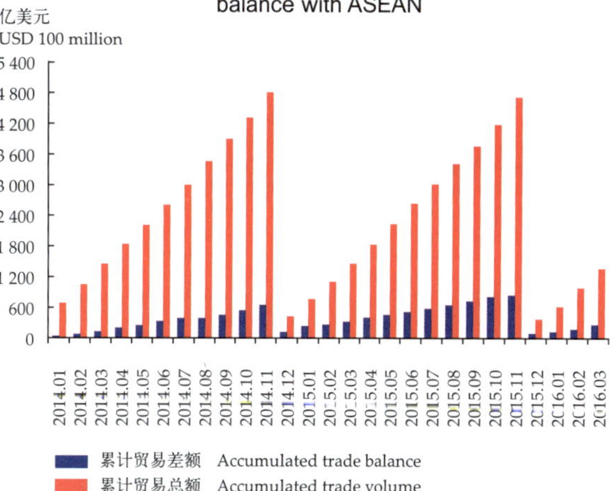

中国大陆对中国香港地区进出口及其增长趋势
Mainland China's imports from and exports to Hong Kong SAR of China and their growth

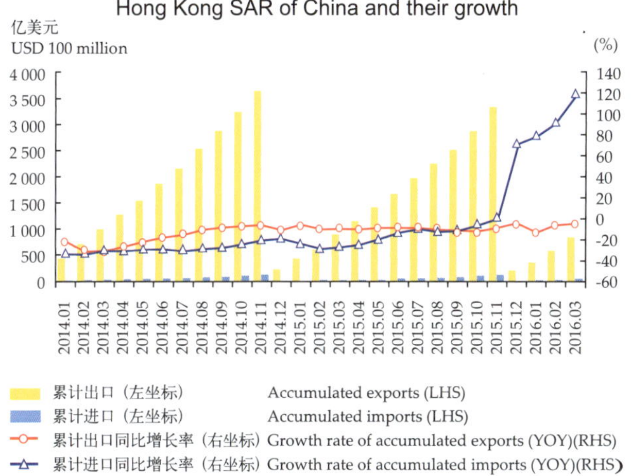

中国大陆对中国香港地区贸易总额和贸易差额
Mainland China's trade volume and trade balance with Hong Kong SAR of China

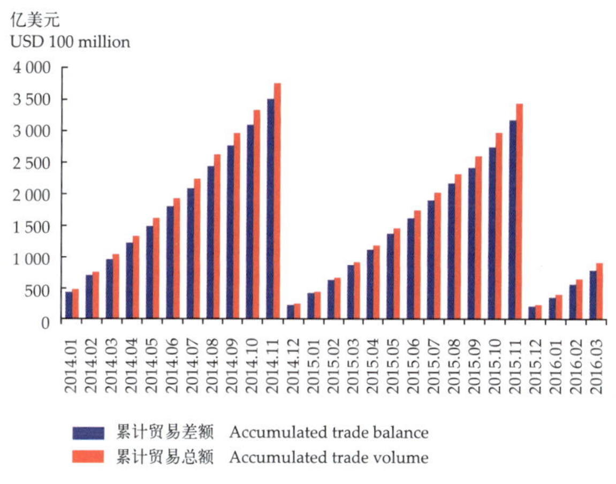

中国大陆对中国台湾地区进出口及其增长趋势
Mainland China's imports from and exports to China Taiwan and their growth

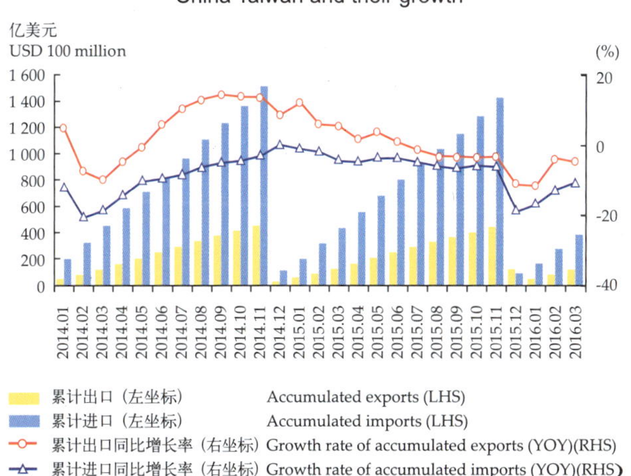

中国大陆对中国台湾地区贸易总额和贸易差额
Mainland China's trade volume and trade balance with China Taiwan

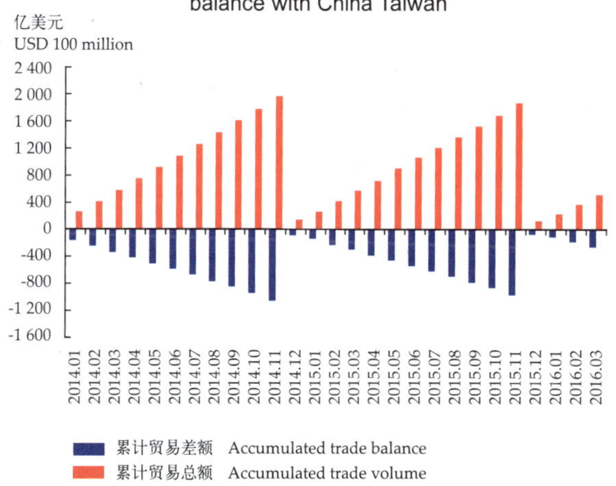

2.外资
(2) Foreign investment

据联合国贸易与发展会议2015年6月发布的《2015年世界投资报告》，中国以1 290亿美元流入量成为2014年全球第一大外国直接投资接受国，报告指出：2014年全球外国直接投资流入量为1.23万亿美元，较上年下降16%。

另据商务部统计，2015年，新批设立外商投资企业26 575家，实际使用外资金额1 262.7亿美元。

According to the UNCTAD's *World Investment Report 2015* published in June 2015, China became the world's No.1 recipient of foreign direct investment (FDI) in 2014, with capital inflows of USD129.0 billion. It is pointed out in the report that global FDI inflows decreased by 16% to USD1.23 trillion in 2014.

According to statistics of the Ministry of Commerce, in 2015, 26,575 foreign-invested enterprises were approved for incorporation in China, with actual utilized FDI reaching USD126.27 billion.

实际利用外商直接投资及其增长趋势
Actual utilized foreign direct investments and growth rates

单位：亿美元
Unit: USD 100 million

年 Year	绝对值 Absolute value	增长率(%) Growth rates (%)
1991	43.7	25.2
1992	110.1	152.1
1993	275.2	150.0
1994	337.7	22.7
1995	375.2	11.1
1996	417.3	11.2
1997	452.6	8.5
1998	454.6	0.5
1999	403.2	-11.3
2000	407.2	1.0
2001	468.8	15.1
2002	527.4	12.5
2003	535.1	1.4
2004	606.3	13.3
2005	603.3	-0.5
2006	630.2	4.5
2007	747.7	18.6
2008	924.0	23.6
2009	900.3	-2.6
2010	1 057.4	17.4
2011	1 160.1	9.7
2012	1 117.2	-3.7
2013	1 175.9	5.3
2014	1 195.6	1.7
2015	1 262.7	5.6

实际利用外商直接投资及其增长率
Actual utilized foreign direct investments and growth rates

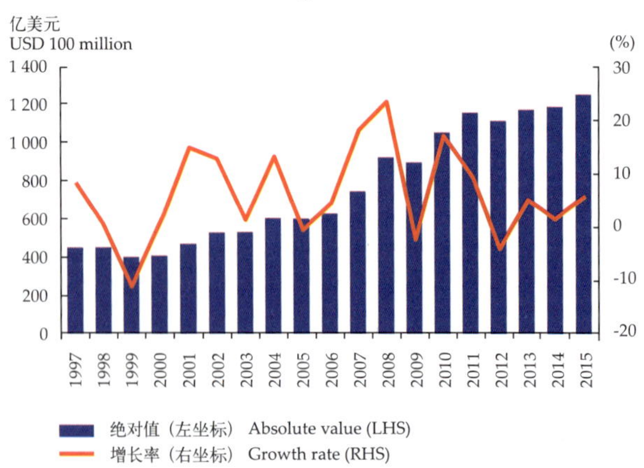

月度累计实际外商直接投资
Accumulated utilized FDI on a monthly basis

单位：亿美元
Unit: USD 100 million

年/月 Year/Month	实际外商直接投资累计金额 Accumulated utilized FDI	实际外商直接投资累计同比增长率(%) Growth rate of accumulated utilized FDI (%)
2014.01	108	16.1
2014.02	193	10.4
2014.03	315	5.5
2014.04	403	5.0
2014.05	489	2.8
2014.06	633	2.2
2014.07	711	0.4
2014.08	783	-1.8
2014.09	874	-1.4
2014.10	959	-1.2
2014.11	1 062	0.7
2014.12	1 196	1.7
2015.01	139	29.4
2015.02	225	17.0
2015.03	349	11.3
2015.04	445	11.1
2015.05	538	10.5
2015.06	684	8.3
2015.07	766	7.9
2015.08	853	9.2
2015.09	949	9.0
2015.10	1 037	8.6
2015.11	1 140	7.9
2015.12	1 263	6.4
2016.01	141	1.1
2016.02	225	0.2
2016.03	354	4.5

月度累计实际外商直接投资
Accumulated utilized FDI on a monthly basis

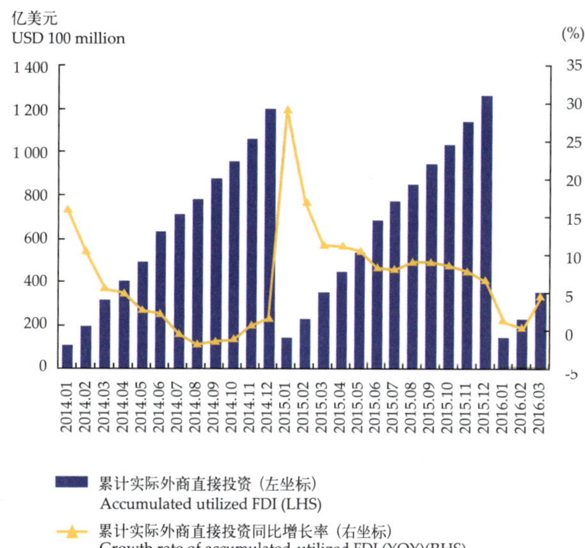

3.国际收支
(3) Balance of payments (BOP)

中国国际收支变化趋势
Movement of China's balance of payments

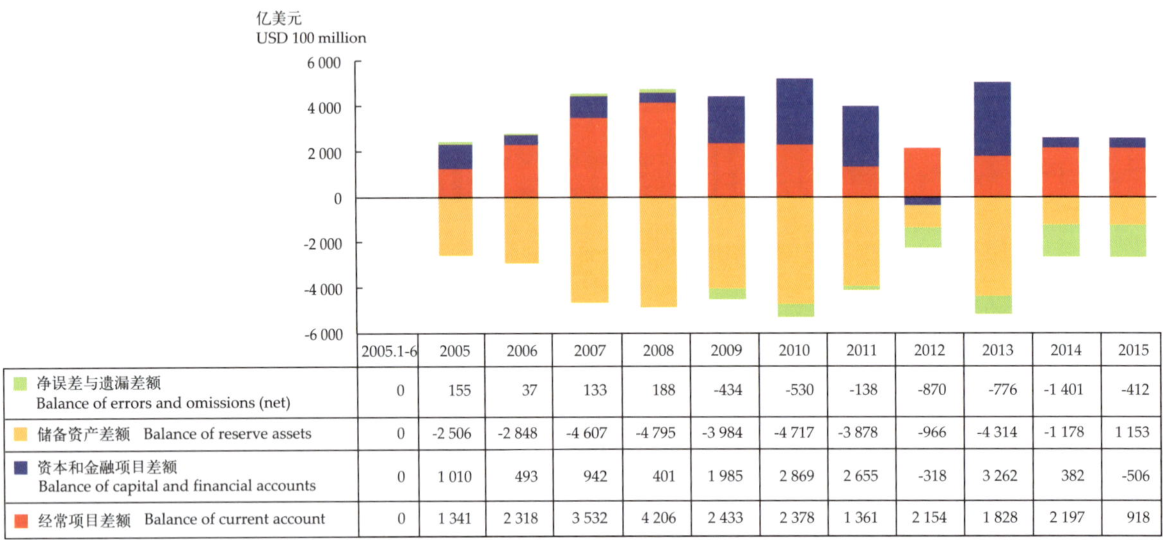

	2005.1-6	2005	2006	2007	2008	2009	2010	2011	2012	2013	2014	2015
净误差与遗漏差额 Balance of errors and omissions (net)	0	155	37	133	188	-434	-530	-138	-870	-776	-1 401	-412
储备资产差额 Balance of reserve assets	0	-2 506	-2 848	-4 607	-4 795	-3 984	-4 717	-3 878	-966	-4 314	-1 178	1 153
资本和金融项目差额 Balance of capital and financial accounts	0	1 010	493	942	401	1 985	2 869	2 655	-318	3 262	382	-506
经常项目差额 Balance of current account	0	1 341	2 318	3 532	4 206	2 433	2 378	1 361	2 154	1 828	2 197	918

注：1. 储备资产的增加用负值表示，储备资产的减少用正值表示。
2. 图中数据根据国家外汇管理局最新数据修订。

Notes: 1. The increase in the reserve assets is expressed in a negative figure and the decresae in the reserve assets is expressed in a positive figure.
2. Data are revised by State Administration of Foregn Exchange.

2015年国际收支平衡表简表
BOP sheet in 2015

单位：亿美元
Unit: USD 100 million

项　目 Items		金　额 Amounts
一、经常账户 Current account		919
	贷方 credit	7 139
	借方 debit	-6 220
1.1 货物和服务 Goods and Services		1 180
	贷方 credit	6 492
	借方 debit	-5 312
1.1.1 货物 Goods		1 579
	贷方 credit	5 717
	借方 debit	-4 138
1.1.2 服务 Services		-399
	贷方 credit	775
	借方 debit	-1 174
1.2 初次收入 Primary income		-225
	贷方 credit	565
	借方 debit	-790
1.3 二次收入 Secondary income		-36
	贷方 credit	82
	借方 debit	-119
二、资本和金融账户 Capital and financial account		-506
2.1 资本账户 Capital account		0
	贷方 credit	1
	借方 debit	-1
2.2 金融账户 Financial account		-506
资产 Assets		26
负债 Liabilities		-532
2.2.1 非储备性质的金融账户 Financial account excluding reserve assets		-1 659
2.2.1.1 直接投资 Direct investment		80
资产 Assets		-661
负债 Liabilities		741
2.2.1.2 证券投资 Portfolio investment		-252
资产 Assets		-159
负债 Liabilities		-93
2.2.1.3 金融衍生工具 Financial derivatives		0
资产 Assets		0
负债 Liabilities		0
2.2.1.4 其他投资 Other investment		-1 487
资产 Assets		-307
负债 Liabilities		-1 181
2.2.2 储备资产 Reserve assets		1 153
三、净误差与遗漏 Net errors and omissions		-413

注：根据《国际收支和国际投资头寸手册》（第六版）编制。
Note: Compiled in accordance with the sixth edition of *Balance of Payments and International Investment Postion Manual* (BPM6).

4.外汇储备
(4) Foreign exchange reserves

外汇储备及其增长率
Foreign exchange reserves and growth rates

单位：亿美元
Unit: USD 100 million

年/月 Year/Month	外汇储备 Foreign exchange reserves	同比增长 (%) Growth rate (YOY)(%)
2014.01	38 666	13.4
2014.02	39 137	15.3
2014.03	39 481	14.7
2014.04	39 788	12.6
2014.05	39 839	13.3
2014.06	39 932	14.2
2014.07	39 663	11.8
2014.08	39 688	11.7
2014.09	38 877	6.1
2014.10	38 529	3.1
2014.11	38 474	1.5
2014.12	38 430	0.6
2015.01	38 134	-1.4
2015.02	38 015	-2.9
2015.03	37 300	-5.5
2015.04	37 481	-5.8
2015.05	37 111	-6.8
2015.06	36 938	-7.5
2015.07	36 513	-7.9
2015.08	35 574	-10.4
2015.09	35 141	-9.6
2015.10	35 255	-8.5
2015.11	34 383	-10.6
2015.12	33 304	-13.3
2016.01	32 309	-15.3
2016.02	32 023	-15.8
2016.03	32 126	-13.9

外汇储备及其增长率
Foreign exchange reserves and growth rates

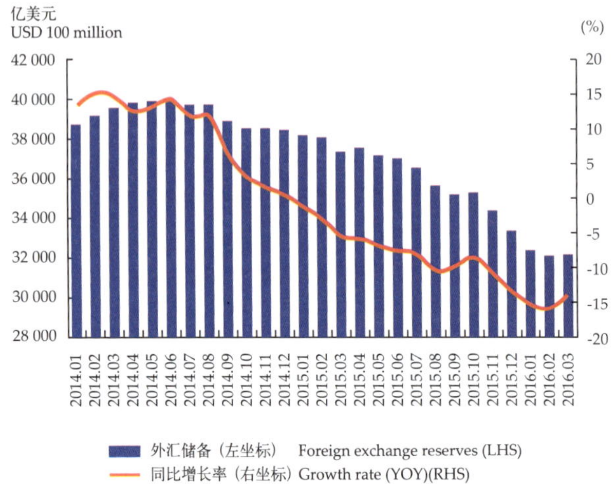

5.外债
(5) External debt

外币外债余额与债务率
Balance and ratio of external debt to foreign exchange income

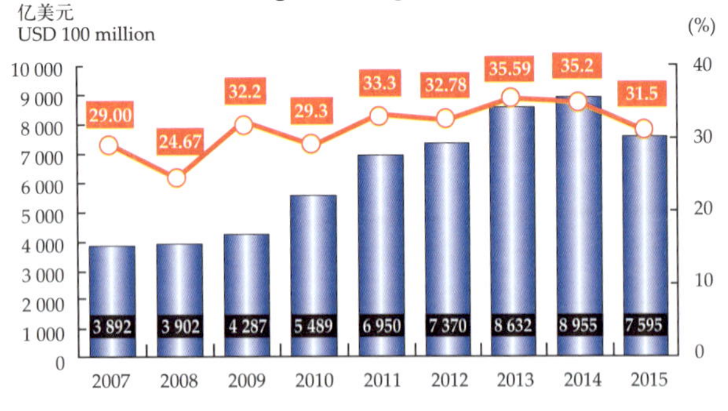

外币外债余额与负债率
Balance and ratio of external debt to GDP

注：图中数据根据国家外汇管理局最新数据修订。
Note: Data are revised by State Administration of Foreign Exchange.

2015年年末外债数据

External debt balance at the end of June of 2015

单位：亿美元
Unit: USD 100 million

	外债余额 Outstanding external debt	广义政府债务 General government debt	中央银行债务 Monetary authority debt	银行债务 Bank debt	其他部门债务 Other sectors debt	直接投资：公司间贷款 Direct investment intercompany lending
外债余额 Debt balance	14 162	1 114	430	6 120	4 272	2 226
比重(%) Share (%)	100	7.87	3.04	43.21	30.17	15.72

注：2014年年末，国家外汇管理局按照国际货币基金组织“数据公布特殊标准”（SDDS）的分类标准公布我国外币外债数据，机构部门的分类相应进行了调整。
Note: At the end of 2014, State Administration of Foreign Exchange (SAFE) started to publish the data of China's external debts denominated in foreign currencies according to IMF's SDDS classification standards. The classification of sectors and departments were also adjusted accordingly.

2015年年末外债结构

External debt structure at the end of 2015

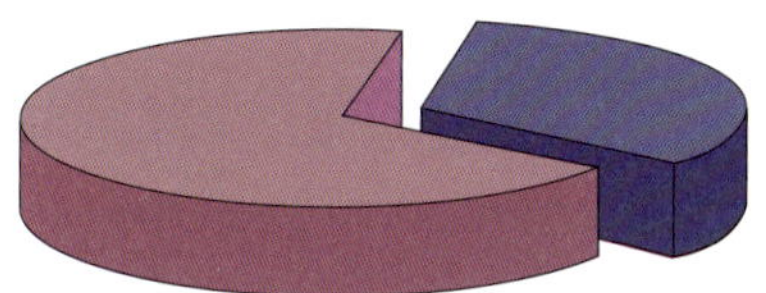

2015年年末，中国外债余额为14 162亿美元，其中，中长期外债余额为4 956亿美元，占外债余额的35.00%；短期外债余额为9 206亿美元，占外债余额的65.00%。
China's outstanding balance of external debt was USD1 416.2 billion at the end of 2015, among which USD495.6 billion or 35.0 percent was medium- and long-term debt, and USD920.6 billion or 65.0 percent was short-term debt.

六、财政收支与债务
6. Fiscal Revenue, Expenditure and Debt

年度财政收入、财政支出及其增长趋势
Annual budgetary revenue, budgetary expenditure, and their growth

单位：亿元
Unit: RMB 100 million yuan

年 Year	财政收入 Budgetary revenue	财政支出 Budgetary expenditure	财政收入同比增长率(%) Growth rate of budgetary revenue (YOY) (%)	财政支出同比增长率(%) Growth rate of budgetary expenditure (YOY)(%)
1994	5 218	5 793	20.0	24.8
1995	6 242	6 824	19.6	17.8
1996	7 408	7 938	18.7	16.3
1997	8 651	9 234	16.8	16.3
1998	9 876	10 798	14.2	16.9
1999	11 444	13 188	15.9	22.1
2000	13 395	15 887	17.0	20.5
2001	16 386	18 903	22.3	19.0
2002	18 904	22 053	15.4	16.7
2003	21 715	24 650	14.9	11.8
2004	26 396	28 487	21.6	15.6
2005	31 649	33 930	19.9	19.1
2006	38 760	40 423	22.5	19.1
2007	51 322	49 781	32.4	23.2
2008	61 330	62 593	19.5	25.4
2009	68 518	76 300	11.7	21.9
2010	83 080	89 575	21.3	17.4
2011	103 740	108 930	24.8	21.2
2012	117 210	125 712	12.8	15.1
2013	129 143	139 744	10.2	11.2
2014	140 350	151 662	8.6	8.2
2015	152 217	175 768	8.4	15.8

注：表中数据根据财政部最新数据修订。
Note: Data are revised by Ministry of Finance People's Republic of China.

月度累计财政收支增长率与收支差额
Monthly growth rate and balance of accumulated fiscal revenue and expenditure

单位：亿元
Unit: RMB 100 million yuan

年/月 Year/Month	财政收入累计同比增长率(%) Growth rate of accumulated fiscal revenue(YOY)(%)	财政支出累计同比增长率(%) Growth rate of accumulated fiscal expenditure(YOY)(%)	累计财政收支总量差额 Balance of accumulated fiscal revenue and expenditure
2014.01	13.0	21.4	5 281
2014.02	11.1	6.0	7 856
2014.03	9.3	12.6	4 593
2014.04	9.3	9.6	7 665
2014.05	8.8	12.9	8 545
2014.06	8.8	15.8	5 484
2014.07	8.5	15.0	7 889
2014.08	8.3	13.9	6 795
2014.09	8.1	13.2	2 722
2014.10	8.2	11.3	6 093
2014.11	8.3	10.1	3 287
2014.12	8.6	8.2	-11 312
2015.01	5.0	-19.9	8 067
2015.02	3.2	10.5	6 851
2015.03	3.9	7.8	3 592
2015.04	5.1	13.8	4 559
2015.05	5.1	11.1	5 791
2015.06	6.7	11.8	2 312
2015.07	7.5	13.4	3 829
2015.08	7.4	14.8	657
2015.09	7.6	16.4	-6 250
2015.10	7.7	18.1	-5 306
2015.11	8.0	18.9	-10 288
2015.12	8.4	15.8	-23 551
2016.01	5.8	24.3	7 032
2016.02	6.3	12.0	6 215
2016.03	6.5	15.4	938

注：表中数据根据财政部最新数据修订。
Note: Data are revised by Ministry of Finance People's Republic of China.

年度财政收入、财政支出及其增长趋势
Annual budgetary revenue, budgetary expenditure, and their growth

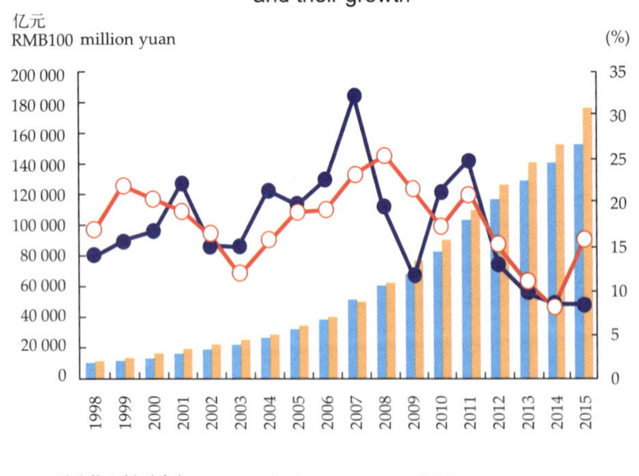

月度累计财政收支增长率与收支差额
Monthly growth rate and balance of accumulated fiscal revenue and expenditure

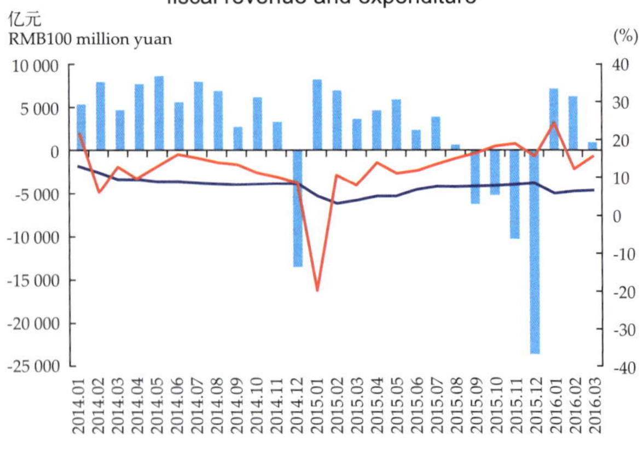

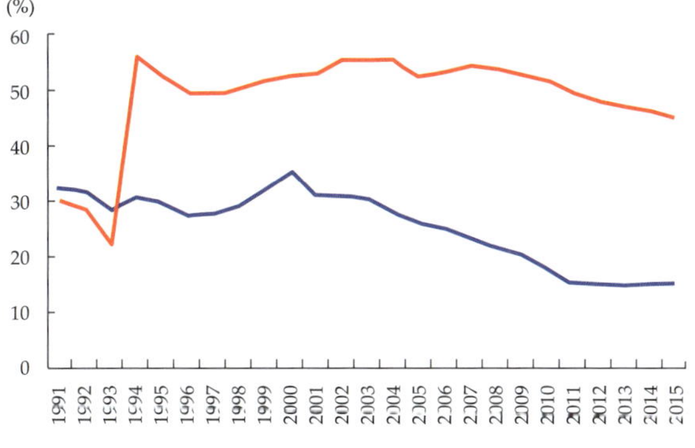

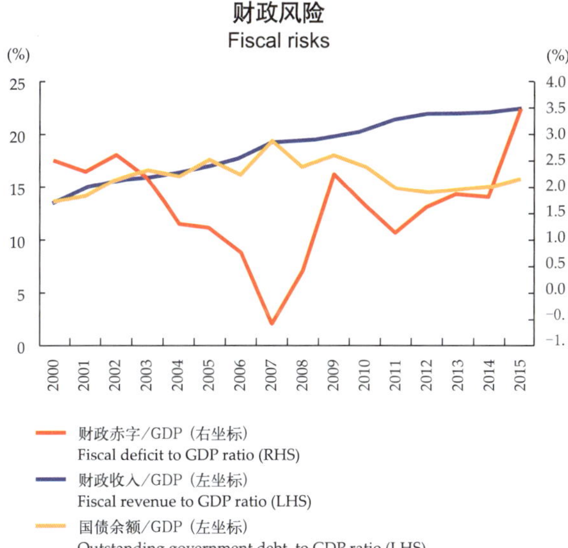

2016年主要预算指标：

2016年，中央财政预算收入为70 570亿元，比2015年执行数（下同）增长2.2%。从中央预算稳定调节基金调入1 000亿元，从中央政府性基金预算、中央国有资本经营预算调入315亿元，合计收入总量为71 885亿元。中央一般公共预算支出85 885亿元，增长6.3%（加上使用以前年度结转资金1 725亿元，同口径增长6.7%）。中央财政收支总量相抵，赤字为14 000亿元，比上年预算数增加2 800亿元。中央财政国债余额限额为125 908.35亿元。

汇总中央预算和地方预算安排，2015年全国一般公共预算收入157 200亿元，增长3%。加上调入资金1 715亿元，可安排的收入总量为158 915亿元。全国一般公共预算支出180 715亿元，剔除地方上年使用结转结余及调入资金后同口径增长6.7%。赤字21 800亿元，比2015年增加5 600亿元。

Budgetary targets for 2016:

In 2016, revenue in the central budget will reach RMB7.057 trillion yuan, 2.2% over the figure for 2015 (here and below). The central budget stabilization fund will contribute RMB100 billion yuan and central government fund together with central state-owned capital operating budget will contribute RMB31.5 billion yuan, bringing total revenue to RMB7.1885 trillion yuan. Expenditures in the central budget will reach RMB8.5885 trillion yuan, an increase of 6.3% (plus the carry-over funds from previous years which is RMB172.5 billion yuan, then the increase will be 6.7% in same caliber). Expenditures in the central budget will exceed revenue, resulting in a deficit of RMB1.4 trillion yuan, an increase of RMB280 billion yuan than previous year's budget. The limit for the outstanding balance of government bonds issued by the central government will be RMB12.590835 trillion yuan.

Total combined revenue of central and local governments is budgeted at RMB15.72 trillion yuan, an increase of 3%. Adding RMB171.5 billion yuan of transferred fund, total national revenue is projected to reach RMB15.8915 trillion yuan. Total national expenditures are budgeted at RMB18.0715 trillion yuan, excluding the surplus carried over and transferred funds used by the local government, the increase will be 6.7% in same caliber. Total expenditures will exceed total revenue by RMB2.18 trillion yuan, an increase of RMB560 billion yuan than previous year's budget.

七、货币银行
7. Money and Banking

1. 货币供应量
(1) Money supply

年度M0、M1、M2及其变化趋势
Annual M0, M1 and M2 and their changes

单位：万亿元 Unit: RMB trillion yuan

年 Year	M0	M1	M2	M0同比增长率(%) Growth rate of M0 (YOY)(%)	M1同比增长率(%) Growth rate of M1 (YOY)(%)	M2同比增长率(%) Growth rate of M2 (YOY)(%)
1999	1.3	4.6	12.0	20.1	17.7	14.7
2000	1.5	5.3	13.8	8.9	16.0	14.0
2001	1.6	6.0	15.8	7.1	12.7	14.4
2002	1.7	7.1	18.5	10.1	16.8	16.8
2003	2.0	8.4	22.1	14.3	18.7	19.6
2004	2.1	9.6	25.3	8.7	13.6	14.6
2005	2.4	10.7	29.9	11.9	11.8	17.6
2006	2.7	12.6	34.6	12.7	17.5	16.9
2007	3.0	15.3	40.3	12.1	21.0	16.7
2008	3.4	16.6	47.5	12.7	9.1	17.8
2009	3.8	22.1	61.0	11.8	32.4	27.7
2010	4.5	26.7	72.6	16.7	21.2	19.7
2011	5.1	29.0	85.2	13.8	7.9	13.6
2012	5.5	30.9	97.4	7.7	6.5	13.8
2013	5.9	33.7	110.7	7.1	9.3	13.6
2014	6.0	34.8	122.8	2.9	3.2	12.2
2015	6.3	40.1	139.2	4.9	15.2	13.3

月度M0、M1、M2及其变化趋势
Monthly M0, M1 and M2 and their changes

单位：万亿元 Unit: RMB trillion yuan

年/月 Year/Month	M0	M1	M2	M0同比增长率(%) Growth rate of M0 (YOY)(%)	M1同比增长率(%) Growth rate of M1 (YOY)(%)	M2同比增长率(%) Growth rate of M2 (YOY)(%)
2014.01	7.6	31.5	112.4	22.5	1.2	13.2
2014.02	6.2	31.7	113.2	3.3	6.9	13.3
2014.03	5.8	32.8	116.1	5.2	5.4	12.1
2014.04	5.9	32.4	116.9	5.4	5.5	13.2
2014.05	5.8	32.8	118.2	6.7	5.7	13.4
2014.06	5.7	34.1	121.0	5.3	8.9	14.7
2014.07	5.7	33.1	119.4	5.4	6.7	13.5
2014.08	5.8	33.2	119.7	5.6	5.7	12.8
2014.09	5.9	32.7	120.2	4.2	4.8	12.9
2014.10	5.8	33.0	119.9	3.8	3.2	12.6
2014.11	5.8	33.5	120.9	3.5	3.2	12.3
2014.12	6.0	34.8	122.8	2.9	3.2	12.2
2015.01	6.3	34.8	124.3	-17.6	10.6	10.8
2015.02	7.3	33.4	125.7	17.0	5.6	12.5
2015.03	6.2	33.7	127.5	6.2	2.9	11.6
2015.04	6.1	33.6	128.1	3.7	3.7	10.1
2015.05	5.9	34.3	130.7	1.8	4.7	10.8
2015.06	5.9	35.6	133.3	2.9	4.3	11.8
2015.07	5.9	35.3	135.3	2.9	6.6	13.3
2015.08	5.9	36.3	135.7	1.8	9.3	13.3
2015.09	6.1	36.4	136.0	3.7	11.4	13.1
2015.10	6.0	37.6	136.1	3.8	14.0	13.5
2015.11	6.0	38.8	137.4	3.2	15.7	13.7
2015.12	6.3	40.1	139.2	4.9	15.2	13.3
2016.01	7.3	41.3	141.6	15.1	18.6	14.0
2016.02	6.9	39.3	142.5	-4.8	17.4	13.3
2016.03	6.5	41.2	144.6	4.4	22.1	13.4

货币供应量与货币流动性
Money supply and monetary liquidity

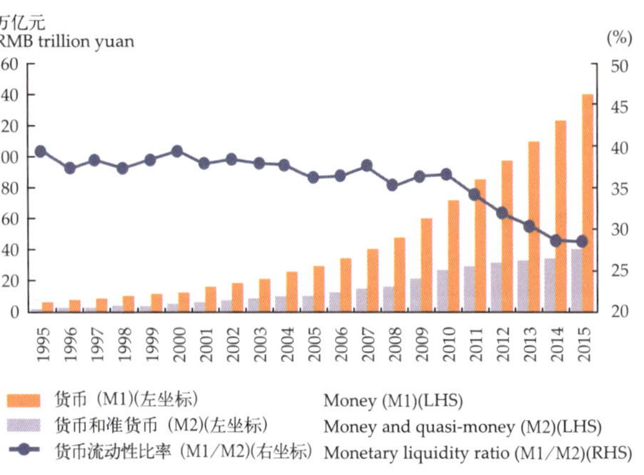

年度M0、M1、M2及其变化趋势
Annual M0, M1 and M2 and their changes

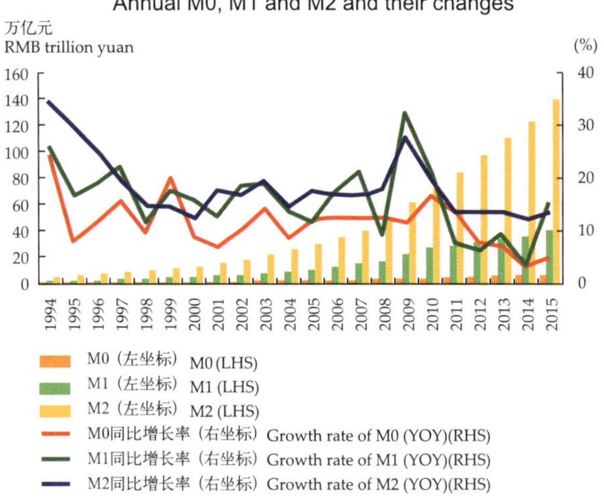

月度M0、M1、M2及其变化趋势
Monthly M0, M1 and M2 and their changes

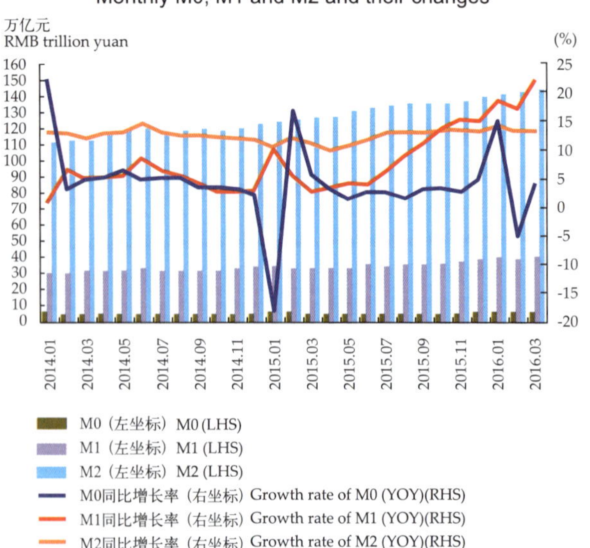

货币供应量构成
Composition of money supply

单位：亿元
Unit: RMB 100 million yuan

年/月 Year/Month	货币和准货币 Money & quasi-money M2	货币 Money M1	流通中货币 Currency in circulation M0	单位活期存款 Coporate demand deposits	准货币 Quasi-money	单位定期存款 Coporate time deposits	个人存款 Personal deposits	其他存款 Other deposits
2015.01	1 242 710	348 106	63 041	285 066	894 603	271 426	513 091	110 087
2015.02	1 257 384	334 439	72 896	261 543	922 945	273 553	538 482	110 911
2015.03	1 275 333	337 211	61 950	275 261	938 122	275 189	544 694	118 239
2015.04	1 280 779	336 388	60 772	275 616	944 391	281 462	534 068	128 861
2015.05	1 307 358	343 086	59 076	284 010	964 272	286 887	529 595	147 790
2015.06	1 333 375	356 083	58 604	297 479	977 293	289 329	539 127	148 836
2015.07	1 353 211	353 122	59 011	294 111	1 000 089	292 949	538 406	168 734
2015.08	1 356 908	362 794	59 062	303 732	994 114	292 912	540 222	160 980
2015.09	1 359 824	364 417	61 023	303 394	995 407	298 571	547 874	148 962
2015.10	1 361 021	375 806	59 900	315 906	985 214	288 758	541 958	154 498
2015.11	1 373 956	387 618	60 328	327 290	986 338	287 033	542 834	156 471
2015.12	1 392 278	400 953	63 217	337 737	991 325	288 241	552 073	151 011
2016.01	1 416 320	412 686	72 527	340 159	1 003 634	294 289	560 968	148 377
2016.02	1 424 619	392 505	69 422	323 083	1 032 114	294 043	581 012	157 059
2016.03	1 446 198	411 581	64 651	346 930	1 034 617	300 623	586 856	147 138

广义货币供应量M2变动
Changes in the composition of broad money M2

(%) 100 80 60 40 20 0

2014.01 2014.03 2014.05 2014.07 2014.09 2014.11 2015.01 2015.03 2015.05 2015.07 2015.09 2015.11 2016.01 2016.03

其他存款占M2的比重　Other deposits/M2
个人存款占M2的比重　Personal deposits/M2
单位定期存款占M2的比重　Coporate time deposits/M2
单位活期存款占M2的比重　Coporate demand deposits/M2
M0占M2的比重　M0/M2
M1占M2的比重　M1/M2

2016年3月末货币供应量构成
Composition of money supply at the end of March, 2016

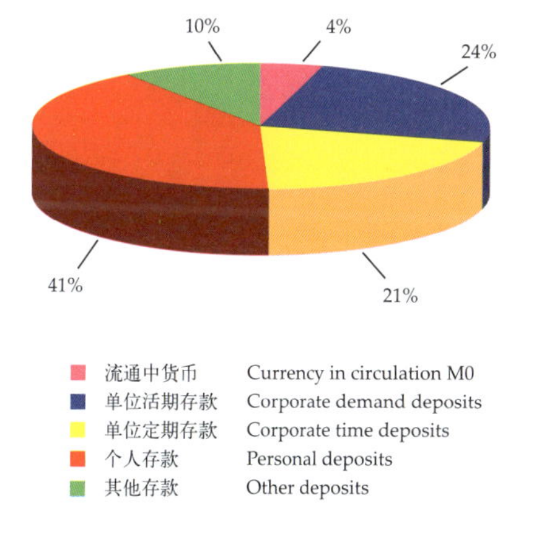

流通中货币　Currency in circulation M0
单位活期存款　Corporate demand deposits
单位定期存款　Corporate time deposits
个人存款　Personal deposits
其他存款　Other deposits

存款性公司概览
Depository corporations survey

单位：万亿元
Unit: RMB trillion yuan

年/月 Year/Month	国外净资产 Net foreign assets	国内信贷 Domestic credit	对政府债权(净) Claims on government (net)	对非金融部门债权 Claims on non-financial sectors	对其他金融部门债权 Claims on other financial sectors	其他 Others	货币和准货币 Money & quasi-money M2
2014.01	28.31	94.12	4.92	81.06	8.13	-10.08	112.35
2014.02	28.36	94.80	4.52	81.77	8.51	-9.98	113.18
2014.03	28.40	97.23	4.84	83.11	9.28	-9.57	116.07
2014.04	28.56	97.95	4.33	83.80	9.82	-9.62	116.88
2014.05	28.75	99.12	4.32	84.65	10.16	-9.64	118.23
2014.06	28.90	101.69	4.67	85.82	11.20	-9.63	120.96
2014.07	28.87	100.81	4.29	86.16	10.36	-10.25	119.42
2014.08	28.87	101.95	4.34	86.89	10.72	-11.07	119.75
2014.09	28.89	103.29	4.71	87.84	10.74	-11.97	120.21
2014.10	28.94	103.26	4.04	88.38	10.84	-12.27	119.92
2014.11	28.95	104.59	4.03	89.34	11.22	-12.68	120.86
2014.12	28.84	107.70	5.50	90.25	11.94	-13.70	122.84
2015.01	29.11	109.36	4.82	91.90	12.64	-14.20	124.27
2015.02	29.36	111.24	5.34	93.16	12.74	-14.86	125.74
2015.03	29.46	113.66	5.62	94.33	13.70	-15.59	127.53
2015.04	29.25	114.78	5.57	95.15	14.05	-15.95	128.08
2015.05	29.30	117.20	5.54	96.30	15.36	-15.77	130.74
2015.06	29.47	119.98	6.15	97.83	16.01	-16.11	133.34
2015.07	29.38	122.54	6.25	98.77	17.52	-17.17	135.32
2015.08	29.14	123.92	6.83	99.83	17.25	-17.37	135.69
2015.09	28.72	125.57	7.49	101.14	16.95	-18.31	135.98
2015.10	28.72	128.04	7.31	103.48	17.25	-20.66	136.10
2015.11	28.51	130.20	7.64	104.75	17.81	-21.32	137.40
2015.12	28.06	133.27	9.83	105.12	18.32	-22.11	139.23
2016.01	27.64	137.42	9.48	106.39	21.56	-23.43	141.63
2016.02	27.44	139.17	9.65	107.39	22.13	-24.15	142.46
2016.03	27.19	142.52	10.53	108.92	23.07	-25.09	144.62

国外净资产及国内信贷对广义货币的影响
The impact of net foreign assets and domestic credit on broad money M2

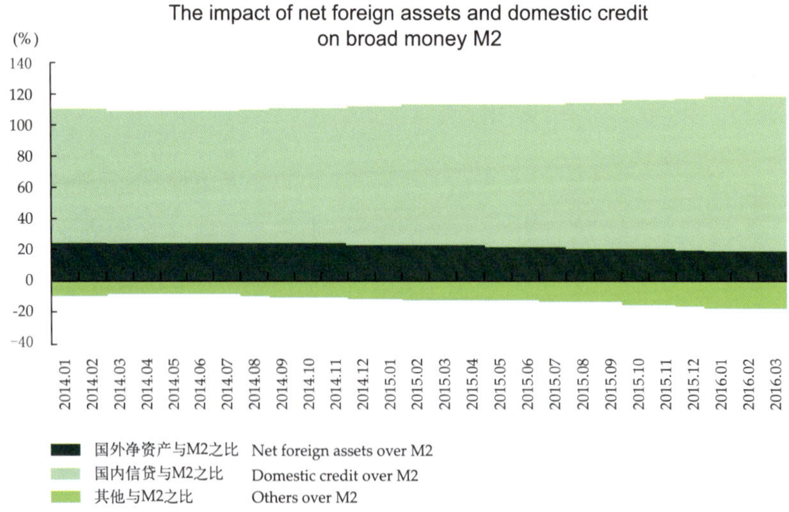

2.存贷款

(2) Deposits and loans

金融机构人民币各项存贷款余额及其增长趋势

Outstanding amounts of total deposits & loans and their growth in financial institutions

单位：万亿元
Unit: RMB trillion yuan

年/月 Year/Month	各项存款 Total deposits	各项贷款 Total loans	各项存款同比增长率(%) Growth rate of deposits (YOY)(%)	各项贷款同比增长率(%) Growth rate of loans (YOY)(%)
2014.01	103.4	73.2	11.3	14.3
2014.02	105.4	73.9	12.5	14.2
2014.03	109.1	74.9	11.4	13.9
2014.04	108.4	75.7	10.9	13.7
2014.05	109.8	76.6	10.6	13.9
2014.06	113.6	77.6	12.6	14.0
2014.07	111.6	78.0	10.9	13.4
2014.08	111.7	78.7	10.1	13.3
2014.09	112.7	79.6	9.3	13.2
2014.10	112.5	80.1	9.5	13.2
2014.11	113.1	81.0	9.6	13.4
2014.12	113.9	81.7	9.1	13.6
2015.01	122.4	83.7	13.7	13.9
2015.02	122.3	84.7	10.9	14.3
2015.03	124.9	85.9	10.1	14.0
2015.04	125.8	86.6	9.7	14.1
2015.05	129.0	87.5	10.9	14.0
2015.06	131.8	88.8	10.7	13.4
2015.07	134.0	90.3	13.4	15.5
2015.08	134.1	91.1	13.0	15.4
2015.09	133.7	92.1	12.6	15.4
2015.10	134.3	92.6	12.7	15.4
2015.11	135.7	93.4	13.1	14.9
2015.12	135.7	94.0	12.4	14.3
2016.01	137.8	96.5	12.5	15.3
2016.02	138.6	97.2	13.3	14.7
2016.03	141.1	98.6	13.0	14.7

注：自2015年起，“各项存款”含非银行业金融机构存放款项，“各项贷款”含拆放给非银行业金融机构的款项。
Note: Beginning in 2015, Total deposits include deposits of non-banking financial institutions, and total loans include loans to non-banking financial institutions.

金融机构人民币各项存贷款余额及其增长趋势

Outstanding amounts of total deposits & loans and their growth in financial institutions

金融机构当年累计新增人民币存款

Accumulated new RMB deposits in financial institutions

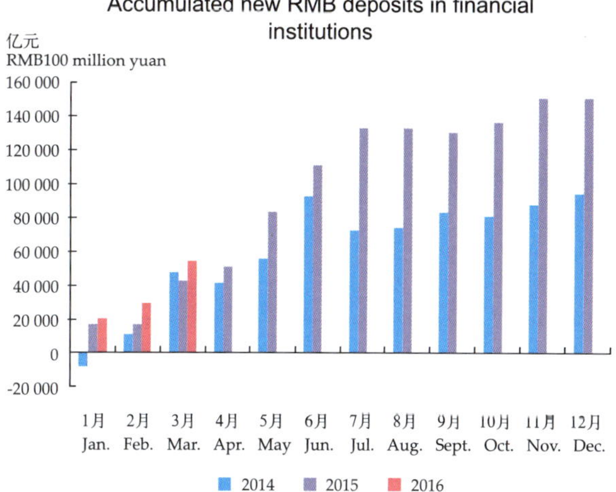

金融机构当月新增人民币存款

New RMB deposits in financial institutions by month

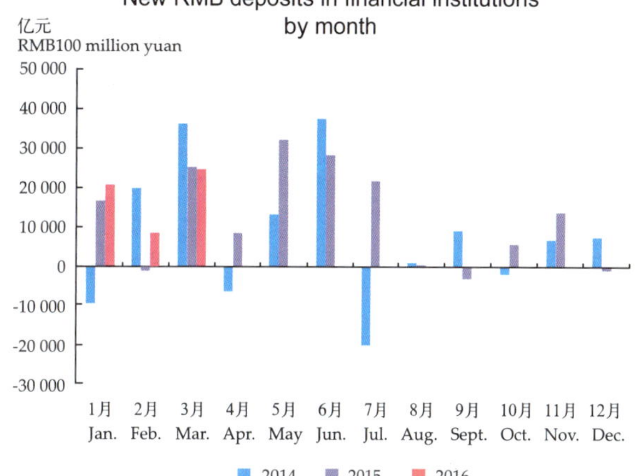

2016年3月末人民币存款余额

Outstanding amounts of RMB deposits at the end of March, 2016

单位：亿元
Unit: RMB 100 million yuan

	余额 Outstanding amount
各项存款 Total deposits	**1 411 183**
境内存款 Domestic deposits	1 400 021
住户存款 Deposits of households	580 800
非金融企业存款 Deposits of non-financial enterprises	445 248
政府存款 Deposits of government	249 960
非银行业金融机构存款 Deposits of non-banking financial institutions	124 012
境外存款 Overseas deposits	11 162

住户存款和非金融企业存款余额
Outstanding amounts of household deposits and non-financial corporate deposits

单位：亿元
Unit: RMB 100 million yuan

年/月 Year/Month	住户存款 Deposits of households	活期及临时性存款 Demand & temporary deposits	定期及保证性存款 Time & marginal deposits	非金融企业存款 Deposits of non-financial enterprises	活期及临时性存款 Demand & temporary deposits	定期及保证性存款 Time & marginal deposits
2015.01	506 890	181 577	325 314	380 697	140 356	240 340
2015.02	532 341	192 473	339 868	363 335	126 935	236 400
2015.03	538 399	189 934	348 465	373 435	132 701	240 734
2015.04	527 889	181 744	346 145	377 404	132 923	244 481
2015.05	523 476	179 167	344 308	387 721	136 796	250 924
2015.06	532 829	187 645	345 184	398 245	144 245	254 000
2015.07	532 232	187 484	344 748	396 110	141 809	254 301
2015.08	534 098	188 832	345 266	402 782	147 069	255 713
2015.09	541 749	194 150	347 599	404 797	147 153	257 643
2015.10	535 828	191 211	344 617	405 072	154 347	250 725
2015.11	536 766	193 467	343 299	415 443	162 091	253 353
2015.12	546 078	202 869	343 209	430 247	174 586	255 661
2016.01	555 011	207 962	347 050	436 746	172 961	263 785
2016.02	575 047	214 816	360 231	421 940	161 459	260 481
2016.03	580 800	217 001	363 799	445 248	175 269	269 980

住户存款和非金融企业存款余额
Outstanding amounts of household deposits and non-financial enterprises deposits

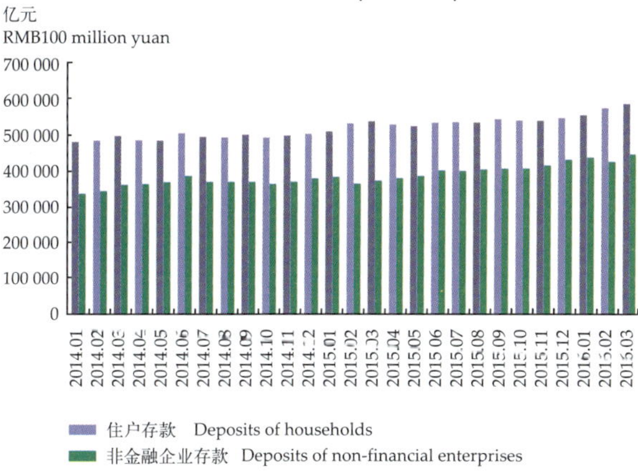

住户存款构成
Composition of households deposits

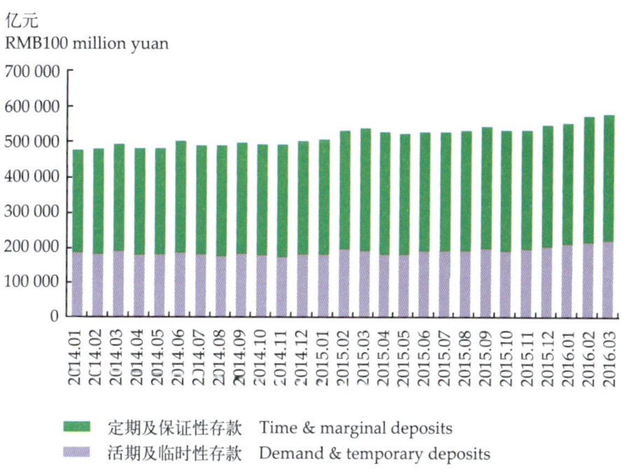

非金融企业存款构成
Composition of non-financial enterprise deposits

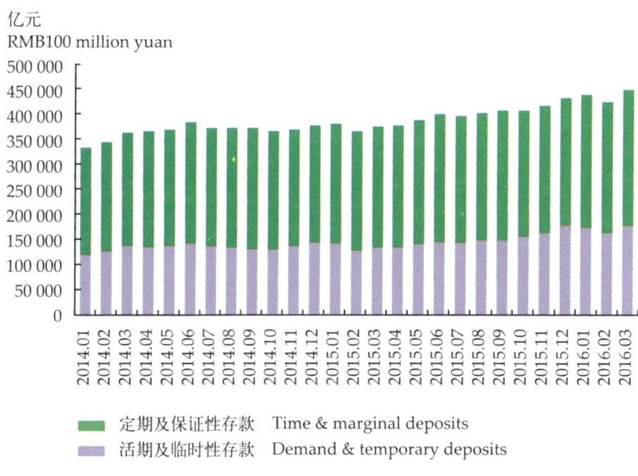

2016年3月末人民币存款余额
Outstanding amounts of RMB deposits at the end of March, 2016

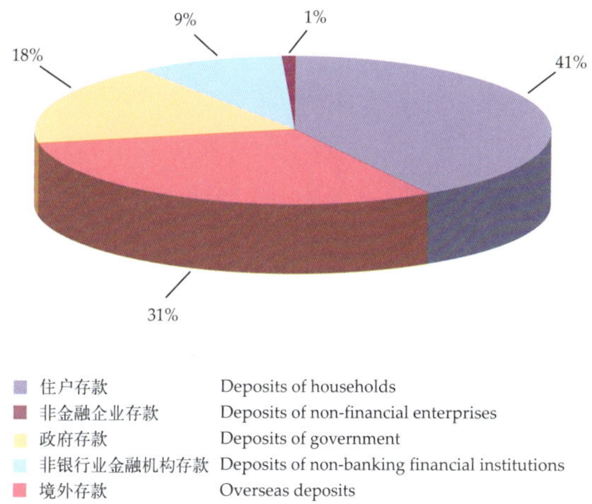

2016年3月末人民币贷款余额
RMB loans issued by the end of March 2016 by sectors

单位：亿元
Unit: RMB 100 million yuan

	余额 Outstanding amounts	比年初增加 Increase over the beginning of the year
各项贷款 Total loans	**985 613**	**46 069**
境内贷款 Domestic loans	982 366	45 980
住户贷款 Loans to households	282 755	12 447
短期贷款 Consumer loans	90 497	1 470
中长期贷款 Business loans	192 259	10 977
非金融性企业及机关团体贷款 Loans to non-financial enterprises and government departments & organizations	691 731	34 193
短期贷款及票据融资 Short-term loans and paper financing	311 761	12 382
中长期贷款 Mid & long-term loans	364 529	20 695
其他贷款 Other loans	15 441	1 117
非银行业金融机构贷款 Loans to non-banking financial institutions	7 880	- 660
境外贷款 Overseas loans	3 247	89

金融机构当年累计新增人民币贷款
Accumulated new RMB loans in financial institutions

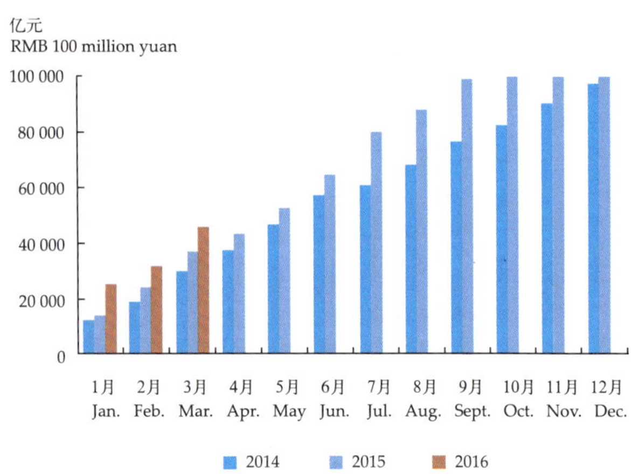

金融机构当月新增人民币贷款
New RMB loans in financial institutions by month

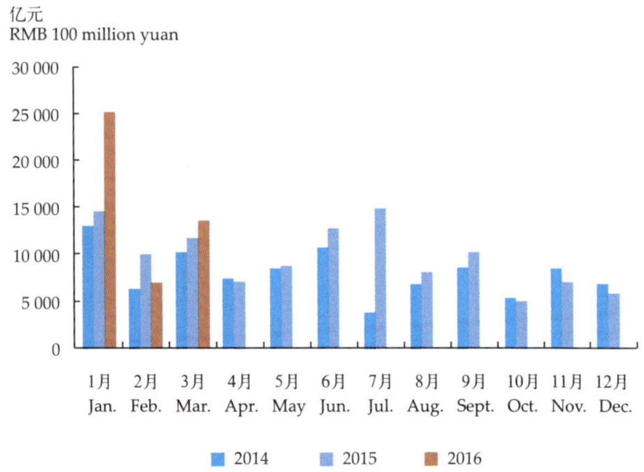

当年累计新增住户贷款
Accumulated new loans to households

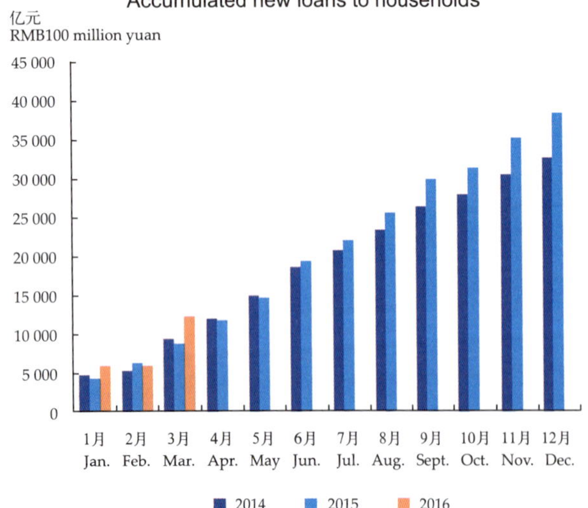

当月新增住户贷款
New loans to households by month

亿元
RMB100 million yuan

7 000
6 000
5 000
4 000
3 000
2 000
1 000
0
-1 000

1月 Jan. 2月 Feb. 3月 Mar. 4月 Apr. 5月 May 6月 Jun. 7月 Jul. 8月 Aug. 9月 Sept. 10月 Oct. 11月 Nov. 12月 Dec.

2014 2015 2016

当年累计新增非金融企业及其他部门贷款
Accumulated new loans to non-financial insititutions and other sectors

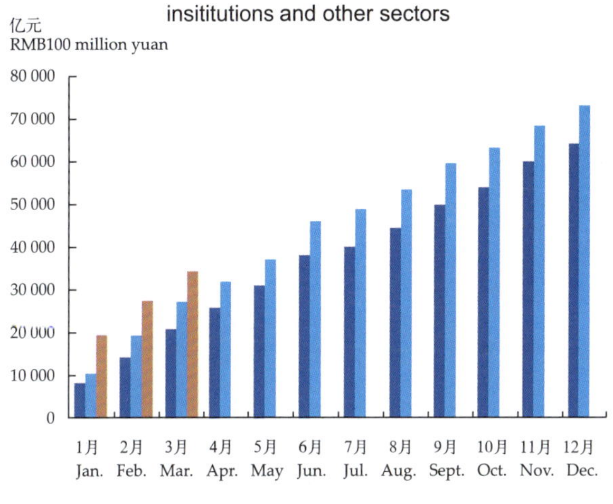

当月新增非金融企业及其他部门贷款
New loans to non-financial institutions and other sectors by month

亿元
RMB100 million yuan

25 000
20 000
15 000
10 000
5 000
0

1月 Jan. 2月 Feb. 3月 Mar. 4月 Apr. 5月 May 6月 Jun. 7月 Jul. 8月 Aug. 9月 Sept. 10月 Oct. 11月 Nov. 12月 Dec.

2014　2015　2016

2016年3月末个人消费贷款构成
Composition of consumer loans at the end of March, 2016

单位：亿元
Unit: RMB 100 million yuan

	余额 Outstanding amounts	同比增长率(%) Growth rate (YOY)(%)	比年初增加 Increase over the beginning of the year	比上年同期 Change compared with the same period of last year
个人消费贷款 Consumer loans	**200 754**	**25.0**	**11 279**	**4 362**
个人住房贷款 Individual housing mortgage loans	140 447	26.6	9 602	4 249
个人汽车消费贷款 Individual auto loans	5 535	23.4	298	46
助学贷款 Student loans	684	14.0	- 14	0
其他贷款 Other loans	54 088	21.4	1 393	68

2016年3月末个人消费贷款构成
Composition of consumer loans at the end of March, 2016

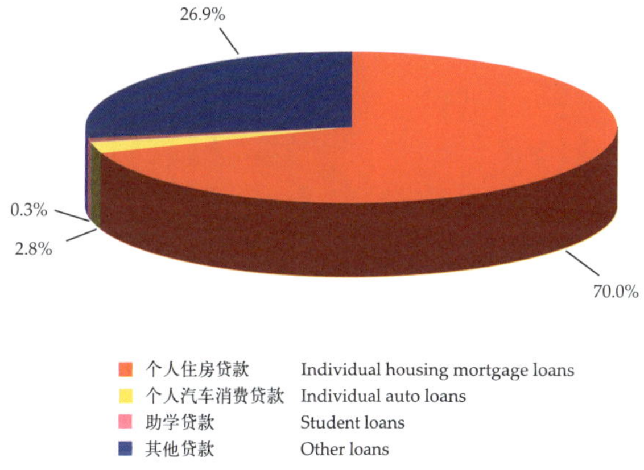

个人住房贷款　Individual housing mortgage loans
个人汽车消费贷款　Individual auto loans
助学贷款　Student loans
其他贷款　Other loans

当年累计新增个人消费贷款
Accumulated new consumer loans

亿元
RMB100 million yuan

0 5 000 10 000 15 000 20 000 25 000 30 000 35 000 40 000

1月 Jan. 2月 Feb. 3月 Mar. 4月 Apr. 5月 May 6月 Jun. 7月 Jul. 8月 Aug. 9月 Sept. 10月 Oct. 11月 Nov. 12月 Dec.

2014 2015 2016

当月新增个人消费贷款
New consumer loans by month

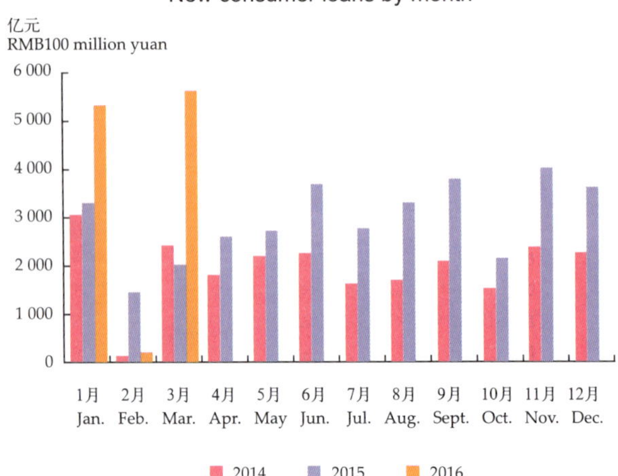

个人消费贷款余额及其增长趋势
Consumer loans and their growth

当年累计新增个人住房贷款
Accumulated new housing mortgage loans

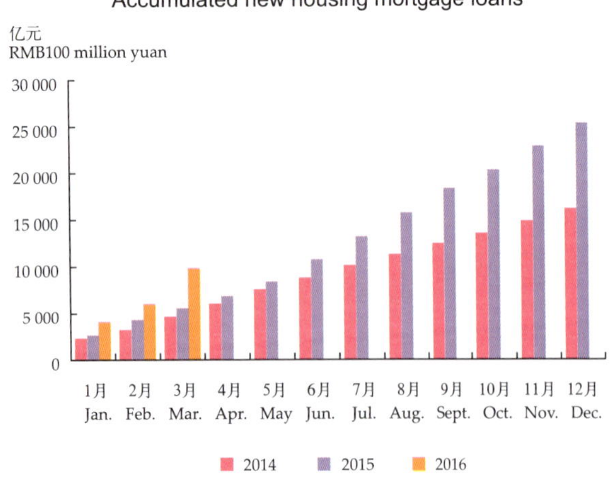

当月新增个人住房贷款
New housing mortgage loans by month

亿元
RMB100 million yuan

0 500 1 000 1 500 2 000 2 500 3 000 3 500 4 000 4 500

1月 Jan. 2月 Feb. 3月 Mar. 4月 Apr. 5月 May 6月 Jun. 7月 Jul. 8月 Aug. 9月 Sept. 10月 Oct. 11月 Nov. 12月 Dec.

2014 2015 2016

个人住房贷款余额及其增长趋势
Individual housing mortgage loans and their growth

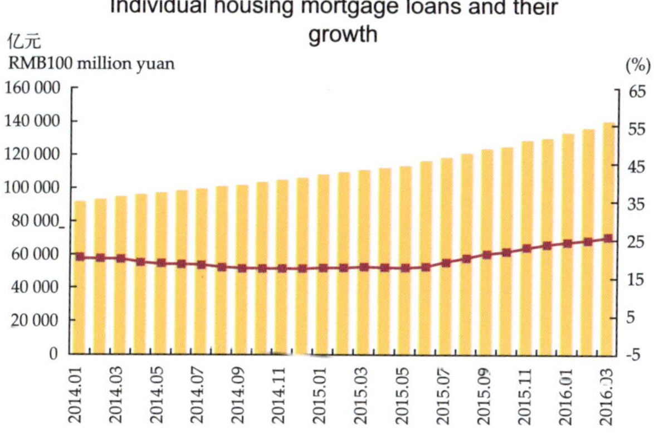

个人汽车消费贷款余额及其增长趋势
Individual auto loans and their growth

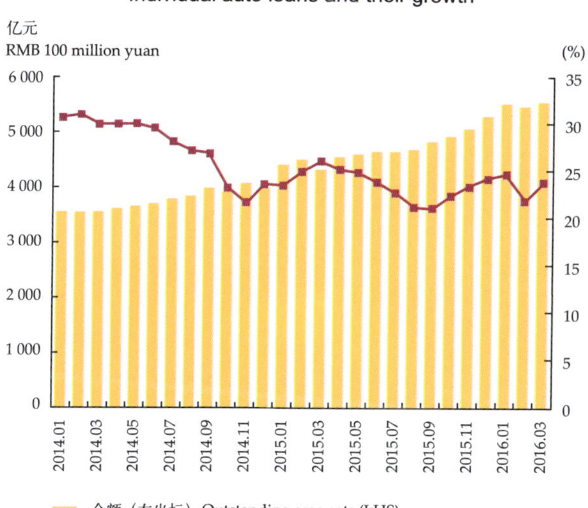

助学贷款余额及其增长趋势
Student loans and their growth

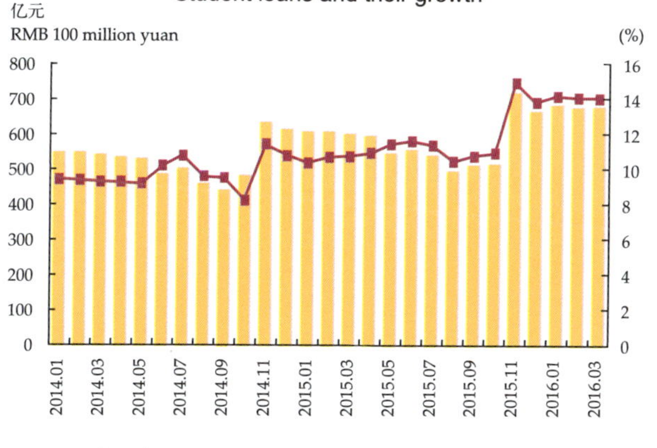

3.基础货币
(3) Monetary base

基础货币余额及其增长趋势
Monetary base and its growth

单位：万亿元
Unit: RMB trillion yuan

年/月 Year/Month	余额 Outstanding amounts	同比增长率(%) Growth rate (YOY) (%)
2014.01	28.77	13.8
2014.02	27.40	8.7
2014.03	27.47	8.3
2014.04	27.30	8.5
2014.05	27.39	9.8
2014.06	27.99	8.6
2014.07	27.67	8.7
2014.08	27.80	8.0
2014.09	28.53	8.4
2014.10	27.94	8.1
2014.11	28.00	7.7
2014.12	29.41	8.5
2015.01	28.83	0.2
2015.02	29.87	9.0
2015.03	29.58	7.7
2015.04	29.31	7.4
2015.05	28.78	5.1
2015.06	28.88	3.2
2015.07	28.32	2.4
2015.08	28.39	2.1
2015.09	27.97	-2.0
2015.10	27.58	-1.3
2015.11	27.16	-3.0
2015.12	27.64	-6.0
2016.01	29.04	-1.3
2016.02	29.05	-4.4
2016.03	28.34	-5.7

基础货币余额及其增长趋势
Monetary base and its growth

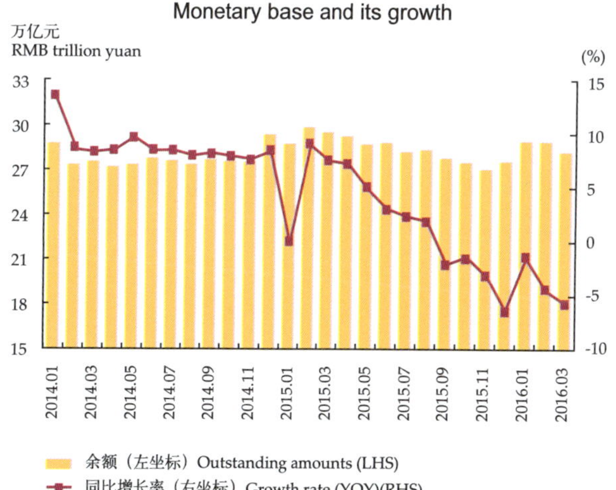

基础货币构成
Composition of monetary base

单位：亿元
Unit: RMB 100 million yuan

年/季 Year/Quarter	货币发行 Currency issue	其他存款性公司存款 Deposits of other depository corporations
2012Q1	54 379	172 306
2012Q2	54 294	173 757
2012Q3	59 178	176 855
2012Q4	60 646	191 699
2013Q1	61 331	192 319
2013Q2	59 831	197 945
2013Q3	63 041	200 097
2013Q4	64 981	206 042
2014Q1	64 816	209 925
2014Q2	63 260	216 638
2014Q3	65 545	219 754
2014Q4	67 151	226 942
2015Q1	69 078	226 675
2015Q2	65 112	223 668
2015Q3	68 455	211 222
2015Q4	69 886	206 492
2016Q1	71 353	212 024

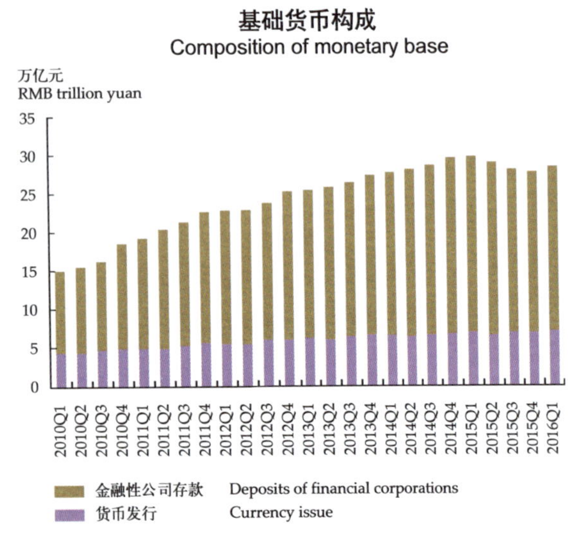

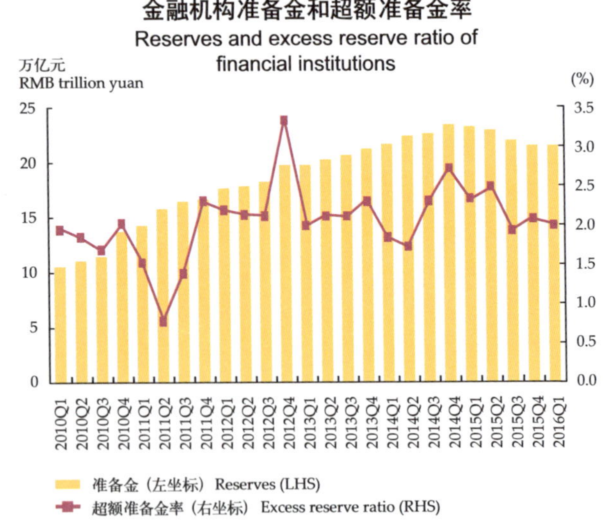

金融机构法定人民币存款准备金率
Official RMB reserve requirement ratios of financial institutions

单位：%
Unit: %

日期 Date	中资全国性大型银行① Chinese-funded large banks operating nationwide[1]	中小金融机构② Medium- and small-sized financial institutions[2]	农村合作银行 Rural cooperative banks	农村信用社和村镇银行 Rural credit cooperatives and township and village banks
2003.09.21	7.0	7.0	—	6.0
2004.04.25	7.5	7.5	7.5	6.0
2006.07.05	8.0	8.0	7.5	6.0
2006.08.15	8.5	8.5	7.5	6.0
2006.11.15	9.0	9.0	8.0	6.5
2007.01.15	9.5	9.5	8.5	7.0
2007.02.25	10.0	10.0	9.0	7.5
2007.04.16	10.5	10.5	9.5	8.0
2007.05.15	11.0	11.0	10.0	8.5
2007.06.05	11.5	11.5	10.5	9.0
2007.08.15	12.0	12.0	11.0	9.5
2007.09.25	12.5	12.5	11.5	10.0
2007.10.25	13.0	13.0	12.0	10.5
2007.11.26	13.5	13.5	12.5	11.0
2007.12.25	14.5	14.5	13.5	12.0
2008.01.25	15.0	15.0	14.0	12.5
2008.03.25	15.5	15.5	14.5	13.0
2008.04.25	16.0	16.0	15.0	13.5
2008.05.20	16.5	16.5	15.5	14.0
2008.06.15	17.0	17.0	16.0	14.5
2008.06.25	17.5	17.5	16.5	15.0
2008.09.25	17.5	16.5	15.5	14.0
2008.10.15	17.0	16.0	15.0	13.5
2008.12.05	16.0	14.0	13.0	11.5
2008.12.25	15.5	13.5	11.0	11.0
2010.01.18	16.0	14.0	11.0	11.0
2010.02.25	16.5	14.5	11.0	11.0
2010.05.10	17.0	15.0	11.5	11.0
2010.11.16	17.5	15.5	12.0	11.5
2010.11.29	18.0	16.0	12.5	12.0
2010.12.20	18.5	16.5	13.0	12.5
2011.01.20	19.0	17.0	13.5	13.0
2011.02.24	19.5	17.5	14.0	13.5
2011.03.25	20.0	18.0	14.5	14.0
2011.04.21	20.5	18.5	15.0	14.5
2011.05.18	21.0	19.0	15.5	15.0
2011.06.20	21.5	19.5	16.0	15.5
2011.12.05	21.0	19.0	15.5	15.0
2012.02.24	20.5	18.5	15.0	14.5
2012.05.18	20.0	18.0	14.5	14.0
2015.02.05	19.5	17.5	14.0	13.5
2015.04.20	18.5	16.5	11.5	11.5
2015.09.06	18.0	16.0	10.5	10.5
2015.10.24	17.5	15.5	9.5	9.5
2016.03.01	17.0	15.0	9.0	9.0

注：①包括中国工商银行、中国农业银行、中国银行、中国建设银行、交通银行和中国邮政储蓄银行。
②包括中国农业发展银行、股份制商业银行、城市商业银行、农村商业银行、有关外资金融机构。
③2014年4月、6月和2015年2月、4月、6月、9月、10月，中国人民银行七次实施定向降准。

Notes: 1. Including Industrial and Commercial Bank of China,Agricultural Bank of China,Bank of China,China Construction Bank,Bank of Communications,Postal Savings Bank of China.

2. Including Agricultural Development Bank of China, joint-stock commercial banks, city commercial banks, rural commercial banks and foreign-funded financial institutions.

3. In April and June 2014, and February, April, June, September and October 2015, the PBC conducted targeted reductions of the deposit reserve requirement ratio (RRR) on 7 occasions.

4. 社会融资规模

(4) Aggregate financing to the real economy

社会融资规模增量统计表

Aggregate financing to the real economy (flow)

单位：亿元人民币
Unit: RMB100 million yuan

日期 Date	增量 Flow	其中 Of which:						
		人民币贷款 RMB loans	外币贷款(折合人民币) Foreign currency-denominated loans (RMB equivalent)	委托贷款 Entrusted loans	信托贷款 Trust loans	未贴现的银行承兑汇票 Undiscounted bankers' acceptences	企业债券 Net financing of corporate bonds	非金融企业境内股票融资 Equity financing on the domestic stock market by non-financial enterprises
2014.01	26 004	13 190	1 588	3 971	1 059	4 902	375	454
2014.02	9 370	6 448	1 302	799	747	-1 419	1 026	169
2014.03	20 934	10 497	1 363	2 413	1 071	2 252	2 464	352
2014.04	15 259	7 745	186	1 505	398	789	3 664	582
2014.05	14 013	8 708	- 162	1 987	125	- 94	2 797	162
2014.06	19 673	10 793	357	2 616	1 200	1 445	2 626	154
2014.07	2 737	3 852	- 169	1 219	- 158	-4 157	1 435	332
2014.08	9 577	7 025	- 201	1 751	- 515	-1 116	1 934	217
2014.09	11 355	8 572	- 506	1 610	- 326	-1 410	2 338	612
2014.10	6 807	5 483	- 716	1 377	- 215	-2 411	2 590	279
2014.11	11 459	8 527	- 26	1 270	- 314	- 668	1 807	379
2014.12	16 945	6 973	540	4 551	2 102	601	761	658
2015.01	20 469	14 708	212	832	52	1 946	1 821	526
2015.02	13 564	11 437	- 146	1 299	38	- 592	670	542
2015.03	12 407	9 920	- 4	1 111	- 77	- 910	1 318	639
2015.04	10 557	8 045	- 265	344	- 46	- 74	1 591	597
2015.05	12 362	8 510	81	324	- 195	961	1 675	584
2015.06	18 334	13 240	560	1 414	536	-1 028	2 082	1 051
2015.07	7 419	5 890	- 133	1 137	99	-3 317	2 740	615
2015.08	10 856	7 756	- 620	1 198	317	-1 577	2 880	479
2015.09	13 290	10 417	-2 344	2 422	- 159	-1 279	3 524	349
2015.10	5 303	5 574	-1 317	1 390	- 201	-3 697	3 041	121
2015.11	10 224	8 873	-1 142	910	- 301	-2 545	3 347	568
2015.12	18 151	8 323	-1 308	3 530	370	1 545	3 560	1 531
2016.01	34 253	25 370	-1 727	2 175	552	1 327	4 579	1 469
2016.02	8 245	8 105	- 569	1 650	308	-3 705	1 318	810
2016.03	24 040	13 176	6	1 660	732	173	7 190	562

注：①社会融资规模增量是指一定时期内实体经济（国内非金融企业和住户）从金融体系获得的资金额。
②当期数据为初步统计数。
数据来源：中国人民银行、国家发展和改革委员会、中国证券监督管理委员会、中国保险监督管理委员会、中央国债登记结算有限责任公司和银行间市场交易商协会等部门。

Notes: 1. The increment in the all-system financing aggregates refers to the total volume of financing provided by the financial system to the real economy (the non-financial corporate sector and the household sector in the domestic market) during a certain period of time.
2. Data for the current period is preliminary.
Source: The People's Bank of China, National Development and Reform Commission, China Securities Regulatory Commission, China Insurance Regulatory Commission,China Government Securities Depository Trust and Clearing Co.Ltd, National Association of Financial Market Institutional Investors, and etc..

社会融资规模存量统计表（年）
Aggregate financing to the real economy (stock, by year)

年 Year	存量（亿元） Stock (RMB 100 million yuan)	同比增速 (%) Growth rate (%)	其中 Of which :						
			人民币贷款 RMB loans (%)	外币贷款（折合人民币） Foreign currency-denominated loans (RMB equivalent) (%)	委托贷款 Entrusted loans (%)	信托贷款 Trust loans (%)	未贴现的银行承兑汇票 Undiscounted bankers' acceptences (%)	企业债券 Net financing of corporate bonds (%)	非金融企业境内股票融资 Equity financing on the domestic stock market by non-financial enterprises (%)
2003	181 655	22.3	21.4	26.6	13.3		126.0	132.9	8.0
2004	204 143	14.9	14.3	16.8	61.6		-8.0	4.0	8.5
2005	224 265	13.5	13.3	11.0	11.8		0.7	129.1	4.2
2006	264 500	18.1	16.3	9.0	20.0		44.9	68.7	12.5
2007	321 326	21.5	16.4	21.9	29.9	84.0	138.4	41.0	45.8
2008	379 765	20.5	18.7	5.1	29.1	84.3	9.2	78.7	17.7
2009	511 835	34.8	31.3	55.5	35.8	63.4	36.5	86.2	18.3
2010	649 869	27.0	19.9	15.9	44.2	34.4	135.5	42.3	30.9
2011	767 478	18.2	16.1	13.1	21.2	13.5	24.8	36.2	17.7
2012	914 186	19.1	15.0	27.2	17.1	75.0	20.7	44.4	8.6
2013	1 074 575	17.5	14.2	7.2	39.7	61.1	12.6	24.2	6.7
2014	1 228 591	14.3	13.6	4.1	29.2	10.7	-1.8	25.8	12.7
2015	1 381 383	12.4	13.9	-13.0	17.2	0.8	-14.8	25.1	20.2

社会融资规模存量统计表（季）
Aggregate financing to the real economy (stock, by quarter)

单位：万亿元人民币
Unit: RMB trillion yuan

日期 Date	存量 Stock	其中 Of which :						
		人民币贷款 RMB loans	外币贷款（折合人民币） Foreign currency-denominated loans (RMB equivalent)	委托贷款 Entrusted loans	信托贷款 Trust loans	未贴现的银行承兑汇票 Undiscounted bankers' acceptences	企业债券 Net financing of corporate bonds	非金融企业境内股票融资 Equity financing on the domestic stock market by non-financial enterprises
2015Q1	127.58	85.09	3.48	9.67	5.35	6.96	12.07	3.94
2015Q2	131.58	88.07	3.50	9.87	5.38	6.94	12.61	4.16
2015Q3	134.70	90.48	3.33	10.35	5.41	6.32	13.47	4.30
2015Q4	138.14	92.75	3.02	10.93	5.39	5.85	14.63	4.53
2016Q1	144.75	97.42	2.78	11.56	5.61	5.63	15.89	4.81

5. 利率
(5) Interest rates

中央银行基准利率
Central bank benchmark interest rates

单位：年利率%
Unit: annual interest rate%

日期 Date	法定存款准备金 Required reserves	超额存款准备金 Excess reserves	对金融机构贷款 Lending to financial institutions				再贴现 Rediscount
			1年期 1-year	6个月以内 6-month and less	3个月以内 3-month and less	1个月以内 1 month and less	
1996.05.01	8.82	8.82	10.98	10.17	10.08	9.00	*
1996.08.23	8.28	7.92	10.62	—	9.72	—	*
1997.10.23	7.56	7.02	9.36	9.09	8.82	8.55	*
1998.03.25	5.22	—	7.92	7.02	6.84	6.39	6.03
1998.07.01	3.51	—	5.67	5.58	5.49	5.22	4.32
1998.12.07	3.24	—	5.13	5.04	4.86	4.59	3.96
1999.06.10	2.07	—	3.78	3.69	3.51	3.24	2.16
2001.09.11	—	—	—	—	—	—	2.97
2002.02.21	1.89	—	3.24	3.15	2.97	2.70	2.97
2003.12.20	—	1.62	—	—	—	—	—
2004.03.25	—	—	3.87	3.78	3.60	3.33	3.24
2005.03.17	—	0.99	—	—	—	—	—
2008.01.01	—	—	4.68	4.59	4.41	4.14	4.32
2008.11.27	1.62	0.72	3.60	3.51	3.33	3.06	2.97
2008.12.23	—	—	3.33	3.24	3.06	2.79	1.80
2010.12.26	—	—	3.85	3.75	3.55	3.25	2.25
2015.11.05	—	—	3.50	3.40	3.20	2.90	2.25

注：①1998年3月法定准备金和超额准备金两个账户合并为准备金账户。
②*按同档次中央银行贷款利率下浮5%～10%。
③ 2015年11月，中国人民银行将原期限“20天以内”改为“1个月以内”。

Notes: 1. The required reserves account and excess reserves account were merged into the reserves account in March 1998.
2. *The interest rate is 5%~10% below that of the central bank lending rate of the same tranche.
3. In November 2015, the PBC switched previous tenor "20 days and less" to "1 month and less".

法定存款准备金利率和再贴现利率
Required reserves interest rates and rediscount interest rates

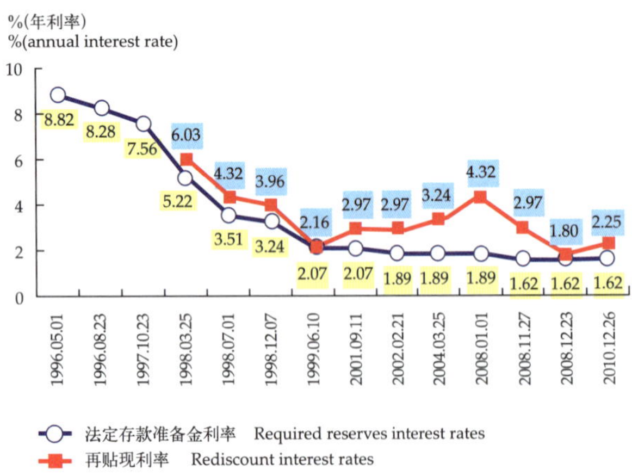

对金融机构贷款利率
Interest rates of central bank lending to financial institutions

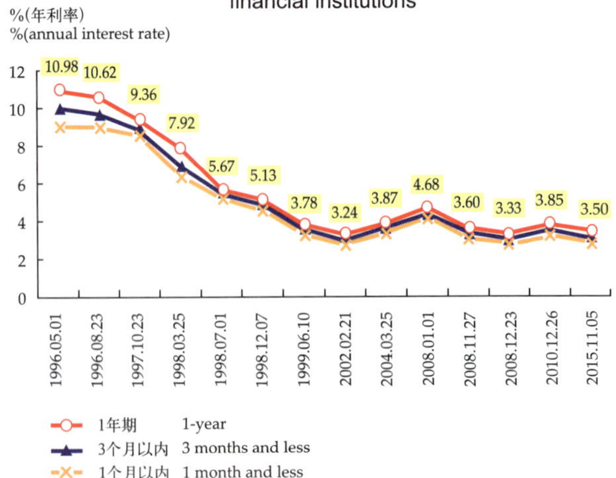

金融机构人民币存款基准利率
RMB deposit benchmark interest rates in financial institutions

单位：年利率%
Unit: annual interest rate %

日期 Date	活期 Demand deposits	定期 Time deposits					
		3个月 3-month	6个月 6-month	1年 1-year	2年 2-year	3年 3-year	5年 5-year
1990.04.15	2.88	6.30	7.74	10.08	10.98	11.88	13.68
1990.08.21	2.16	4.32	6.48	8.64	9.36	10.08	11.52
1991.04.21	1.80	3.24	5.40	7.56	7.92	8.28	9.00
1993.05.15	2.16	4.86	7.20	9.18	9.90	10.80	12.06
1993.07.11	3.15	6.66	9.00	10.98	11.70	12.24	13.86
1996.05.01	2.97	4.86	7.20	9.18	9.90	10.80	12.06
1996.08.23	1.98	3.33	5.40	7.47	7.92	8.28	9.00
1997.10.23	1.71	2.88	4.14	5.67	5.94	6.21	6.66
1998.03.25	1.71	2.88	4.14	5.22	5.58	6.21	6.66
1998.07.01	1.44	2.79	3.96	4.77	4.86	4.95	5.22
1998.12.07	1.44	2.79	3.33	3.78	3.96	4.14	4.50
1999.06.10	0.99	1.98	2.16	2.25	2.43	2.70	2.88
2002.02.21	0.72	1.71	1.89	1.98	2.25	2.52	2.79
2004.10.29	0.72	1.71	2.07	2.25	2.70	3.24	3.60
2006.08.19	0.72	1.80	2.25	2.52	3.06	3.69	4.14
2007.03.18	0.72	1.98	2.43	2.79	3.33	3.96	4.41
2007.05.19	0.72	2.07	2.61	3.06	3.69	4.41	4.95
2007.07.21	0.81	2.34	2.88	3.33	3.96	4.68	5.22
2007.08.22	0.81	2.61	3.15	3.60	4.23	4.95	5.49
2007.09.15	0.81	2.88	3.42	3.87	4.50	5.22	5.76
2007.12.21	0.72	3.33	3.78	4.14	4.68	5.40	5.85
2008.10.09	0.72	3.15	3.51	3.87	4.41	5.13	5.58
2008.10.30	0.72	2.88	3.24	3.60	4.14	4.77	5.13
2008.11.27	0.36	1.98	2.25	2.52	3.06	3.60	3.87
2008.12.23	0.36	1.71	1.98	2.25	2.79	3.33	3.60
2010.10.20	0.36	1.91	2.20	2.50	3.25	3.85	4.20
2010.12.26	0.36	2.25	2.50	2.75	3.55	4.15	4.55
2011.02.09	0.40	2.60	2.80	3.00	3.90	4.50	5.00
2011.04.06	0.50	2.85	3.05	3.25	4.15	4.75	5.25
2011.07.07	0.50	3.10	3.30	3.50	4.40	5.00	5.50
2012.06.08	0.40	2.85	3.05	3.25	4.10	4.65	5.10
2012.07.06	0.35	2.60	2.80	3.00	3.75	4.25	4.75
2014.11.22	0.35	2.35	2.55	2.75	3.35	4.00	—
2015.03.01	0.35	2.10	2.30	2.50	3.10	3.75	—
2015.05.11	0.35	1.85	2.05	2.25	2.85	3.50	—
2015.06.28	0.35	1.60	1.80	2.00	2.60	3.25	—
2015.08.26	0.35	1.35	1.55	1.75	2.35	3.00	—
2015.10.24	0.35	1.10	1.30	1.50	2.10	2.75	—

注：自2014年11月起，中国人民银行不再公布人民币5年期定期存款基准利率。
Note: Since November, 2014, the PBC stopped publishing the benchmark interest rate for 5-year RMB deposits.

人民币存款基准利率
RMB deposit benchmark interest rates

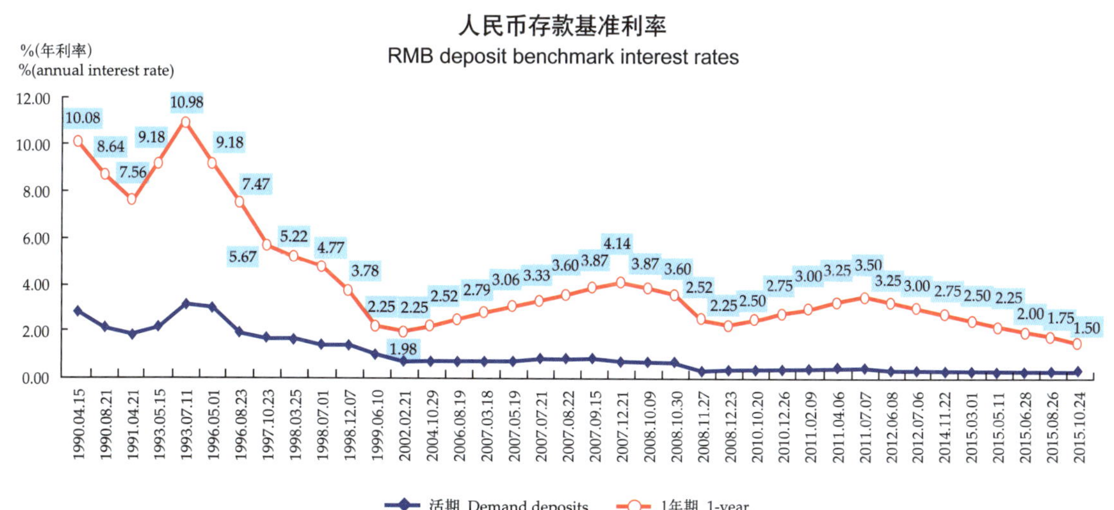

金融机构人民币贷款基准利率
RMB lending benchmark interest rates in financial institutions

单位：年利率%
Unit: annual interest rate %

日期 Date	短期贷款 Short-term loans		中长期贷款 Medium- and long-term loans		
	6个月以内(含6个月)① 6-month and less (including 6-month)[1]	6个月至1年(含1年)② 6-month to 1-year (including 1-year)[2]	1～3年(含3年) 1 to 3-year (including 3-year)	3～5年(含5年)③ 3 to 5-year (including 5-year)[3]	5年以上 More than 5-year
1991.04.21	8.10	8.64	9.00	9.54	9.72
1993.05.15	8.82	9.36	10.80	12.06	12.24
1993.07.11	9.00	10.98	12.24	13.86	14.04
1995.01.01	9.00	10.98	12.96	14.58	14.76
1995.07.01	10.08	12.06	13.50	15.12	15.30
1996.05.01	9.72	10.98	13.14	14.94	15.12
1996.08.23	9.18	10.08	10.98	11.70	12.42
1997.10.23	7.65	8.64	9.36	9.90	10.53
1998.03.25	7.02	7.92	9.00	9.72	10.35
1998.07.01	6.57	6.93	7.11	7.65	8.01
1998.12.07	6.12	6.39	6.66	7.20	7.56
1999.06.10	5.58	5.85	5.94	6.03	6.21
2002.02.21	5.04	5.31	5.49	5.58	5.76
2004.10.29	5.22	5.58	5.76	5.85	6.12
2006.04.28	5.40	5.85	6.03	6.12	6.39
2006.08.19	5.58	6.12	6.30	6.48	6.84
2007.03.18	5.67	6.39	6.57	6.75	7.11
2007.05.19	5.85	6.57	6.75	6.93	7.20
2007.07.21	6.03	6.84	7.02	7.20	7.38
2007.08.22	6.21	7.02	7.20	7.38	7.56
2007.09.15	6.48	7.29	7.47	7.65	7.83
2007.12.21	6.57	7.47	7.56	7.74	7.83
2008.09.16	6.21	7.20	7.29	7.56	7.74
2008.10.09	6.12	6.93	7.02	7.29	7.47
2008.10.30	6.03	6.66	6.75	7.02	7.20
2008.11.27	5.04	5.58	5.67	5.94	6.12
2008.12.23	4.86	5.31	5.40	5.76	5.94
2010.10.20	5.10	5.56	5.60	5.96	6.14
2010.12.26	5.35	5.81	5.85	6.22	6.40
2011.02.09	5.60	6.06	6.10	6.45	6.60
2011.04.06	5.85	6.31	6.40	6.65	6.80
2011.07.07	6.10	6.56	6.65	6.90	7.05
2012.06.08	5.85	6.31	6.40	6.65	6.80
2012.07.06	5.60	6.00	6.15	6.40	6.55
2014.11.22	—	5.60	—	6.00	6.15
2015.03.01	—	5.35	—	5.75	5.90
2015.05.11	—	5.10	—	5.50	5.65
2015.06.28	—	4.85	—	5.25	5.40
2015.08.26	—	4.60	—	5.00	5.15
2015.10.24	—	4.35	—	4.75	4.90

注：①自2014年11月起，中国人民银行将贷款基准利率期限档次简并为1年以内（含1年）、1～5年（含5年）和5年以上三个档次。
②2014年11月后为1年以内（含1年）。
③2014年11月后为1～5年（含5年）。

Notes: 1. Since November, 2014, the PBC simplified the term category of RMB benchmark lending rates, which thereafter inclued less than 1-year(including 1-year), 1 to 5-year (including 5-year), and more than 5-year.
2. Less than 1-year (including 1-year) after November, 2014.
3. 1 to 5-year (including 5-year) after November, 2014.

人民币贷款基准利率
RMB lending benchmark interest rates

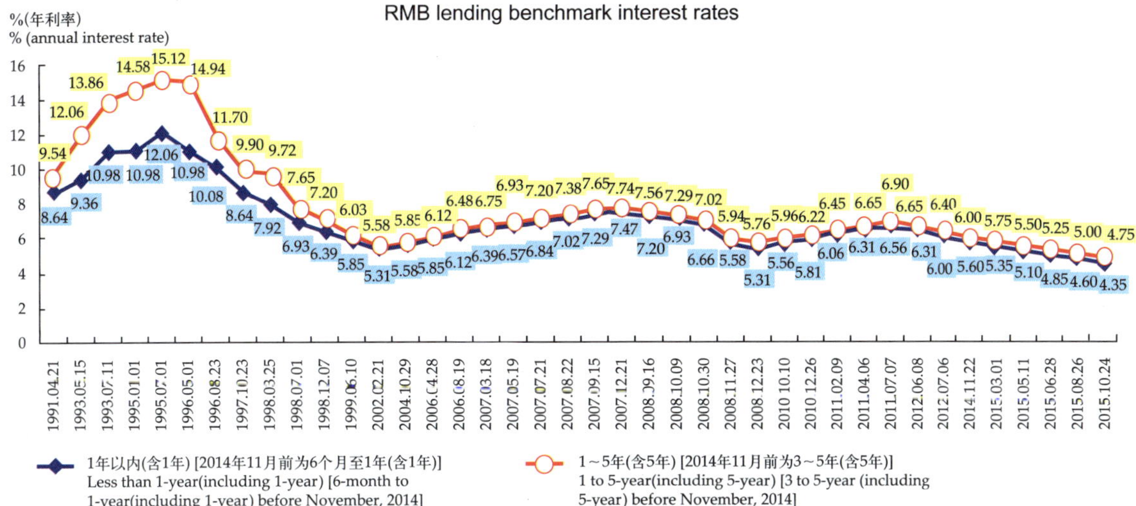

金融机构人民币贷款各利率区间占比表
Share of loans with floating rates in various ranges

单位：%　Unit: %

日期 Date	下浮 Floating downward	基准 At benchmark	上浮 Floating upward					
			小计 Subtotal	(1.0, 1.1]	(1.1, 1.3]	(1.3, 1.5]	(1.5, 2.0]	2.0以上Above 2.0
2014.01	8.20	22.81	68.99	17.90	27.39	11.00	9.78	2.92
2014.02	7.56	24.96	67.48	20.61	26.09	10.13	8.05	2.60
2014.03	8.35	21.40	70.25	18.81	27.69	11.17	9.56	3.02
2014.04	6.14	20.60	73.26	20.20	28.47	11.93	9.69	2.97
2014.05	7.35	19.81	72.84	20.45	28.12	11.97	9.52	2.78
2014.06	9.32	21.57	69.11	20.24	26.71	11.19	8.42	2.55
2014.07	8.23	19.68	72.09	19.35	27.78	12.46	9.69	2.81
2014.08	7.50	18.80	73.70	18.28	29.35	13.21	9.81	3.05
2014.09	8.31	20.43	71.26	19.01	28.18	12.29	9.00	2.78
2014.10	8.91	20.43	70.66	18.55	27.29	12.08	9.63	3.12
2014.11	9.44	19.94	70.63	18.73	26.84	12.32	9.55	3.19
2014.12	13.10	19.64	67.26	18.87	24.89	11.26	9.22	3.02
2015.01	10.20	19.93	69.87	19.90	25.31	11.87	9.37	3.42
2015.02	10.83	19.40	69.77	19.18	23.72	12.22	10.89	3.76
2015.03	11.30	19.77	68.93	18.65	23.14	12.55	10.58	4.01
2015.04	12.33	16.59	71.08	19.18	22.98	12.79	11.53	4.60
2015.05	12.58	16.20	71.22	17.08	24.00	12.95	12.34	4.85
2015.06	17.43	15.77	66.80	15.70	21.18	12.63	12.42	4.87
2015.07	13.91	15.76	70.33	15.55	22.32	13.00	13.44	6.02
2015.08	15.88	14.81	69.31	15.22	21.69	13.00	13.12	6.28
2015.09	15.59	17.61	66.80	16.50	20.03	11.40	12.57	6.30
2015.10	18.00	17.13	64.87	14.80	18.52	11.59	12.84	7.12
2015.11	17.82	17.86	64.32	14.24	18.57	10.79	13.10	7.62
2015.12	21.45	18.60	59.95	13.56	17.68	9.89	11.77	7.05
2016.01	19.56	17.16	63.28	15.71	18.44	10.39	11.39	7.35
2016.02	21.92	16.92	61.16	15.06	17.08	9.55	11.71	7.76
2016.03	20.82	17.60	61.58	14.54	17.06	10.19	11.92	7.87

2016年第一季度金融机构人民币贷款各利率区间占比表
Share of loans with rates floating at various ranges in the first quarter of 2016

单位：% Unit: %

	下浮 Floating downward	基准 At benchmark	上浮 Floating upward					
			小计 Subtotal	(1.0, 1.1]	(1.1, 1.3]	(1.3, 1.5]	(1.5, 2.0]	2.0以上 Above 2.0
四大国有商业银行 Four state-owned commercial banks	26.90	23.75	49.35	23.26	18.70	6.05	1.16	0.18
股份制商业银行 Joint-stock commercial banks	18.75	16.79	64.46	17.23	26.26	12.29	6.28	2.40
外资商业银行 Foreign commercial banks	54.59	15.31	30.10	13.08	12.42	2.44	1.60	0.56
城市商业银行 City commercial banks	5.80	12.37	81.83	10.46	23.56	18.43	19.67	9.71
城乡信用社 Urban and rural credit cooperatives	2.52	6.38	91.10	3.88	10.89	14.61	34.29	27.43
政策性银行 Policy banks	39.41	35.02	25.57	22.14	3.25	0.09	0.05	0.04
合计 Total	18.72	17.77	63.51	15.99	18.76	10.53	11.12	7.11

大额美元存款与美元贷款平均利率表
Average interest rates of large-value dollar deposits and loans

单位：% Unit: %

日期 Date	大额存款 Large-value deposits						贷款 Loans				
	活期 Demand	3个月以内 Within 3 months	3(含)~6个月 3~6 months (including 3 months)	6(含)~12个月 6~12 months (including 6 months)	1年 1 year	1年以上 Above 1 year	3个月以内 Within 3 months	3(含)~6个月 3~6 months (including 3 months)	6(含)~12个月 6~12 months (including 6 months)	1年 1 year	1年以上 Above 1 year
2014.01	0.21	2.41	3.43	3.48	3.54	2.68	2.82	2.90	3.14	2.88	3.56
2014.02	0.20	2.50	3.54	3.68	3.66	3.08	3.08	3.13	3.46	3.10	3.08
2014.03	0.25	2.60	3.68	3.63	3.85	2.72	3.08	3.20	3.35	3.30	3.16
2014.04	0.27	2.45	3.56	3.70	3.66	2.81	3.11	3.24	3.59	3.52	3.47
2014.05	0.26	2.21	3.24	3.43	3.58	2.83	2.97	3.09	3.45	3.52	3.63
2014.06	0.22	1.99	3.03	3.17	3.69	2.78	2.87	3.03	3.37	3.42	3.45
2014.07	0.21	1.59	2.72	2.96	3.47	2.48	2.73	2.97	3.32	3.24	3.72
2014.08	0.19	1.09	2.13	2.77	3.06	2.16	2.61	2.66	3.01	2.89	3.39
2014.09	0.14	0.83	1.76	2.30	2.40	1.18	2.53	2.51	2.67	2.74	3.55
2014.10	0.15	0.86	1.59	2.19	2.46	1.57	2.59	2.52	2.78	2.74	3.39
2014.11	0.12	0.70	1.41	2.08	2.53	1.85	2.15	2.22	2.57	2.75	3.68
2014.12	0.14	0.64	1.31	1.87	2.03	1.40	2.29	2.22	2.36	2.72	3.47
2015.01	0.14	0.87	1.33	1.75	2.25	1.50	2.06	1.97	2.24	2.50	3.44
2015.02	0.22	0.64	1.35	1.50	1.92	1.54	1.90	2.08	2.15	2.48	3.50
2015.03	0.15	0.71	1.18	1.45	1.97	1.25	1.73	2.28	1.77	2.42	3.42
2015.04	0.13	0.70	1.28	1.46	1.82	1.02	1.66	1.92	1.44	2.21	3.14
2015.05	0.14	0.80	1.28	1.36	2.01	1.05	1.81	1.93	1.92	2.13	2.93
2015.06	0.16	0.63	1.22	1.26	1.94	2.14	1.56	1.73	1.90	2.33	2.86
2015.07	0.17	0.72	1.18	1.36	1.73	1.87	1.82	2.34	2.09	2.13	3.35
2015.08	0.17	0.65	1.15	1.58	1.73	1.68	1.57	1.87	2.02	2.26	3.00
2015.09	0.12	0.57	1.02	1.45	1.53	1.60	1.43	1.93	2.20	2.21	2.88
2015.10	0.14	0.55	1.02	1.28	1.49	1.50	1.46	2.17	2.04	2.41	2.89
2015.11	0.15	0.60	1.04	1.30	1.60	1.73	1.43	2.02	1.93	2.25	3.18
2015.12	0.16	0.56	1.07	1.32	1.59	1.79	1.65	1.80	1.92	2.61	3.36
2016.01	0.24	0.65	1.20	1.37	1.64	1.55	1.50	2.15	1.94	2.07	3.30
2016.02	0.22	0.62	1.11	1.25	1.44	1.40	1.47	1.99	1.84	1.99	4.14
2016.03	0.20	0.68	1.13	1.27	1.50	1.60	1.48	1.85	3.08	2.28	3.32

八、金融市场
8. Financial Market

1.货币市场
(1) Money market

银行间市场交易量
Transaction volume in the inter-bank market

单位：万亿元
Unit: RMB trillion yuan

年 Year	债券回购 Repurchasing	同业拆借 Inter-bank borrowing	现券买卖 Outright transactions
2000	1.6	0.7	0.1
2001	4.0	0.8	0.1
2002	10.2	1.2	0.4
2003	11.7	2.4	3.1
2004	9.4	1.5	2.5
2005	15.9	1.3	6.0
2006	26.6	2.2	10.2
2007	44.8	10.6	15.6
2008	58.1	15.0	37.1
2009	70.3	19.4	47.3
2010	87.6	27.9	64.0
2011	99.5	33.4	63.6
2012	141.7	46.7	75.2
2013	158.2	35.5	41.6
2014	224.4	37.7	40.4
2015	457.8	64.2	86.7

银行间市场月加权平均利率
Monthly weighted average interest rates in the inter-bank market

单位：% Unit: %

年/月 Year/Month	同业拆借市场 Inter-bank borrowing market	质押式债券回购 Bond-pledged repurchasing
2014.04	2.72	2.69
2014.05	2.56	2.56
2014.06	2.85	2.89
2014.07	3.41	3.41
2014.08	3.17	3.11
2014.09	2.97	2.93
2014.10	2.69	2.64
2014.11	2.82	2.79
2014.12	3.49	3.49
2015.01	3.18	3.10
2015.02	3.64	3.62
2015.03	3.69	3.61
2015.04	2.49	2.37
2015.05	1.42	1.30
2015.06	1.44	1.41
2015.07	1.51	1.43
2015.08	1.79	1.79
2015.09	2.05	2.01
2015.10	1.99	1.94
2015.11	1.90	1.85
2015.12	1.97	1.95
2016.01	2.11	2.10
2016.02	2.09	2.10
2016.03	2.09	2.10

银行间市场交易量
Transaction volume in the inter-bank market

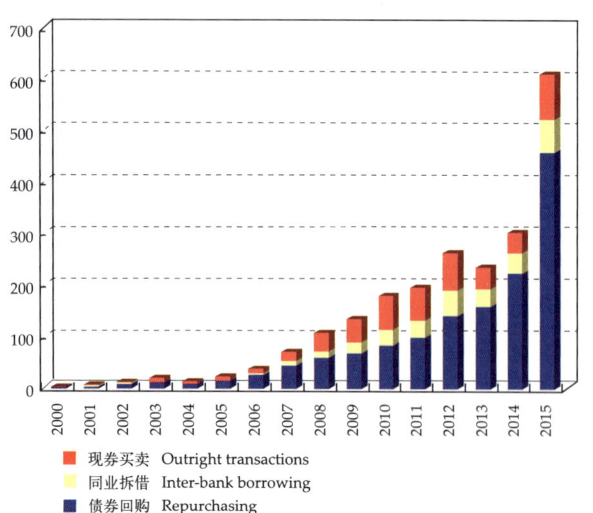

银行间市场月加权平均利率
Monthly weighted average interest rates in the inter-bank market

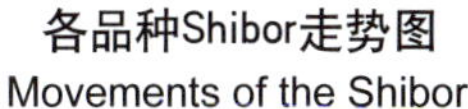

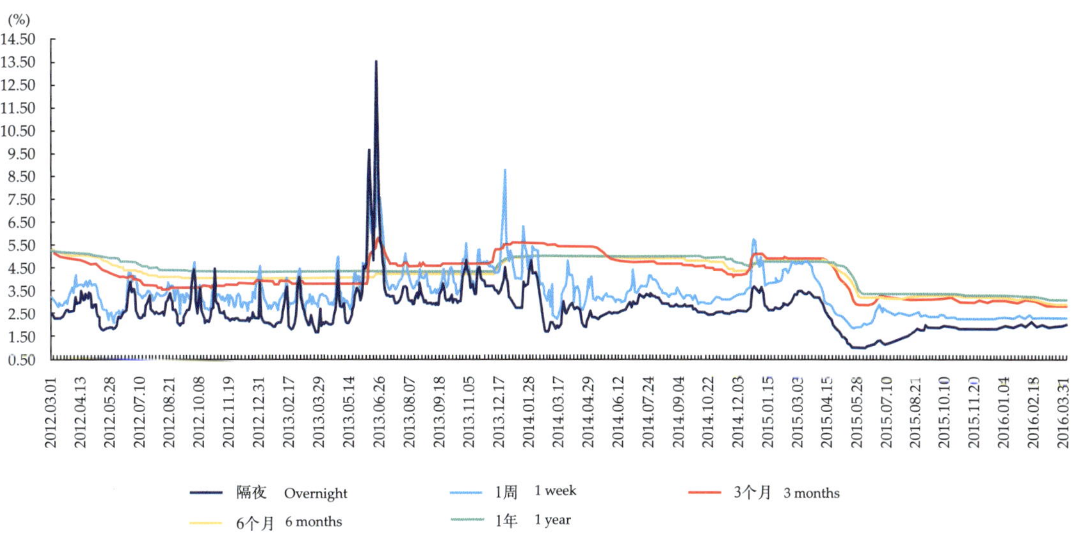

全国银行间同业拆借各期限当月交易量及月加权平均利率

Monthly transaction volume and monthly weighted average interest rates of inter-bank borrowing with different maturities

单位：亿元、%
Unit: RMB 100 million yuan, %

年/月 Year/Month	1天 1 day		7天 7 days		14天 14 days		21天 21 days		1个月 1 month		2个月 2 months		3个月 3 months		4个月 4 months		6个月 6 months		9个月 9 months		1年 1 year	
	交易量 Volume	利率 Rate	交易量 Volume	利率 Rate	交易量 Volume	利率 Rate	交易量 Volume	利率 Rate	交易量 Volume	利率 Rate	交易量 Volume	利率 Rate	交易量 Volume	利率 Rate	交易量 Volume	利率 Rate	交易量 Volume	利率 Rate	交易量 Volume	利率 Rate	交易量 Volume	利率 Rate
2014.04	24 816	2.47	4 190	3.62	677	3.76	21	4.33	675	3.90	143	4.10	199	5.20	5	4.75	4	5.08	0	—	12	5.87
2014.05	34 823	2.44	3 316	3.31	561	3.44	106	3.47	464	3.77	52	4.41	95	4.74	1	4.55	10	5.10	8	5.17	12	5.46
2014.06	31 107	2.72	4 171	3.45	486	4.21	63	4.51	307	4.53	26	4.47	89	4.98	2	5.06	1	5.06	5	5	13	4.20
2014.07	26 053	3.23	5 104	3.98	1 078	4.51	59	4.30	414	4.38	142	4.05	107	4.89	0	0.00	3	4.83	0	0.00	26	5.13
2014.08	19 470	2.97	6 185	3.61	1 446	3.75	21	4.26	247	3.90	81	3.68	118	4.75	3	4.60	3	4.63	0	0.00	1	5.70
2014.09	27 646	2.81	6 762	3.41	1 660	3.39	111	4.24	246	4.15	112	3.77	138	4.90	11	4.79	9	4.87	0	0	3	4.84
2014.10	30 502	2.52	6 456	3.18	1 337	3.39	87	3.66	470	3.89	81	3.64	117	4.69	0	4.35	4	4.50	0	0.00	25	4.75
2014.11	24 463	2.59	7 456	3.33	801	3.68	43	4.69	451	4.01	64	4.11	159	4.79	11	4.60	21	4.56	1	4.95	29	4.24
2014.12	19 761	2.97	7 440	4.46	1 052	4.93	57	5.64	314	5.80	150	5.15	153	5.13	3	5.58	20	5.08	1	6	15	4.79
2015.01	19 544	2.81	5 736	4.11	556	4.86	17	5.02	135	4.95	149	4.96	160	5.12	12	4.53	15	4.95	3	4.87	35	4.72
2015.02	13 448	3.07	4 569	4.73	997	4.92	169	5.52	262	5.43	143	5.47	111	5.39	12	5.49	6	5.05	2	4.95	48	5.19
2015.03	27 839	3.37	6 294	4.74	1 594	4.66	116	5.17	377	5.22	60	5.18	148	5.26	7	5.26	10	5.11	0	—	3	5.26
2015.04	34 246	2.26	6 334	3.20	2 275	3.54	45	4.24	262	4.19	91	5.02	127	4.75	14	4.93	17	4.81	0	—	33	4.54
2015.05	49 143	1.24	7 053	2.35	1 245	2.50	79	2.61	247	2.80	40	2.90	146	3.61	9	3.46	17	3.45	1	4.10	13	4.57
2015.06	50 263	1.19	8 891	2.57	891	2.80	139	3.16	415	3.25	47	3.71	108	3.69	7	3.82	5	3.45	6	3.95	4	4.50
2015.07	58 716	1.31	5 915	2.76	930	3.03	121	3.14	311	3.26	80	3.82	638	4.18	7	3.56	28	3.65	2	3.78	1	3.61
2015.08	53 120	1.68	5 383	2.57	1 184	2.71	71	2.84	253	2.83	50	3.04	105	3.64	6	3.25	6	3.47	1	3.80	1	3.85
2015.09	42 107	1.93	5 572	2.52	1 836	2.79	76	3.08	364	3.14	111	3.20	145	3.50	2	3.50	7	3.85	0	—	5	3.46
2015.10	47 456	1.91	5 173	2.47	1 007	2.74	105	2.85	225	3.20	22	3.11	95	3.86	9	3.44	7	3.82	0	—	18	3.77
2015.11	75 975	1.82	7 948	2.43	1 515	2.64	234	2.84	488	2.73	160	2.81	138	3.44	14	3.28	14	3.35	1	3.26	302	3.36
2015.12	68 097	1.86	8 106	2.53	1 275	2.84	197	3.60	902	2.90	51	3.26	524	3.18	22	3.36	15	3.50	2	3.54	90	3.29
2016.01	49 988	2.03	5 600	2.55	434	2.91	60	3.38	552	3.02	113	3.28	214	3.36	35	3.40	96	3.21	17	3.43	75	3.30
2016.02	43 420	2.02	3 434	2.48	1 543	2.77	74	3.10	105	2.99	124	2.87	227	3.20	7	3.17	13	3.19	4	3.28	29	3.44
2016.03	65 639	2.03	6 943	2.45	1 384	2.64	77	3.05	361	2.86	48	2.92	197	2.99	12	3.26	11	3.37	2	3.44	41	3.23

全国银行间同业拆借各期限月加权平均利率
Monthly weighted average interest rates of inter-bank borrowing with different maturities

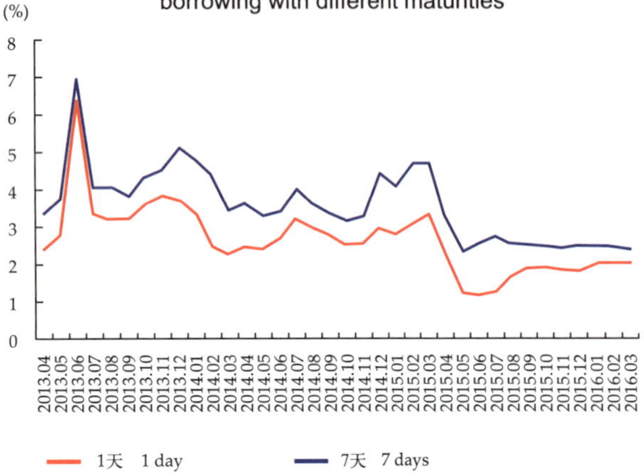

全国银行间同业拆借各期限当月交易量
Monthly transaction volume of inter-bank borrowing with different maturities

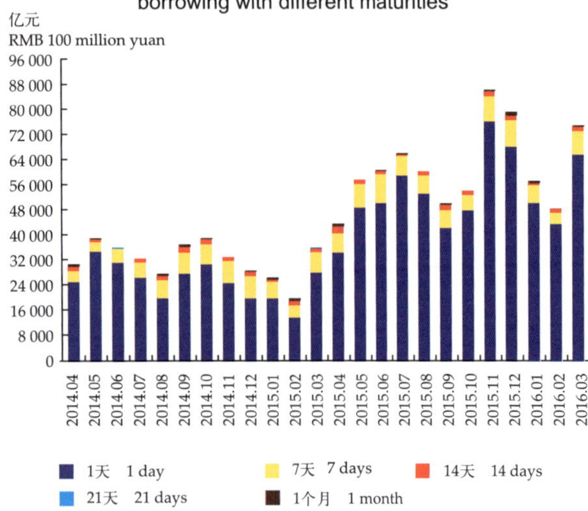

2. 债券市场
(2) Bond market

债券回购交易成交金额
Turnover of repurchasing

单位：亿元
Unit: RMB 100 million yuan

年/月 Year/Month	银行间债券市场 Inter-bank bond market	交易所 Stock exchanges
2014.04	171 563	69 560
2014.05	185 808	68 650
2014.06	197 533	70 541
2014.07	208 708	82 413
2014.08	199 723	78 113
2014.09	219 390	79 945
2014.10	216 200	73 794
2014.11	219 020	86 451
2014.12	237 846	106 849
2015.01	224 725	91 469
2015.02	171 564	72 242
2015.03	267 582	103 297
2015.04	304 353	95 618
2015.05	367 806	93 825
2015.06	414 858	105 286
2015.07	454 804	114 797
2015.08	391 011	109 841
2015.09	408 038	113 980
2015.10	417 044	105 522
2015.11	549 165	125 870
2015.12	606 238	150 361
2016.01	473 730	146 144
2016.02	341 473	117 039
2016.03	546 060	178 897

债券现券交易成交金额
Turnover of outright transactions

单位：亿元
Unit: RMB 100 million yuan

年/月 Year/Month	银行间债券市场 Inter-bank bond market	交易所 Stock exchanges
2014.04	34 436	1 877
2014.05	36 436	1 626
2014.06	33 562	2 062
2014.07	36 582	2 484
2014.08	34 172	2 115
2014.09	39 894	2 259
2014.10	36 557	2 211
2014.11	38 486	3 089
2014.12	42 550	5 140
2015.01	43 022	3 480
2015.02	30 285	1 827
2015.03	52 825	2 408
2015.04	61 775	2 531
2015.05	71 302	2 600
2015.06	70 347	2 529
2015.07	90 184	3 831
2015.08	81 630	3 310
2015.09	76 583	3 043
2015.10	77 123	2 020
2015.11	102 661	2 979
2015.12	109 635	3 665
2016.01	93 098	2 974
2016.02	60 441	2 323
2016.03	113409	4 093

债券回购交易成交金额
Turnover of repurchasing

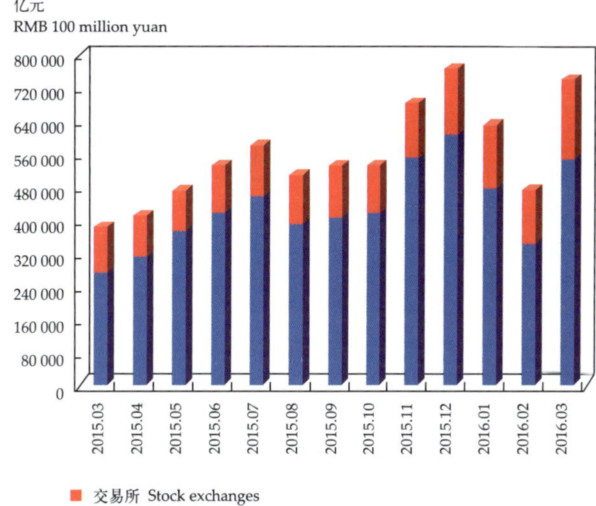

债券现券交易成交金额
Turnover of outright transactions

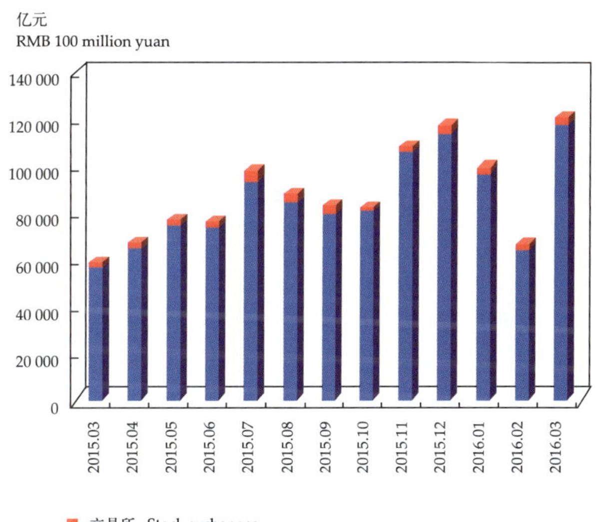

国债发行、兑付、期末余额
Issue and redemption values and end-period balance of government bonds

单位：亿元
Unit: RMB 100 million yuan

年/月 Year/Month	发行额 Issue value	兑付额 Redemption value	期末余额 End-period balance
2014.04	2 157	1 124	95 940
2014.05	1 836	577	97 134
2014.06	2 587	1 675	98 361
2014.07	2 787	693	100 966
2014.08	2 804	1 458	102 300
2014.09	2 274	423	104 151
2014.10	1 997	602	105 253
2014.11	1 681	539	106 380
2014.12	1 484	654	107 275
2015.01	600	691	104 163
2015.02	400	883	106 664
2015.03	1 099	526	105 629
2015.04	2 384	1 577	106 439
2015.05	3 626	1 010	109 446
2015.06	9 118	1 425	117 398
2015.07	7 827	1 513	124 536
2015.08	6 748	1 393	129 433
2015.09	7 868	1 291	137 283
2015.10	6 927	1 021	141 918
2015.11	10 110	709	150 912
2015.12	2 702	764	154 524
2016.01	1 700	1 413	155 184
2016.02	2 568	1 707	155 294
2016.03	9 687	1 352	163 159

国债发行与兑付
Issue and redemption values of government bonds

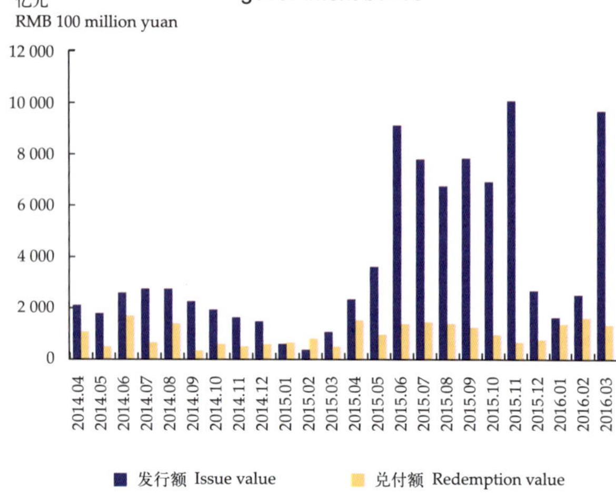

国债期末余额
Outstanding amounts of government bonds at end-period

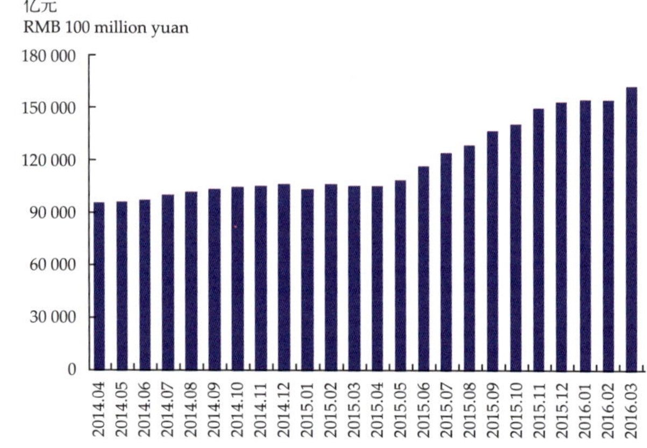

3.股票市场
(3) Stock market

股票成交、发行筹资额
Turnover of stock trading and funds raised in the stock market

年/月 Year/month		成交金额（亿元）Turnover of stock trading (RMB100 million yuan)		A股筹资（亿元）A-shares capital raised (RMB100 million yuan)					B股筹资（亿美元）B-shares capital rasied (USD100 million)	H股筹资（亿美元）H-shares capital rasied (USD100 million)	
		上海证券交易所A股 A-shares on the Shanghai Stock Exchange	深圳证券交易所A股 A-shares on the Shenzhen Stock Exchange	首次发行金额 Initial public offering	公开增发 Additional offering	定向增发（现金）Placement (Cash)	配股 Allotment	权证行权 Exercise warrant		首次发行金额 Initial public offering	再筹资金额 Refinancing
2013	1	22 552	20 394	0.0	10.3	452.1	18.5	0.0	0.0	0.0	0.0
	2	16 243	13 875	0.0	0.0	165.0	193.5	0.0	0.0	0.0	31.3
	3	20 389	18 176	0.0	0.0	159.6	48.4	0.0	0.0	0.0	5.3
	4	12 848	12 799	0.0	0.0	238.4	35.7	0.0	0.0	0.0	0.0
	5	20 915	23 965	0.0	7.8	262.4	0.0	0.0	0.0	28.9	0.0
	6	13 290	15 115	0.0	16.4	83.6	26.4	0.0	0.0	0.0	5.0
	7	18 206	23 224	0.0	7.0	112.9	7.8	0.0	0.0	0.0	0.0
	8	20 669	24 394	0.0	7.0	114.7	14.5	0.0	0.0	0.0	0.0
	9	25 377	21 378	0.0	0.0	112.9	275.3	0.0	0.0	0.0	11.8
	10	20 956	22 394	0.0	0.0	78.5	0.0	0.0	0.0	0.0	6.2
	11	19 249	20 755	0.0	0.0	146.6	0.0	0.0	0.0	18.9	0.0
	12	18 224	21 244	0.0	32.0	320.1	49.2	0.0	0.0	65.4	0.0
2014	1	13 638	22 086	188.0	0.0	407.0	8.0	0.0	0.0	0.9	9.6
	2	17 933	25 884	36.0	0.0	137.0	39.0	0.0	0.0	0.0	1.5
	3	18 671	23 472	0.0	0.0	339.0	13.0	0.0	0.0	0.0	2.3
	4	16 853	17 957	0.0	0.0	619.4	0.0	0.0	0.0	0.0	0.0
	5	12 039	15 436	0.0	3.7	239.7	30.7	0.0	0.0	12.2	5.5
	6	13 179	19 091	16.9	0.0	125.7	11.1	0.0	0.0	8.2	0.0
	7	23 967	29 283	46.2	0.0	266.8	18.7	0.0	0.0	2.5	4.0
	8	27 940	32 778	35.1	0.0	230.5	2.5	0.0	0.0	0.0	0.0
	9	35 594	40 811	69.1	0.0	542.7	0.0	0.0	0.0	0.0	1.6
	10	31 336	33 685	54.3	0.0	248.6	7.4	0.0	0.0	2.5	65.3
	11	48 934	39 858	29.4	0.0	341.9	7.8	0.0	0.0	0.3	4.1
	12	115 066	65 887	194.0	0.0	533.6	0.0	0.0	0.0	102.1	118.9
2015	1	78 409	49 140	122.0	0.0	402.7	1.4	0.0	0.0	0.6	0.0
	2	41 414	34 494	132.0	0.0	450.4	5.9	0.0	0.0	0.0	0.0
	3	112 932	95 421	227.6	0.0	562.2	0.0	0.0	0.0	9.9	0.0
	4	173 836	126 365	156.2	0.0	425.4	15.8	0.0	0.0	44.4	1.1
	5	163 558	147 900	188.2	0.0	496.1	0.0	0.0	0.0	2.2	30.9
	6	199 993	166 048	629.6	0.0	847.2	0.0	0.0	0.0	73.7	35.0
	7	160 946	120 087	11.7	0.0	664.9	19.3	0.0	0.0	34.8	35.0
	8	107 778	97 163	0.0	0.0	478.9	0.0	0.0	0.0	0.0	3.3
	9	56 210	59 758	0.0	0.0	428.7	0.0	0.0	0.0	14.6	3.3
	10	64 146	86 291	0.0	0.0	121.0	0.0	0.0	0.0	0.0	68.0
	11	92 119	130 886	70.3	0.0	497.9	0.0	0.0	0.0	9.5	7.4
	12	71 891	110 053	229.4	0.0	1 334.0	0.0	0.0	0.0	46.6	43.3
2016	1	43 264	64 708	2.0	0.0	1 660.0	123.0	0.0	0.0		
	2	30 725	47 316	40.0	0.0	744.0	69.0	0.0	0.0		
	3	53 661	80 149	562.0	0.0	1 130.0	0.0	0.0	0.0		

月末加权平均市盈率
Weighted average price-earnings ratio at month-end

年/月 Year/Month	上海证券交易所A股 A-shares on the Shanghai Stock Exchange	上海证券交易所B股 B-shares on the Shanghai Stock Exchange	深圳证券交易所A股 A-shares on the Shenzhen Stock Exchange	深圳证券交易所B股 B-shares on the Shenzhen Stock Exchange
2014.04	10.7	10.4	24.5	8.5
2014.05	9.8	12.0	25.2	8.1
2014.06	9.8	11.9	26.2	8.7
2014.07	10.6	12.8	27.7	9.5
2014.08	10.7	13.6	28.9	9.6
2014.09	11.5	14.4	32.0	10.0
2014.10	11.8	14.1	32.5	10.0
2014.11	13.1	15.0	34.4	10.1
2014.12	16.0	15.8	34.6	10.5
2015.01	15.9	15.7	37.4	10.9
2015.02	16.6	16.0	39.9	11.3
2015.03	19.0	16.8	45.9	13.6
2015.04	22.6	21.9	50.2	16.2
2015.05	21.9	29.2	62.2	17.2
2015.06	20.9	25.6	54.9	16.2
2015.07	18.0	20.8	47.3	13.7
2015.08	15.8	17.9	40.3	11.8
2015.09	15.1	18.6	38.9	11.7
2015.10	16.7	21.6	45.7	12.7
2015.11	17.0	23.4	49.9	13.2
2015.12	17.6	26.2	53.3	14.0
2016.01	13.7	21.2	39.4	12.3
2016.02	13.5	20.9	38.0	11.8
2016.03	15.1	22.9	41.7	12.6

股票成交金额
Turnover of stock trading

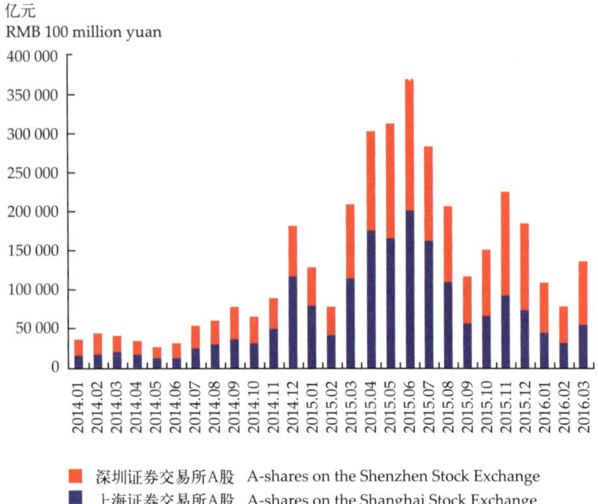

月末加权平均市盈率
Weighted average price-earnings ratio at month-end

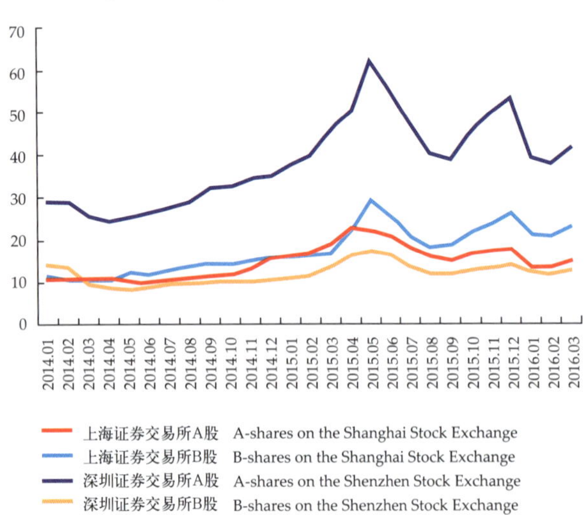

月末收盘指数
Closing index at month-end

4.票据市场
(4) Commercial paper market

票据市场交易额与期末余额
Transactions and outstanding balance of commercial paper market

单位：亿元
Unit: RMB 100 million yuan

年/月 Year/Month	商业汇票 Drafts	贴现 Discount bills	再贴现 Rediscount bills
发生额 Transactions during the period			
2014.04	16 796	44 197	274
2014.05	18 350	53 959	319
2014.06	17 653	50 041	347
2014.07	17 905	54 236	312
2014.08	15 351	49 393	323
2014.09	19 622	65 083	372
2014.10	18 079	46 418	293
2014.11	19 289	75 034	359
2014.12	20 927	60 691	493
2015.01	20 045	64 402	151
2015.02	13 940	49 590	391
2015.03	20 047	78 286	404
2015.04	17 273	84 305	371
2015.05	20 481	98 790	322
2015.06	21 297	104 108	368
2015.07	19 509	107 895	336
2015.08	15 669	77 807	361
2015.09	17 916	87 281	354
2015.10	19 332	63 771	354
2015.11	17 352	98 619	339
2015.12	20 794	106 475	394
2016.01	21 913	116 046	291
2016.02	10 543	67 245	200
2016.03	17 016	89 560	436
期末余额 Outstanding balance at the end of the period			
2014.04	96 551	19 696	1 036
2014.05	98 782	21 239	1 031
2014.06	102 013	22 028	1 120
2014.07	98 214	23 754	1 154
2014.08	97 437	26 100	1 229
2014.09	97 232	27 000	1 257
2014.10	98 099	28 149	1 259
2014.11	99 979	30 572	1 266
2014.12	98 782	29 169	1 372
2015.01	101 753	30 088	1 299
2015.02	102 240	30 488	1 263
2015.03	101 740	30 769	1 322
2015.04	103 190	32 130	1 298
2015.05	105 723	34 363	1 290
2015.06	107 948	37 817	1 300
2015.07	106 708	40 384	1 272
2015.08	109 060	42 841	1 305
2015.09	106 254	43 128	1 281
2015.10	106 250	44 964	1 305
2015.11	103 161	46 390	1 292
2015.12	104 124	45 756	1 305
2016.01	107 622	49 482	1 130
2016.02	109 591	48 899	1 139
2016.03	105 386	49 417	1 230

商业汇票交易情况
Draft transactions

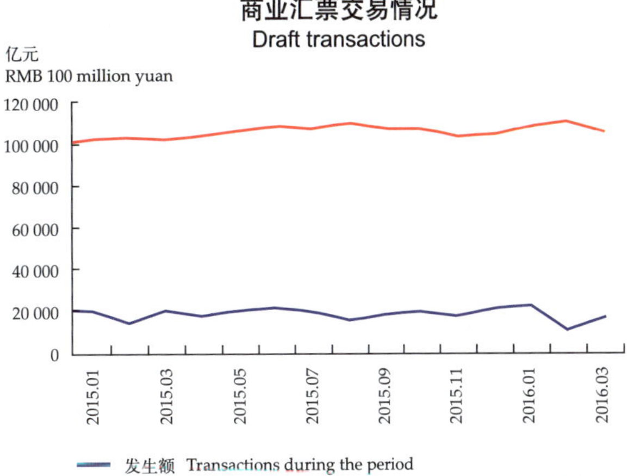

贴现情况
Discount bills

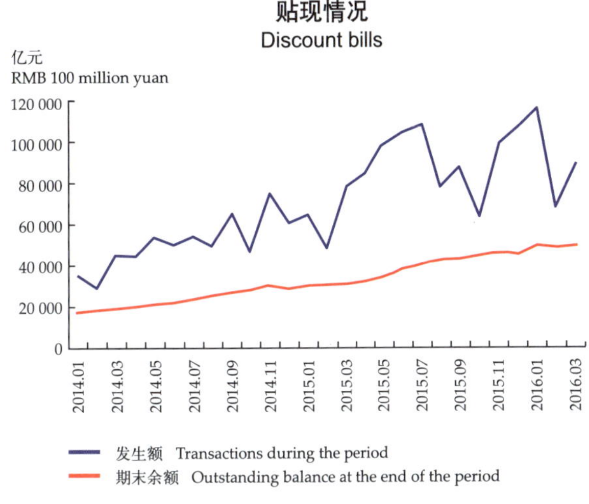

再贴现情况
Rediscount bills

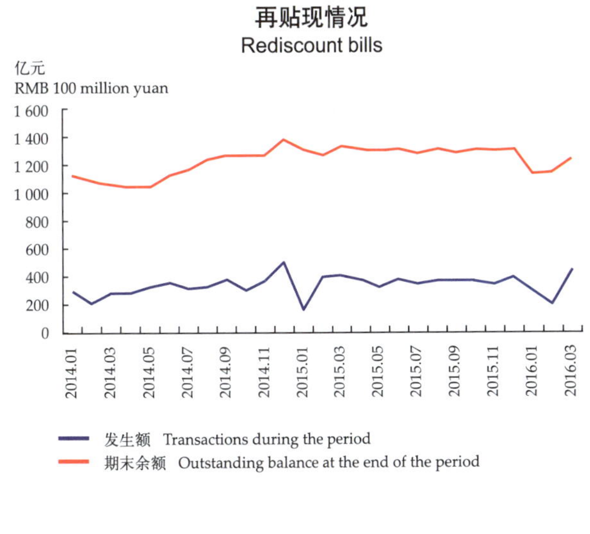

5.外汇市场
(5) Foreign exchange market

世界主要货币兑人民币月平均汇率
Monthly average exchange rate of the RMB against major foreign currencies

年/月 Year/Month	人民币/美元 RMB/USD	人民币/欧元 RMB/EUR	人民币/100日元 RMB/100JPY	人民币/港元 RMB/HKD	卢布/人民币 RUB/RMB
2014.04	6.1553	8.5001	6.0202	0.7938	5.7451
2014.05	6.1636	8.4637	6.0726	0.7951	5.5940
2014.06	6.1557	8.3687	6.0467	0.7941	5.5387
2014.07	6.1569	8.3425	6.0652	0.7944	5.6037
2014.08	6.1606	8.2062	5.9850	0.7949	5.8566
2014.09	6.1528	7.9466	5.7381	0.7937	6.1733
2014.10	6.1441	7.7992	5.7079	0.7921	6.7042
2014.11	6.1432	7.6599	5.2882	0.7922	7.5037
2014.12	6.1238	7.5621	5.1436	0.7897	9.1139
2015.01	6.1272	7.1357	5.1975	0.7903	10.3771
2015.02	6.1339	6.9877	5.2033	0.7910	10.4967
2015.03	6.1507	6.6871	5.1284	0.7928	9.7030
2015.04	6.1302	6.6261	5.1429	0.79088	8.5588
2015.05	6.1143	6.8394	5.0832	0.78869	8.1674
2015.06	6.1161	6.8711	4.9580	0.78890	8.7943
2015.07	6.1167	6.7459	4.9793	0.78908	9.2518
2015.08	6.3056	7.0193	5.1213	0.81333	10.3457
2015.09	6.3691	7.1624	5.3008	0.82180	10.4653
2015.10	6.3486	7.1330	5.2887	0.8192	9.8492
2015.11	6.3666	6.8439	5.1995	0.8214	10.1800
2015.12	6.4476	7.0162	5.2981	0.8319	10.8303
2016.01	6.5527	7.1245	5.5531	0.84231	11.7333
2016.02	6.5311	7.2232	5.6770	0.83944	11.7194
2016.03	6.5064	7.2343	5.7627	0.83828	10.7939

世界主要货币兑人民币期末汇率
Exchange rate of the RMB against major foreign currencies at the end of the period

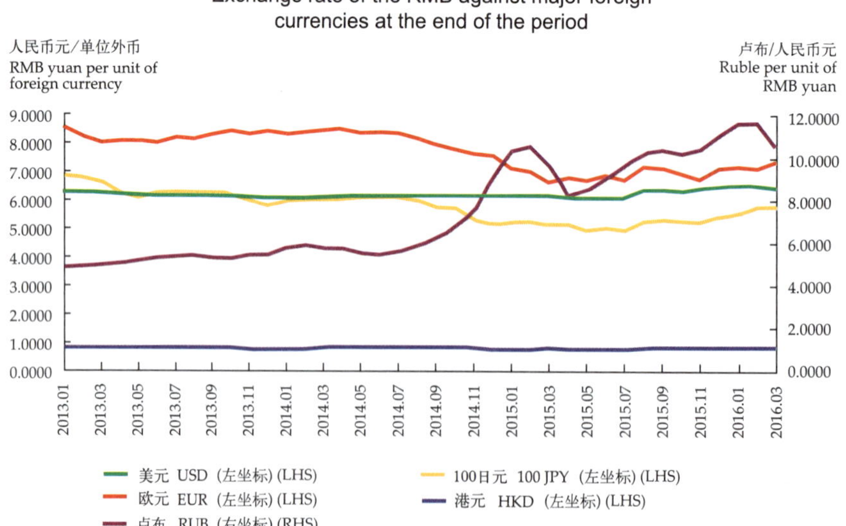

人民币/美元中间价
Central parity of the RMB against the USD

2005年7月21日至2016年3月31日
From July 21, 2005 to March 31, 2016

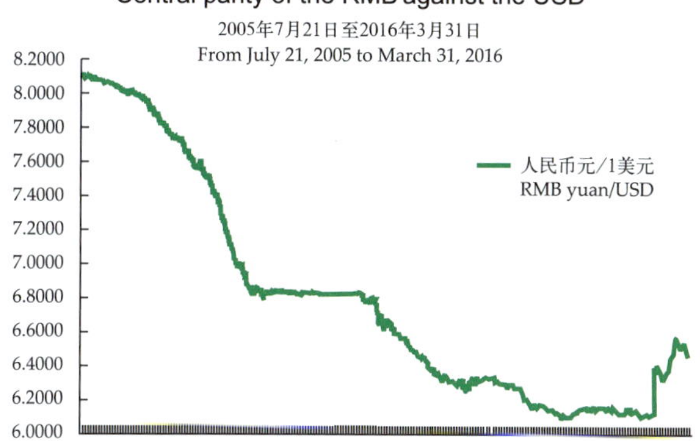

人民币/日元中间价
Central parity of the RMB against the JPY

2005年7月21日至2016年3月31日
From July 21, 2005 to March 31, 2016

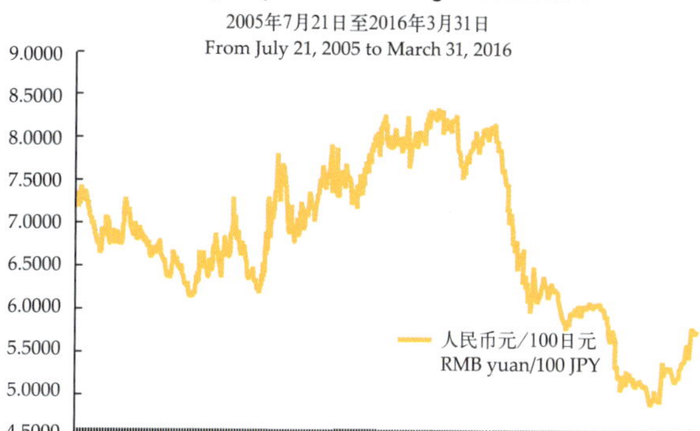

人民币/欧元中间价
Central parity of the RMB against the EUR

2005年7月21日至2016年3月31日
From July 21, 2005 to March 31, 2016

人民币/港元中间价
Central parity of the RMB against the HKD

2005年7月21日至2016年3月31日
From July 21, 2005 to March 31, 2016

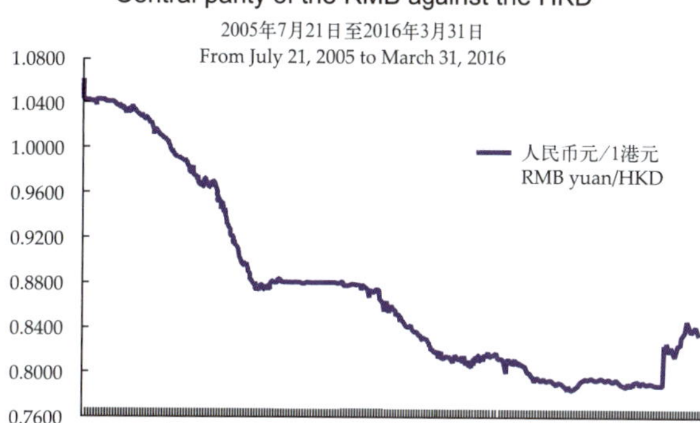

卢布/人民币中间价
Central parity of the RUB against the RMB

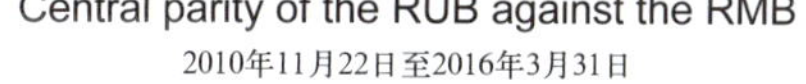

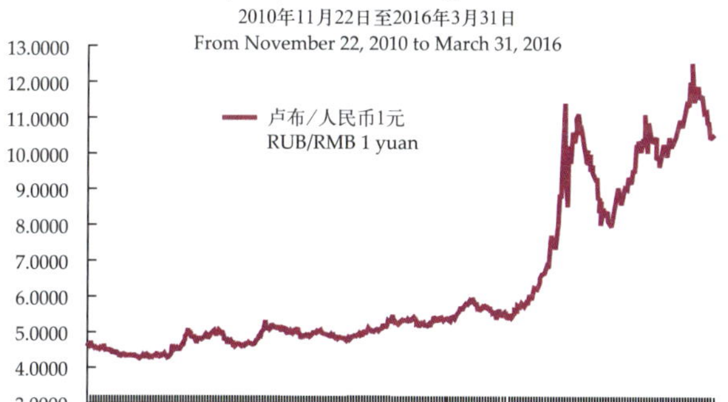

2016年1月4日以来人民币汇率中间价
Central parity of RMB against major foreign currencies
Since January 4, 2016

日期 Date	人民币/美元 RMB/USD	人民币/欧元 RMB/EUR	人民币/100日元 RMB/100JPY	人民币/港元 RMB/HKD	卢布/人民币 RUB/RMB
2016.01.04	6.5032	7.0483	5.3993	0.8391	11.2838
2016.01.05	6.5169	7.0569	5.4700	0.8408	11.1653
2016.01.06	6.5314	7.0130	5.4828	0.8426	11.2400
2016.01.07	6.5646	7.0579	5.5246	0.8468	11.3782
2016.01.08	6.5636	7.1735	5.5872	0.8464	11.3472
2016.01.11	6.5626	7.1936	5.6163	0.8454	11.4282
2016.01.12	6.5628	7.1454	5.5930	0.8457	11.5617
2016.01.13	6.5630	7.1211	5.5773	0.8458	11.6932
2016.01.14	6.5616	7.1468	5.5857	0.8455	11.6559
2016.01.15	6.5637	7.1397	5.5661	0.8440	11.5774
2016.01.18	6.5590	7.1702	5.6099	0.8410	11.8453
2016.01.19	6.5596	7.1487	5.5884	0.8407	12.0896
2016.01.20	6.5578	7.1627	5.5834	0.8387	12.0084
2016.01.21	6.5585	7.1386	5.6037	0.8392	12.4013
2016.01.22	6.5572	7.1216	5.5778	0.8396	12.5319
2016.01.25	6.5557	7.0946	5.5431	0.8408	11.8752
2016.01.26	6.5548	7.1183	5.5493	0.8408	12.1835
2016.01.27	6.5533	7.1224	5.5481	0.8413	11.9598
2016.01.28	6.5528	7.1461	5.5357	0.8411	11.8340
2016.01.29	6.5516	7.1700	5.5205	0.8409	11.6053
2016.02.01	6.5539	7.1075	5.4112	0.8421	11.4313
2016.02.02	6.5510	7.1442	5.4215	0.8422	11.7524
2016.02.03	6.5521	7.1626	5.4718	0.8401	12.1412
2016.02.04	6.5419	7.2755	5.5536	0.8398	11.7242
2016.02.05	6.5314	7.3333	5.5977	0.8389	11.7246
2016.02.15	6.5118	7.3397	5.7437	0.8361	11.9292
2016.02.16	6.5130	7.2702	5.6839	0.8368	11.8291
2016.02.17	6.5237	7.2525	5.7014	0.8372	11.9289
2016.02.18	6.5152	7.2578	5.7203	0.8368	11.4822
2016.02.19	6.5186	7.2472	5.7669	0.8380	11.7346
2016.02.22	6.5165	7.2463	5.7830	0.8386	11.8062
2016.02.23	6.5273	7.1880	5.7794	0.8402	11.5541
2016.02.24	6.5302	7.1912	5.8312	0.8406	11.6708
2016.02.25	6.5318	7.1924	5.8282	0.8409	11.6335
2016.02.26	6.5338	7.2089	5.7750	0.8410	11.5280
2016.02.29	6.5452	7.1533	5.7630	0.8419	11.6407
2016.03.01	6.5385	7.1211	5.8208	0.8411	11.4399
2016.03.02	6.5490	7.1181	5.7482	0.8424	11.1749
2016.03.03	6.5412	7.1121	5.7591	0.8416	11.2236
2016.03.04	6.5284	7.1494	5.7444	0.8403	11.1844
2016.03.07	6.5113	7.1625	5.7221	0.8386	11.0819
2016.03.08	6.5041	7.1689	5.7400	0.8375	10.9705
2016.03.09	6.5106	7.1612	5.7843	0.8383	11.1927
2016.03.10	6.5127	7.1531	5.7521	0.8387	10.9106
2016.03.11	6.4905	7.2675	5.7450	0.8360	10.9756
2016.03.14	6.4913	7.2457	5.7070	0.8365	10.7744
2016.03.15	6.5079	7.2172	5.7170	0.8387	10.7630
2016.03.16	6.5172	7.2331	5.7581	0.8399	10.8784
2016.03.17	6.4961	7.2888	5.7608	0.8374	10.6077
2016.03.18	6.4628	7.3253	5.8165	0.8333	10.5188
2016.03.21	6.4824	7.3072	5.8182	0.8359	10.5278
2016.03.22	6.4971	7.2955	5.7963	0.8379	10.4558
2016.03.23	6.4936	7.2834	5.7853	0.8375	10.4155
2016.03.24	6.5150	7.2742	5.7923	0.8397	10.5509
2016.03.25	6.5223	7.2785	5.7727	0.8405	10.5661
2016.03.28	6.5232	7.2750	5.7476	0.8408	10.4914
2016.03.29	6.5060	7.2877	5.7386	0.8387	10.5367
2016.03.30	6.4841	7.3327	5.7624	0.8360	10.4886
2016.03.31	6.4612	7.3312	5.7530	0.8333	10.5316

九、中央银行公开市场业务
9. Central Bank Open Market Operations

中央银行公开市场业务交易
Central bank open market operations

日期 Date		操作工具 Mode of transaction	招标方式 Mode of bidding	期限品种（天） Maturity (Day)	招标数量（亿元） Bidding amount (RMB 100 million yuan)	交易量（亿元） Transaction volume (RMB100 million yuan)	中标利率（%） Interest rate of successful bidding(%)
2016.01.05	周二 Tuesday	逆回购 Repurchase	利率招标 Interest rate bidding	7天 7-day	1 300	1 300	2.25
2016.01.07	周四 Thursday	逆回购 Repurchase	利率招标 Interest rate bidding	7天 7-day	700	700	2.25
2016.01.12	周二 Tuesday	逆回购 Repurchase	利率招标 Interest rate bidding	7天 7-day	800	800	2.25
2016.01.14	周四 Thursday	逆回购 Repurchase	利率招标 Interest rate bidding	7天 7-day	1 600	1 600	2.25
2016.01.19	周二 Tuesday	逆回购 Repurchase	利率招标 Interest rate bidding	7天 7-day	800	800	2.25
2016.01.19	周二 Tuesday	逆回购 Repurchase	利率招标 Interest rate bidding	28天 28-day	750	750	2.60
2016.01.21	周四 Thursday	逆回购 Repurchase	利率招标 Interest rate bidding	7天 7-day	1 100	1 100	2.25
2016.01.21	周四 Thursday	逆回购 Repurchase	利率招标 Interest rate bidding	28天 28-day	2 900	2 900	2.60
2016.01.26	周二 Tuesday	逆回购 Repurchase	利率招标 Interest rate bidding	7天 7-day	800	800	2.25
2016.01.26	周二 Tuesday	逆回购 Repurchase	利率招标 Interest rate bidding	28天 28-day	3 600	3 600	2.60
2016.01.28	周四 Thursday	逆回购 Repurchase	利率招标 Interest rate bidding	7天 7-day	800	800	2.25
2016.01.28	周四 Thursday	逆回购 Repurchase	利率招标 Interest rate bidding	28天 28-day	2 600	2 600	2.60
2016.01.29	周五 Friday	逆回购 Repurchase	利率招标 Interest rate bidding	7天 7-day	200	200	2.25
2016.01.29	周五 Friday	逆回购 Repurchase	利率招标 Interest rate bidding	28天 28-day	800	800	2.60
2016.02.01	周一 Monday	逆回购 Repurchase	利率招标 Interest rate bidding	28天 28-day	100	100	2.60
2016.02.02	周二 Tuesday	逆回购 Repurchase	利率招标 Interest rate bidding	14天 14-day	500	500	2.40

中央银行公开市场业务交易
Central bank open market operations

续表

日期 Date		操作工具 Mode of transaction	招标方式 Mode of bidding	期限品种（天）Maturity (Day)	招标数量（亿元）Bidding amount (RMB 100 million yuan)	交易量（亿元）Transaction volume (RMB100 million yuan)	中标利率（%）Interest rate of successful bidding(%)
2016.02.02	周二 Tuesday	逆回购 Repurchase	利率招标 Interest rate bidding	28天 28-day	500	500	2.60
2016.02.03	周三 Wednesday	逆回购 Repurchase	利率招标 Interest rate bidding	14天 14-day	400	400	2.40
2016.02.03	周三 Wednesday	逆回购 Repurchase	利率招标 Interest rate bidding	28天 28-day	600	600	2.60
2016.02.04	周四 Thursday	逆回购 Repurchase	利率招标 Interest rate bidding	14天 14-day	800	800	2.40
2016.02.04	周四 Thursday	逆回购 Repurchase	利率招标 Interest rate bidding	28天 28-day	700	700	2.60
2016.02.05	周五 Friday	逆回购 Repurchase	利率招标 Interest rate bidding	14天 14-day	600	600	2.40
2016.02.05	周五 Friday	逆回购 Repurchase	利率招标 Interest rate bidding	28天 28-day	900	900	2.60
2016.02.06	周六 Saturday	逆回购 Repurchase	利率招标 Interest rate bidding	14天 14-day	1 100	1 100	2.40
2016.02.14	周日 Sunday	逆回购 Repurchase	利率招标 Interest rate bidding	7天 7-day	100	100	2.25
2016.02.15	周一 Monday	逆回购 Repurchase	利率招标 Interest rate bidding	7天 7-day	100	100	2.25
2016.02.16	周二 Tuesday	逆回购 Repurchase	利率招标 Interest rate bidding	7天 7-day	300	300	2.25
2016.02.17	周三 Wednesday	逆回购 Repurchase	利率招标 Interest rate bidding	7天 7-day	100	100	2.25
2016.02.18	周四 Thursday	逆回购 Repurchase	利率招标 Interest rate bidding	7天 7-day	800	800	2.25
2016.02.19	周五 Friday	逆回购 Repurchase	利率招标 Interest rate bidding	7天 7-day	100	100	2.25
2016.02.22	周一 Monday	逆回购 Repurchase	利率招标 Interest rate bidding	7天 7-day	700	700	2.25
2016.02.23	周二 Tuesday	逆回购 Repurchase	利率招标 Interest rate bidding	7天 7-day	1 300	1 300	2.25
2016.02.24	周三 Wednesday	逆回购 Repurchase	利率招标 Interest rate bidding	7天 7-day	400	400	2.25
2016.02.25	周四 Thursday	逆回购 Repurchase	利率招标 Interest rate bidding	7天 7-day	3 400	3 400	2.25

中央银行公开市场业务交易
Central bank open market operations

续表

日期 Date		操作工具 Mode of transaction	招标方式 Mode of bidding	期限品种（天）Maturity (Day)	招标数量（亿元）Bidding amount (RMB 100 million yuan)	交易量（亿元）Transaction volume (RMB100 million yuan)	中标利率（%）Interest rate of successful bidding(%)
2016.02.26	周五 Friday	逆回购 Repurchase	利率招标 Interest rate bidding	7天 7-day	3 000	3 000	2.25
2016.02.29	周一 Monday	逆回购 Repurchase	利率招标 Interest rate bidding	7天 7-day	2 300	2 300	2.25
2016.03.03	周四 Thursday	逆回购 Repurchase	利率招标 Interest rate bidding	7天 7-day	400	400	2.25
2016.03.04	周五 Friday	逆回购 Repurchase	利率招标 Interest rate bidding	7天 7-day	500	500	2.25
2016.03.07	周一 Monday	逆回购 Repurchase	利率招标 Interest rate bidding	7天 7-day	300	300	2.25
2016.03.08	周二 Tuesday	逆回购 Repurchase	利率招标 Interest rate bidding	7天 7-day	300	300	2.25
2016.03.09	周三 Wednesday	逆回购 Repurchase	利率招标 Interest rate bidding	7天 7-day	150	150	2.25
2016.03.10	周四 Thursday	逆回购 Repurchase	利率招标 Interest rate bidding	7天 7-day	200	200	2.25
2016.03.11	周五 Friday	逆回购 Repurchase	利率招标 Interest rate bidding	7天 7-day	200	200	2.25
2016.03.14	周一 Monday	逆回购 Repurchase	利率招标 Interest rate bidding	7天 7-day	100	100	2.25
2016.03.15	周二 Tuesday	逆回购 Repurchase	利率招标 Interest rate bidding	7天 7-day	200	200	2.25
2016.03.16	周三 Wednesday	逆回购 Repurchase	利率招标 Interest rate bidding	7天 7-day	200	200	2.25
2016.03.17	周四 Thursday	逆回购 Repurchase	利率招标 Interest rate bidding	7天 7-day	400	400	2.25
2016.03.18	周五 Friday	逆回购 Repurchase	利率招标 Interest rate bidding	7天 7-day	1100	1100	2.25
2016.03.21	周一 Monday	逆回购 Repurchase	利率招标 Interest rate bidding	7天 7-day	1300	1300	2.25
2016.03.22	周二 Tuesday	逆回购 Repurchase	利率招标 Interest rate bidding	7天 7-day	800	800	2.25
2016.03.23	周三 Wednesday	逆回购 Repurchase	利率招标 Interest rate bidding	7天 7-day	800	800	2.25
2016.03.24	周四 Thursday	逆回购 Repurchase	利率招标 Interest rate bidding	7天 7-day	600	600	2.25

中央银行公开市场业务交易
Central bank open market operations

续表

日期 Date		操作工具 Mode of transaction	招标方式 Mode of bidding	期限品种（天） Maturity (Day)	招标数量（亿元） Bidding amount (RMB 100 million yuan)	交易量（亿元） Transaction volume (RMB100 million yuan)	中标利率（%） Interest rate of successful bidding(%)
2016.03.25	周五 Friday	逆回购 Repurchase	利率招标 Interest rate bidding	7天 7-day	300	300	2.25
2016.03.28	周一 Monday	逆回购 Repurchase	利率招标 Interest rate bidding	7天 7-day	350	350	2.25
2016.03.29	周二 Tuesday	逆回购 Repurchase	利率招标 Interest rate bidding	7天 7-day	600	600	2.25
2016.03.30	周三 Wednesday	逆回购 Repurchase	利率招标 Interest rate bidding	7天 7-day	600	600	2.25
2016.03.31	周四 Thursday	逆回购 Repurchase	利率招标 Interest rate bidding	7天 7-day	1 000	1 000	2.25

附录四 世界主要经济体经济和金融指标

Appendix 4 Economic and Financial Indicators of Major Economies

一、经济增长率

1. Economic Growth Rate

世界经济增长率

World economic growth rate

单位：% Unit: %

		2013	2014	2015	2016年1月预计 Projection in January,2016		2016年4月预计 Projection in April,2016	
					2016	2017	2016	2017
国际货币基金组织 IMF	按购买力平价方法计算的实际GDP增长率 Real GDP growth rate based on PPP	3.4	3.4	3.1	3.4	3.6	3.2	3.5
	按市场汇率法计算的实际GDP增长率 Real GDP growth rate based on market exchange rate	2.5	2.7	2.4	2.7	3.0	2.5	2.9
世界银行 World Bank	按2005年不变价及市场汇率法计算的实际GDP增长率 Real GDP growth rate based on 2005 constant price and market exchange rate	2.4	2.6	2.4	2.9	3.1	2.4	2.8

数据来源：国际货币基金组织《世界经济展望》（2016年4月），世界银行《全球经济展望》（2016年6月）。

Source : *World Economic Outlook*, IMF, April, 2016; *Global Economic Prospects Forecast*, The World Bank, June, 2016.

世界经济增长率

World economic growth rate

单位：% Unit: %

年 Year	国际货币基金组织按购买力平价方法计算的实际GDP增长率 Real GDP growth rate based on PPP (IMF)	国际货币基金组织按市场汇率法计算的实际GDP增长率 Real GDP growth rate based on market exchange rate (IMF)
1985	3.6	3.6
1986	3.5	3.3
1987	3.7	3.5
1988	4.5	4.5
1989	3.7	3.7
1990	2.9	2.8
1991	1.5	1.0
1992	2.0	1.2
1993	2.0	1.2
1994	3.4	3.0
1995	3.3	2.9
1996	3.7	3.2
1997	4.0	3.5
1998	2.5	2.1
1999	3.5	3.1
2000	4.7	4.1
2001	2.2	1.5
2002	2.8	1.9
2003	3.6	2.6
2004	4.9	4.0
2005	4.4	3.4
2006	5.1	3.9
2007	5.2	3.7
2008	3.0	1.8
2009	-0.7	-2.3
2010	5.1	4.1
2011	3.9	2.9
2012	3.4	2.4
2013	3.4	2.5
2014	3.4	2.7
2015	3.1	2.4
2016*	3.2	2.5
2017*	3.5	2.9

注：＊为预测数。

Note: * Projection.

世界经济增长

World economic growth

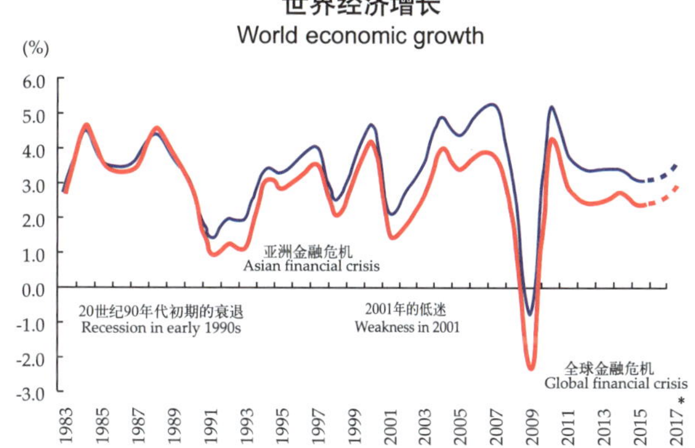

国际货币基金组织按购买力平价方法计算的实际GDP增长率 Real GDP growth rate based on PPP (IMF)

国际货币基金组织按市场汇率法计算的实际GDP增长率 Real GDP growth rate based on market exchange rate (IMF)

注：＊为预测数。

Note: * Projection.

GDP年度增长率
Annual growth rate of GDP

单位：% Unit: %

年 Year	美国 U.S.	日本 Japan	欧元区 Euro Area	英国 U.K.
2002	1.6	0.3	0.9	2.1
2003	2.5	1.4	0.8	2.8
2004	3.6	2.7	2.1	3.3
2005	2.9	1.9	1.6	1.8
2006	2.8	2.4	2.8	2.8
2007	2.1	2.3	2.7	2.6
2008	0.0	-1.2	0.5	-0.1
2009	-3.5	-6.3	-4.3	-4.9
2010	2.4	4.5	2.0	1.8
2011	1.8	-0.6	1.5	1.1
2012	2.3	1.5	-0.7	0.3
2013	2.2	1.6	-0.4	1.7
2014	2.4	0.0	0.9	2.9
2015	2.4	0.5	1.6	2.2
2016*	2.4	0.5	1.5	1.9
2017*	2.5	-0.1	1.6	2.2

注：*为预测数。
Note:*Projection.

GDP季度同比增长率
Year-on-year growth rate of GDP

单位：% Unit: %

年/季 Year/Quarter	美国 U.S.	日本 Japan	欧元区 Euro Area	英国 U.K.
2012Q2	1.9	3.5	-0.4	1.0
2012Q3	0.5	0.2	-0.6	1.2
2012Q4	0.1	0.0	-0.9	1.0
2013Q1	1.9	0.3	-1.0	1.4
2013Q2	1.1	1.1	-0.6	2.2
2013Q3	3.0	2.0	-0.3	2.1
2013Q4	3.8	2.1	0.5	2.8
2014Q1	-0.9	2.7	0.9	2.8
2014Q2	4.6	-0.3	0.8	3.0
2014Q3	4.3	-1.5	0.8	2.8
2014Q4	2.1	-1.0	0.9	2.8
2015Q1	0.6	-1.0	1.2	2.6
2015Q2	3.9	0.7	1.6	2.4
2015Q3	2.0	1.8	1.6	2.2
2015Q4	1.4	0.7	1.7	2.1
2016Q1	0.8	0.1	1.7	2.0

GDP年度增长率
Annual growth rate of GDP

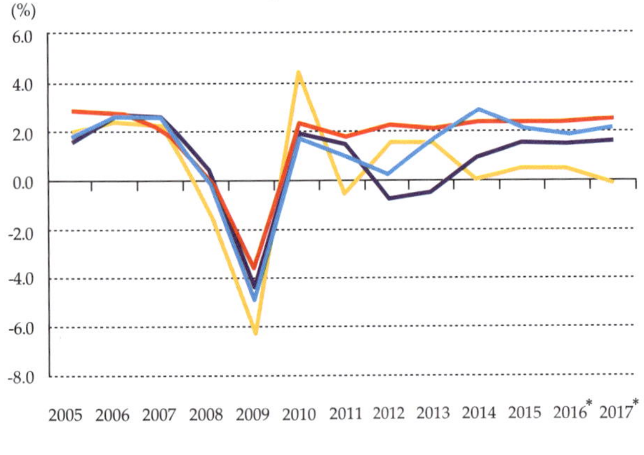

注：*为预测数。
Note: * Projection.
数据来源：国际货币基金组织《世界经济展望更新》(2016年4月)。
Source: *World Economic Outlook Update*, IMF, April, 2016.

GDP季度同比增长率
Year-on-year growth rate of GDP

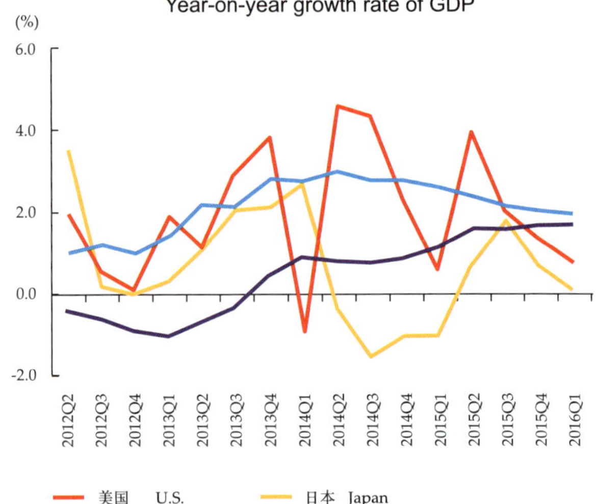

注：美国GDP增长率为环比折年率季节调整后的数据，折年率方法为 $[(GDP_1/GDP_0)^4-1]\times100$。
Note: The U.S. GDP growth rate is an annualized rate after a seasonal adjustment. It can be written as $[(GDP_1/GDP_0)^4-1]\times100$.
数据来源：各经济体官方统计网站。
Source: Official statistical websites of the economies.

二、消费价格指数
2. CPI

消费价格当月同比指数
Monthly CPI (YOY)

单位：%　Unit: %

年/月 Year/Month	美国 U.S.	日本 Japan	欧元区 Euro Area	英国 U.K.
2015.01	-0.2	2.4	-0.6	0.3
2015.02	-0.1	2.2	-0.3	0.0
2015.03	0.0	2.3	-0.1	0.0
2015.04	-0.1	0.6	0.0	-0.1
2015.05	0.0	0.5	0.3	0.1
2015.06	0.2	0.4	0.2	0.0
2015.07	0.2	0.2	0.2	0.1
2015.08	0.2	0.2	0.1	0.0
2015.09	0.0	0.0	-0.1	-0.1
2015.10	0.1	0.3	0.1	-0.1
2015.11	0.4	0.3	0.1	0.1
2015.12	0.7	0.2	0.2	0.2
2016.01	1.3	0.0	0.3	0.3
2016.02	1.0	0.3	-0.2	0.3
2016.03	0.9	-0.1	0.0	0.5

数据来源：各经济体官方统计网站。
Source: Official statistical websites of the economies.

三、失业率
3. Unemployment Rate

失业率（季节调整后）
Unemployment rate
(after seasonal adjustment)

单位：%　Unit: %

年/月 Year/Month	美国 U.S.	日本 Japan	欧元区 Euro Area	英国 U.K.
2015.01	5.7	3.5	11.3	5.6
2015.02	5.5	3.5	11.2	5.6
2015.03	5.5	3.5	11.2	5.5
2015.04	5.4	3.6	11.1	5.6
2015.05	5.5	3.4	11.0	5.6
2015.06	5.3	3.4	11.0	5.5
2015.07	5.3	3.4	10.8	5.4
2015.08	5.1	3.4	10.7	5.3
2015.09	5.1	3.4	10.6	5.2
2015.10	5.0	3.1	10.6	5.1
2015.11	5.0	3.2	10.5	5.1
2015.12	5.0	3.1	10.5	5.1
2016.01	4.9	3.2	10.4	5.1
2016.02	4.9	3.2	10.3	5.1
2016.03	5.0	3.3	10.2	5.0

数据来源：各经济体官方统计网站。
Source: Official statistical websites of the economies.

消费价格当月同比指数
Monthly CPI (YOY)

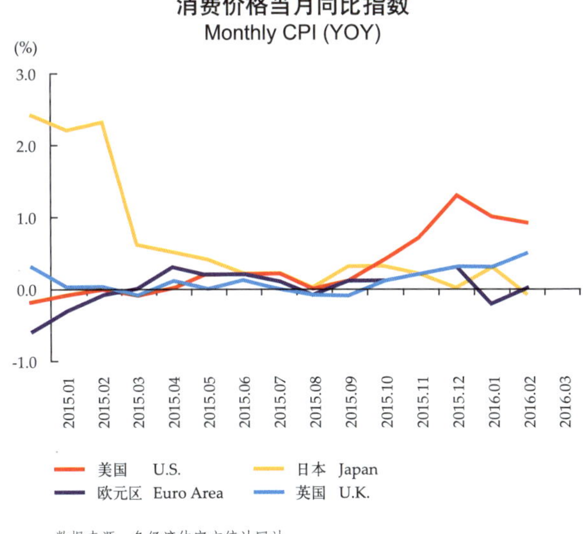

数据来源：各经济体官方统计网站。
Source: Official statistical websites of the economies.

失业率（季节调整后）
Unemployment rate
(after seasonal adjustment)

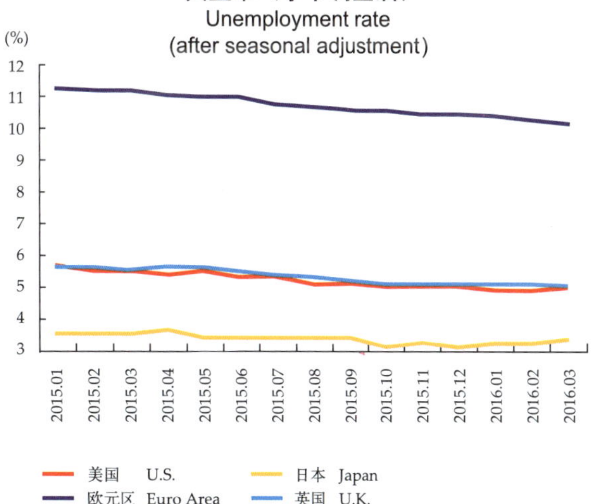

数据来源：各经济体官方统计网站。
Source: Official statistical websites of the economies.

四、国际收支①
4. BOP[1]

经常项目差额
Current account balance

单位：10亿美元
Unit: USD billion

年/季 Year/Quarter	美国 U.S.	日本 Japan	欧元区 Euro Area	英国 U.K.
2010Q4	-102.15	48.96	25.35	-19.98
2011Q1	-96.91	51.74	-23.33	-7.70
2011Q2	-125.17	21.24	-13.06	-1.50
2011Q3	-127.02	42.00	8.79	-18.05
2011Q4	-110.25	11.25	43.57	-5.51
2012Q1	-101.80	25.79	-2.97	-18.18
2012Q2	-126.48	13.13	35.76	-27.63
2012Q3	-129.48	20.04	56.91	-26.70
2012Q4	-102.98	0.13	81.68	-21.76
2013Q1	-81.02	17.15	38.03	-24.32
2013Q2	-113.09	17.51	79.02	-10.84
2013Q3	-111.72	16.33	68.84	-45.91
2013Q4	-80.71	-14.26	119.52	-37.92
2014Q1	-73.16	-8.44	43.51	-33.15
2014Q2	-99.33	3.62	49.52	-27.78
2014Q3	-115.33	15.63	101.92	-49.61
2014Q4	-101.70	13.21	119.55	-42.70
2015Q1	-92.95	37.10	61.25	-31.81
2015Q2	-118.45	31.02	73.35	-26.47
2015Q3	-144.75	40.06	100.80	-36.01

资本项目差额
Capital account balance

单位：10亿美元
Unit: USD billion

年/季 Year/Quarter	美国 U.S.	日本 Japan	欧元区 Euro Area	英国 U.K.
2010Q4	-0.01	-0.96	0.85	1.60
2011Q1	-0.03	-2.04	2.77	0.91
2011Q2	-0.85	-0.06	1.31	1.49
2011Q3	-0.30	-0.10	2.70	1.62
2011Q4	0.00	2.69	7.26	1.16
2012Q1	-0.05	0.76	-8.87	1.66
2012Q2	-0.24	0.28	1.46	1.64
2012Q3	-0.47	-1.51	4.17	1.71
2012Q4	7.67	-0.54	10.51	1.65
2013Q1	-0.04	-2.49	2.62	1.58
2013Q2	-0.23	-3.52	7.09	2.47
2013Q3	-0.15	-1.12	5.79	0.04
2013Q4	0.00	-0.54	12.40	-0.93
2014Q1	-0.04	-0.59	7.79	-0.30
2014Q2	0.00	-0.38	5.27	-0.36
2014Q3	0.00	-0.65	4.95	-0.45
2014Q4	0.00	-0.28	8.46	-0.99
2015Q1	-0.02	-1.11	1.33	-0.22
2015Q2	-0.02	-0.22	-30.57	-0.68
2015Q3	0.00	-0.53	6.43	-0.22

经常项目差额
Current account balance

10亿美元
USD billion

美国 U.S.　日本 Japan
欧元区 Euro Area　英国 U.K.

数据来源：国际货币基金组织《国际金融统计》(2016年5月)。
Source: *International Finance Statistics*, IMF, May, 2016.

资本项目差额
Capital account balance

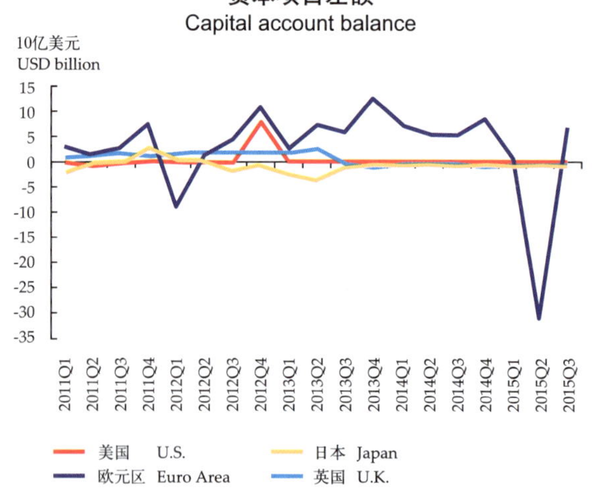

数据来源：国际货币基金组织《国际金融统计》(2016年5月)。
Source: *International Finance Statistics*, IMF, May, 2016.

---

①国际货币基金组织《国际金融统计》自2012年8月起，将国际收支统计规则由BPM5调整至BPM6。数据从2005年起调整。根据BMP6，金融账户由"贷方和借方"改为"金融资产净获得和负债净产生"，金融账户的总差额为净贷款/净借款。净贷款表示，考虑了金融资产的取得和处置以及负债的发生和偿还后，一个经济体向世界其他地方提供资金。

1. The IMF's *International Financial Statistics* (IFS) is publishing balance of payments data on BPM6 presentational basis instead of BPM5 since the August 2012.The data series stars in 2005. In BPM6, the headings of the financial account have been changed from "credit and debits" to "net acquisition of financial assets" and "net incurrence of liabilities". The overall balance on the financial account is called net lending/net borrowing. Net lending means the economy supplies funds to the rest of the world, taking into account acquisition and disposal of financial assets and incurrence and repayment of liabilities.

金融项目差额
Financial account balance

单位：10亿美元
Unit: USD billion

年/季 Year/Quarter	美国 U.S.	日本 Japan	欧元区 Euro Area	英国 U.K.
2010Q4	-112.16	31.73	20.86	-34.42
2011Q1	-202.78	60.62	9.10	0.29
2011Q2	-133.21	9.16	8.94	-13.95
2011Q3	-158.09	6.80	27.75	-0.78
2011Q4	-37.55	-88.22	57.45	-5.71
2012Q1	-242.91	39.69	-14.33	-5.94
2012Q2	-31.11	36.86	29.19	-44.94
2012Q3	7.29	28.32	62.35	-26.40
2012Q4	-161.23	-4.44	136.43	-36.98
2013Q1	-60.18	-4.35	38.10	-16.21
2013Q2	-78.35	-26.88	94.10	-0.76
2013Q3	-122.19	9.08	72.84	-47.85
2013Q4	-211.98	-30.51	140.11	-43.68
2014Q1	-108.47	-19.98	98.12	-33.14
2014Q2	-45.61	20.02	83.44	-43.75
2014Q3	-15.90	24.15	135.31	-57.32
2014Q4	-66.08	18.32	60.70	-55.20
2015Q1	-50.37	53.35	12.13	-42.02
2015Q2	-55.48	36.70	41.41	-16.92
2015Q3	-46.92	43.39	43.36	-49.78

金融项目差额
Financial account balance

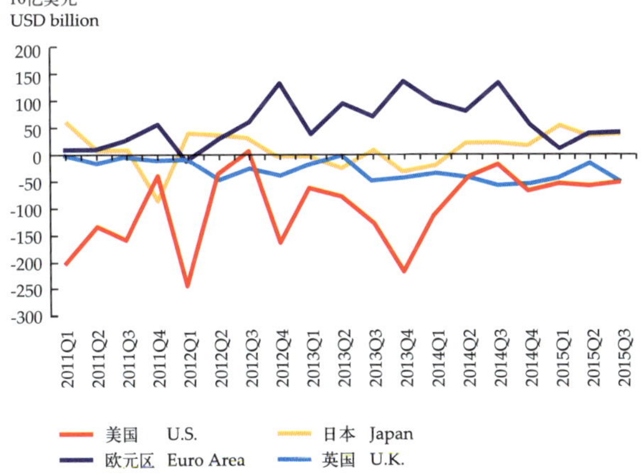

数据来源：国际货币基金组织《国际金融统计》(2016年5月)。
Source: *International Finance Statistics*, IMF, May, 2016.

五、利率
5. Interest Rates

1. 中央银行目标利率
(1) Central bank base rates

中央银行目标利率
Central bank base rates

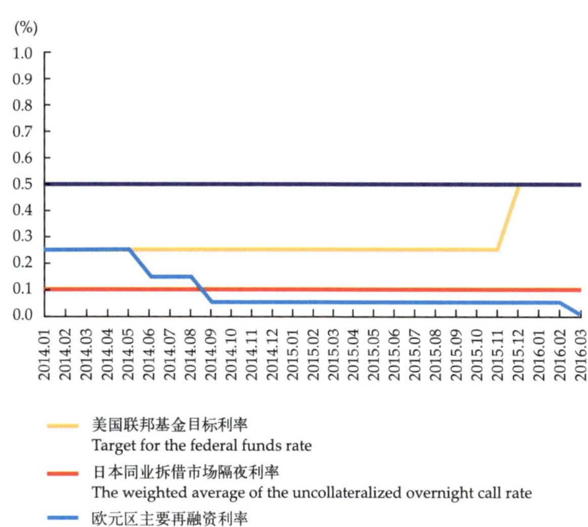

数据来源：各经济体中央银行网站。
Source: Central bank websites of the economies.

2.短期利率
(2) Short-term interest rates

3个月期银行间市场拆借利率（年率，月平均）
3-month inter-bank rate (annualized, monthly average)

单位：% Unit: %

年/月 Year/Month	美元 USD	日元 JPY	欧元 EUR	英镑 GBP
2015.01	0.25	0.10	0.06	0.53
2015.02	0.26	0.10	0.05	0.53
2015.03	0.27	0.10	0.03	0.53
2015.04	0.28	0.10	0.00	0.53
2015.05	0.28	0.10	-0.01	0.54
2015.06	0.28	0.10	-0.01	0.55
2015.07	0.29	0.10	-0.02	0.57
2015.08	0.32	0.09	-0.03	0.57
2015.09	0.33	0.08	-0.04	0.57
2015.10	0.32	0.08	-0.05	0.57
2015.11	0.37	0.08	-0.09	0.57
2015.12	0.53	0.08	-0.13	0.57
2016.01	0.62	0.08	-0.15	0.57
2016.02	0.62	0.01	-0.18	0.56
2016.03	0.63	-0.01	-0.23	0.56

3个月期银行间市场拆借利率（年率，月平均）
3-month inter-bank rate
(annualized, monthly average)

(%)

美元 USD　日元 JPY
欧元 EUR　英镑 GBP

数据来源：《欧洲中央银行经济公报》及CEIC。
Source: *Economic Bulletin of ECB*, CEIC.

3.长期利率
(3) Long-term interest rates

10年期国债收益率（年率，月平均）
10-year government bond yield
(annualized, monthly average)

单位：% Unit: %

年/月 Year/Month	美元 USD	日元 JPY	欧元 EUR	英镑 GBP
2015.01	1.88	0.27	1.27	1.59
2015.02	1.98	0.38	1.21	1.73
2015.03	2.04	0.37	0.96	1.78
2015.04	1.93	0.33	0.85	1.73
2015.05	2.20	0.42	1.34	2.04
2015.06	2.36	0.46	1.67	2.18
2015.07	2.32	0.44	1.53	2.14
2015.08	2.17	0.39	1.39	1.98
2015.09	2.17	0.36	1.48	1.88
2015.10	2.07	0.32	1.20	1.85
2015.11	2.26	0.32	1.16	1.98
2015.12	2.24	0.29	1.19	1.92
2016.01	2.09	0.22	1.11	1.78
2016.02	1.78	0.02	1.04	1.50
2016.03	1.89	-0.06	0.93	1.54

10年期国债收益率（年率，月平均）
10-year government bond yield
(annualized, monthly average)

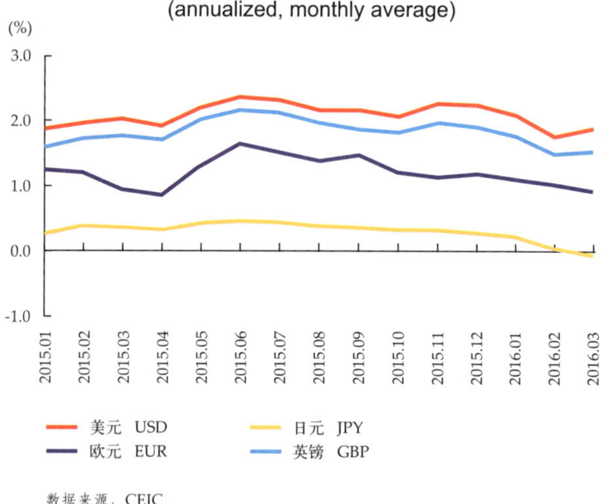

数据来源：CEIC。
Source: CEIC.

六、汇率
6. Exchange Rates

汇率（月平均）
Exchange rates (monthly average)

年/月 Year/Month	美元/欧元 USD/EUR	美元/英镑 USD/GBP	日元/美元 JPY/USD
2015.01	1.1621	1.5137	118.31
2015.02	1.1350	1.5327	118.56
2015.03	1.0838	1.4979	120.39
2015.04	1.0779	1.4946	119.55
2015.05	1.1150	1.5475	120.69
2015.06	1.1213	1.5555	123.75
2015.07	1.0996	1.5557	123.24
2015.08	1.1139	1.5605	123.23
2015.09	1.1221	1.5357	120.29
2015.10	1.1235	1.5335	120.06
2015.11	1.0736	1.5213	122.53
2015.12	1.0877	1.4990	121.92
2016.01	1.0860	1.4403	118.31
2016.02	1.1093	1.4295	115.09
2016.03	1.1100	1.4227	113.07

实际有效汇率（月平均，2010年=100）
Real effective exchange rates (monthly average, year 2010=100)

年/月 Year/Month	美元 USD	欧元 EUR	日元 JPY	英镑 GBP
2014.12	106.7	96.1	68.7	115.1
2015.01	109.0	92.1	70.5	116.1
2015.02	110.7	90.6	70.5	119.3
2015.03	113.0	88.0	70.3	120.5
2015.04	112.4	86.8	70.4	120.5
2015.05	111.2	88.6	69.2	121.8
2015.06	112.2	89.7	67.6	122.6
2015.07	114.2	88.7	68.4	124.6
2015.08	115.8	91.1	69.4	125.0
2015.09	116.3	92.4	71.5	122.4
2015.10	115.5	91.9	71.2	121.7
2015.11	117.6	88.8	70.2	124.8
2015.12	118.5	90.3	71.0	122.3
2016.01	120.6	91.4	74.0	118.1
2016.02	119.0	92.4	75.8	115.4

汇率(月平均)
Exchange rates (monthly average)

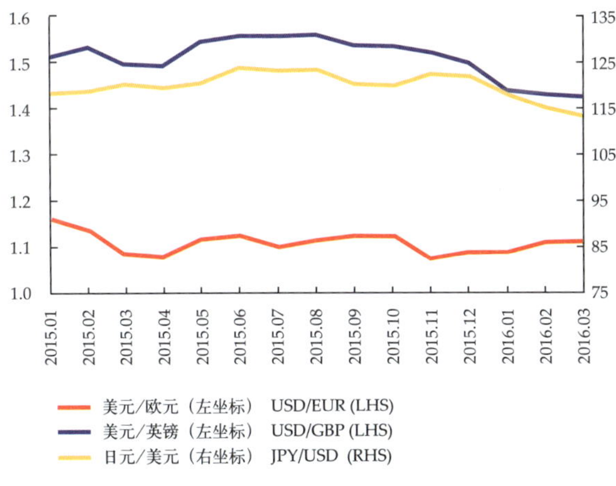

数据来源：国际货币基金组织《国际金融统计》(2016年5月)。
Source: *International Finance Statistics*, IMF, May, 2016.

实际有效汇率（月平均，2010年=100）
Real effective exchange rates (monthly average, year 2010=100)

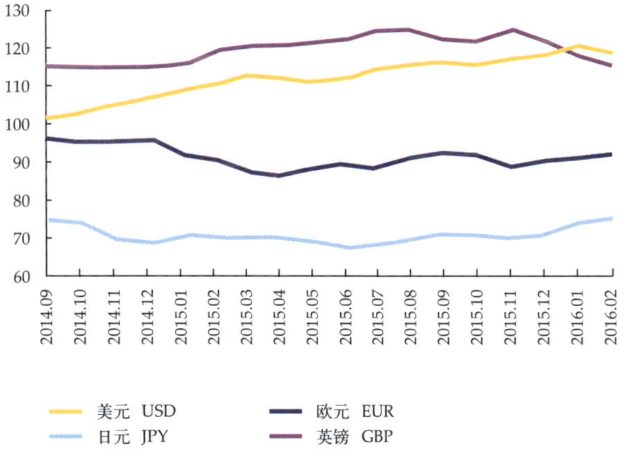

数据来源：国际货币基金组织《国际金融统计》(2016年5月)。
Source: *International Finance Statistics*, IMF, May, 2016.

七、股票市场指数
7. Stock Market Indices

主要股票市场指数(期末)
Major stock market indices (end-period)

年/月 Year/Month	美国道琼斯30种股票平均价格指数 Dow Jones 30	纳斯达克综合指数 NASDAQ	日本日经225种股票平均价格指数 Nikkei 225	道琼斯欧元区STOXX50股票指数 Dow Jones EURO STOXX 50
2015.01	17 165	4 635	17 674	3 351
2015.02	18 133	4 964	18 798	3 599
2015.03	17 776	4 901	19 207	3 697
2015.04	17 841	4 941	19 520	3 616
2015.05	18 011	5 070	20 563	3 571
2015.06	17 620	4 987	20 236	3 424
2015.07	17 690	5 128	20 585	3 601
2015.08	16 528	4 777	18 890	3 270
2015.09	16 285	4 620	17 388	3 101
2015.10	17 664	5 054	19 083	3 418
2015.11	17 720	5 109	19 747	3 506
2015.12	17 425	5 007	19 034	3 268
2016.01	16 466	4 614	17 518	3 045
2016.02	16 517	4 558	16 027	2 946
2016.03	17 685	4 870	16 759	3 005

主要股票市场指数(期末)
Major stock market indices (end-period)

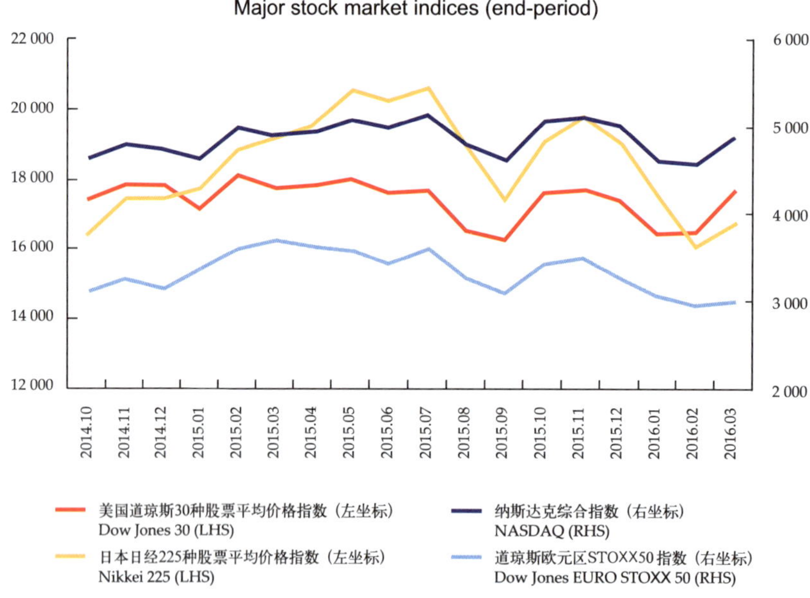